CAGLIOSTRO

IAIN McCALMAN

CAGLIOSTRO OU LE DERNIER ALCHIMISTE

ROMAN

Traduit de l'anglais
par André Zavriew

J'AI LU

Titre original :
The Last Alchemist, Count Cagliostro,
Master of Magic In The Age Of Reason

À David et Verity, mon père et ma mère.

Prologue

La maison de Balsamo

Le plus grand enchanteur du XVIIIe siècle méritait mieux que ça ! Telle est ma première réaction en levant les yeux vers la maison du comte Cagliostro, magicien, alchimiste, guérisseur et franc-maçon. C'est, dans une étroite ruelle commerçante de Palerme, un bâtiment partiellement effondré ; à mi-hauteur un trou béant s'ouvre dans le mur et, derrière les briques déchiquetées, on entrevoit la carcasse d'une chambre, une sorte de caverne poussiéreuse à l'abandon. La ruelle pue l'urine.

Difficile d'imaginer plus triste mémorial d'un homme dont le nom était universellement connu en Occident – magicien recherché par les monarques, craint par les évêques, portraituré par les peintres, détesté par les médecins, adulé par les femmes. À l'entrée de la rue, une pancarte annonce que la ruelle, appelée originellement *vicolo della Perciata*, a été rebaptisée *via conte Cagliostro*, et résume sommairement l'existence fantastique du comte.

Giuseppe Balsamo, né en 1743 dans cette rue, élève de l'école paroissiale voisine de San Rocco, quitta Palerme à l'âge de vingt ans pour visiter l'Afrique du Nord, le Levant et les pays riverains de la Méditerranée. Adoptant le nom de comte Cagliostro, il voyagea à travers l'Europe pendant une dizaine d'années, accomplissant des prouesses de magicien, guérissant les pauvres, fondant partout des branches de sa franc-maçonnerie égyptienne. Emprisonné à la Bastille pour escroquerie, il fut acquitté en 1785. En 1789 l'Inquisition romaine l'arrêta à son tour. Il mourut en 1795.

Je me dis que l'état d'abandon de sa maison natale enchanterait les nombreux ennemis qu'il avait de son vivant. Casanova, l'homme à femmes le plus célèbre de l'époque, était affreusement jaloux de lui ; Catherine la Grande, l'impératrice de Russie, brûlait du désir de l'étrangler ; Goethe, le plus illustre des écrivains allemands, éprouvait tant de haine à son égard qu'il faillit en perdre la raison ; Louis XVI voyait en lui un dangereux révolutionnaire et le persécutait ; la reine Marie-Antoinette aurait voulu le voir enfermé à la Bastille jusqu'à la fin de ses jours pour le punir de l'avoir compromise dans l'affaire du collier ; le pape Pie VI l'accusait de mettre en danger l'existence même de l'Église catholique.

Quant à moi, j'ai parcouru vingt mille kilomètres depuis l'Australie pour contempler un trou dans un mur. C'est tout ce qui reste de la vie du comte Cagliostro. Qu'espérais-je donc trouver ? Une empreinte de son pied, un fantôme errant dans les ruines, un indice permettant de résoudre le mystère qui entoure sa personne ? En vérité, en tant qu'historien, je voudrais pouvoir répondre à la question que tous ses précédents biographes se sont posée : le comte Cagliostro était-il un abominable pécheur ou un saint digne d'admiration ? Était-il le pire coquin de son époque ou un grand guérisseur aux pouvoirs occultes ? Ses biographes, qui sont en majorité italiens, français ou allemands, ont d'ordinaire opté pour l'un des deux termes de l'alternative. Il ne me semble pas impossible que les deux s'appliquent également à Cagliostro.

Ses ennemis le qualifiaient de charlatan de la plus grossière espèce, mais il faut expliquer pourquoi l'histoire n'a pas réussi à effacer son souvenir. Nous pouvons aujourd'hui voir Cagliostro dans des films aussi différents que *Spawn*, œuvre de fiction pure, et dans *L'Affaire du Collier* qui est un film historique romancé. Au moins une demi-douzaine de films ont été tournés sur sa vie – en Russie, en Amérique, en Italie et en France. Cagliostro est un personnage de dessins animés pour la télé, de bandes dessinées, il appartient à la musique pop et au roman, voire au roman de gare. Mais si l'on a des goûts plus relevés, on peut le retrouver sous les traits de Sarastro dans *La Flûte enchantée* de Mozart ou dans l'opérette de Johann Strauss, *Cagliostro à Vienne*.

Les auteurs qui lui sont hostiles nous soumettent une autre énigme à son propos. Monsignor Barbieri, l'inquisiteur romain qui a passé quinze mois à interroger Cagliostro au château Saint-Ange, l'énonce de cette façon en 1791 :

Qui aurait pu imaginer qu'un homme comme celui que nous avons décrit soit accueilli avec les plus grands égards dans quelques-unes des villes les plus civilisées de l'Europe ? Qu'on ait pu voir en lui une étoile céleste apparue pour guider la race humaine, qu'on l'ait considéré comme un nouveau prophète, comme le représentant de la divinité ? Qu'il ait pu approcher des trônes des monarques ? Que les plus hautains personnages se soient abaissés à lui faire leur cour, que des nobles lui aient témoigné leur plus profonde vénération ?

En 1833, un quasi-contemporain, Thomas Carlyle, historien écossais à la plume brillante et emportée, a repris en l'approfondissant la question posée par Barbieri. Il s'est demandé comment un homme dépourvu de prestance, de charme et d'intelligence avait pu avoir de tels succès. La faute en est, écrit Carlyle, au XVIIIe siècle lui-même qui n'est pas l'âge de la raison et des lumières, comme on le prétend généralement, mais l'âge de l'imposture et de la superstition.

Il était facile pour Carlyle, qui ne l'a jamais vu en chair et en os, de railler impitoyablement Cagliostro et de flétrir sa médiocrité. Mme Louis d'Oberkirch, d'une noble famille alsacienne, était une femme aussi sceptique que notre historien. Or, lors de sa rencontre avec Cagliostro en 1781, elle fut fascinée par le charisme du magicien. Ses yeux, dit-elle, « étaient impossibles à décrire, leur profondeur était surnaturelle – tout y était feu et pourtant tout y était glace ». Sa voix la caressait « comme une trompette voilée d'un crêpe ». Quand il s'approchait de vous, continua-t-elle, « il vous inspirait de la frayeur et en même temps une curiosité insatiable ». Et elle conclut : « Cagliostro possédait un pouvoir démoniaque, il vous ensorcelait, paralysait votre volonté. »

Quoi qu'il en soit du personnage, je dois avouer que l'homme me fascinait, et que je me sentais d'étranges affinités avec lui. Peut-être est-ce parce que je suis un Européen qui a vécu dix-huit ans en Afrique avant d'émigrer en Australie : ce qui m'attirerait vers Balsamo, ce serait la pseudo-identité africaine que nous avons en commun. Car Balsamo, né dans une famille sicilienne à moitié mauresque, a grandi dans le quartier le plus arabe de Palerme et, au moment où sa renommée était éclatante, s'est prétendu prince et prophète égyptien. Dans une certaine mesure, Cagliostro et moi-même avons aussi peu de titres l'un que l'autre à revendiquer notre africanité.

Regardant autour de moi dans ce vieux quartier mauresque de l'Albergheria, je puis comprendre que Cagliostro ait eu le sentiment de sa parenté avec l'Afrique. Goethe, qui a visité la ville en 1786, remarque que l'Afrique semble commencer ici. Le marché Ballaro, qui avoisine la maison natale de Cagliostro, a l'allure d'une casbah, et en répand les parfums. Il me rappelle certains quartiers du Caire ou de Zanzibar : mêmes odeurs de friture à l'huile d'arachide, de safran, de clou de girofle, d'ail et de détritus végétaux en décomposition. Le pavé est strié de traînées d'une poussière venue des déserts d'Afrique du Nord ou souillé par les seaux d'eau sale jetée des fenêtres et des balcons. L'enduit des murs de la plupart des édifices est couvert de taches de moisissure. Des morceaux de fer étayent les châssis de porte, le linge claque au vent sur les cordes tendues entre les immeubles.

On dirait que le quartier n'a pas beaucoup changé depuis le temps où le jeune Giuseppe Balsamo faisait régner la terreur dans les rues. J'ai très envie de savoir ce que les vendeurs du marché, qui n'ont pas l'air de gens commodes, pensent de l'enfant le plus illustre de l'endroit – si j'en juge par l'état déplorable de sa maison, je ne dois pas m'attendre à un enthousiasme démesuré.

Et pourtant il y a quelques signes d'un intérêt local sinon officiel. Au-dessus de l'entrée de la ruelle une arche grossière en contreplaqué porte le nom de Cagliostro. Plus loin, sous le mystérieux trou béant, on a élevé une grande maquette en ciment censée représenter la disposition originale de son appartement de deux pièces. Des symboles occultes en couvrent les murs ainsi qu'une fresque bleue et ocre qui décrit les voyages de Cagliostro à travers le monde, son vagabondage de Palerme à Alexandrie, Médine, Rome, Aix, Saint-Pétersbourg, Varsovie, Strasbourg, Paris, Londres et la Suisse. On voit qu'il est parfois revenu sur ses pas, cet errant infatigable. De quoi était-il en quête ? De richesse, de renommée ? Voulait-il apporter au monde la révolution ou le salut spirituel ?

Tandis que je me positionne entre un étron de chien et une souris morte pour photographier la reconstitution de la maison de Balsamo, je rencontre mon premier ressortissant de la cité, un jeune homme vigoureux qui s'appelle Sebastian, mâchoire carrée couverte de poils sombres, jeans délavés, tee-shirt rayé, béret. Il m'adresse la parole en italien puis en anglais pour me demander si je fais partie d'un groupe que la présidente de l'Association Cagliostro promène à travers les lieux évocateurs des jeunes années de Balsamo à Palerme. Apparemment cette femme souhaite convaincre Sebastian et sa troupe de jeunes comédiens d'écrire et de représenter un spectacle consacré à la vie de Cagliostro.

Elle n'aura pas trop de peine à y arriver car Sebastian semble partager sa passion. Visiblement il tient Cagliostro pour une sorte de Robin des Bois, un bandit généreux qui dépouille les riches et assiste les pauvres. Naturellement, comme tout Sicilien, reconnaît-il, celui-ci devait être aussi un comédien doué d'un sens exceptionnel de la mise en scène et capable de jouer n'importe quel rôle. Pourquoi pas ? Cette interprétation en vaut une autre.

J'écoute Sebastian me raconter sa vie. Il vient de retourner à Palerme après des années passées à errer à travers le Brésil, le Danemark, la Belgique, la Grande-Bretagne et les États-Unis. Il n'a pas suivi de cours d'art dramatique, c'est un autodidacte devenu clown, musicien et acteur ambulant, et qui a aussi un don de conteur. Un garçon brillant, tenace, avec une curieuse flamme intérieure, un aventurier de Palerme, aussi agile physiquement que délié intellectuellement – il a le mélange de charme, d'opportunisme et d'intelligence nécessaire pour survivre dans un monde impitoyable. Il est profondément enraciné dans la terre sicilienne et pourtant ne se sent dépaysé nulle part, c'est un globe-trotter qui ne reculera devant aucune expérience nouvelle. Aujourd'hui il envisage avec enthousiasme de jouer le rôle du comte Cagliostro, de devenir le magicien qui saurait transformer Palerme et l'arracher à sa triste condition de désert culturel aux mains de la mafia. L'idée me vient que Sebastian pourrait être une sorte de Cagliostro moderne.

Mais nous nous souvenons soudain du rendez-vous de Sebastian avec l'organisatrice de la visite. Nous fendons la foule qui afflue au marché de Ballaro, carnaval d'appétits qui a été la première école de Giuseppe Balsamo, celle où il a appris les rudiments, magie rustique et chicane urbaine. Des vieillards au visage buriné nous proposent des verres de bière, de vigoureuses commères agitent sous notre nez des morceaux roses de thon. Et nous arrivons bientôt dans le minuscule bureau de l'*Association Cagliostro, présidente Ninetta Cangelosi*. C'est un sanctuaire consacré à Cagliostro dont les murs sont tapissés d'images de notre mage rondelet et de sa femme, Seraphina. Il y en a en papier, en bois, en verre colorié et en plastique.

Nina Cangelosi a probablement la cinquantaine, elle est vêtue avec élégance ; elle a un visage sympathique et des yeux sombres et tristes. Elle me fait penser à un *caffe latte* : sa peau brune de Sicilienne contraste avec la chevelure argentée qui mousse sur sa tête. Elle me donne une impression de profonde lassitude – la lassitude qui vient d'efforts répétés dans un combat interminable. J'apprends en effet que depuis cinq ans elle se bat pour faire restaurer la maison de Balsamo et qu'elle multiplie les démarches auprès des conseillers municipaux, des fonctionnaires, des parlementaires, des archivistes, des industriels, qu'elle supplie tous de faire un geste pour honorer la mémoire de Cagliostro.

La plupart de ses interlocuteurs pensent que Cagliostro était un escroc et qu'il n'est donc pas la sorte d'homme qu'une grande ville moderne devrait honorer. Goethe, dont d'innombrables plaques de bronze commémorent la visite de 1786, rencontra à cette occasion la mère et la sœur de Giuseppe Balsamo. Par la suite il déclara que Cagliostro était un escroc et un coquin. Le jugement de Goethe prévaut encore.

Nina argumente avec force contre l'arrêt de Goethe, elle explique aux notables de la ville que les Siciliens ont une vision différente du réprouvé ; elle dit qu'ils veulent visiter la maison de Balsamo pour voir de leurs yeux dans quel dénuement le grand homme a fait ses premiers pas sur Terre. Son histoire est pour eux une raison d'espérer. Oui, pour eux Balsamo est un homme qui a refusé de se laisser dompter par l'adversité et la pauvreté, qui sont la malédiction de la Sicile. L'enthousiasme de Nina pour son héros s'est communiqué aux étudiants des beaux-arts qui ont peint la fresque des voyages sur le mur, mais les conseillers municipaux se refusent à la recevoir, arguant de leur emploi du temps surchargé. Quant au propriétaire de l'édifice où l'on voit la carcasse de l'appartement de Balsamo, il est en train d'acheter parcelle après parcelle une grande partie du quartier et il envisage une importante opération de rénovation de la zone. Il domine le marché de l'immobilier, c'est un personnage très puissant qui n'a aucune envie qu'on élève un sanctuaire en l'honneur de Cagliostro. Il n'a qu'une idée en tête : vendre des appartements.

J'interroge Nina sur sa passion pour Cagliostro. Elle a lu à son sujet tout ce qu'elle a pu trouver. Elle reconnaît que l'on a rapporté sur lui des détails accablants, en général des témoignages de ses ennemis. Au reste, certaines de ces accusations étaient peut-être vraies, mais, insiste Nina, les biographes de Balsamo n'avaient aucune idée des efforts qu'il fallait déployer pour gagner sa vie dans un endroit aussi pauvre que l'Albergheria. Oui, dans sa jeunesse Giuseppe Balsamo avait peut-être été un *mascalzone* (un mauvais garçon) – et malheureusement beaucoup de jeunes Palermitains d'aujourd'hui prenaient le même chemin. Mais nul ne pouvait contester qu'il s'était racheté plus tard en guérissant les pauvres, gratuitement, un peu partout, et en prêchant un message de tolérance d'une haute élévation spirituelle.

D'ailleurs, suggère-t-elle, beaucoup de gens de diverses nationalités pensaient comme elle que Giuseppe Balsamo était une sorte de saint d'une étoffe grossière. Après tout, une jeunesse passée dans le vice est une caractéristique courante chez les personnages que l'Église choisit de canoniser. Giuseppe Balsamo ne fréquentait pas l'église mais il avait une « âme puissante ». Il croyait que l'islam et le judaïsme avaient un caractère aussi sacré que le christianisme et que, dans sa franc-maçonnerie d'obédience égyptienne, religion séculière prenant la forme d'une fraternité secrète, ces trois religions pouvaient coexister.

Le dernier soir que je passe à Palerme, j'ai rendez-vous avec Nina et Sebastian dans un restaurant proche du marché. À quelques centaines de mètres, dans la rue principale, une belle enseigne annonce *Ristorante Le Comte de Cagliostro*. Elle représente le visage du comte dans sa pose la plus célèbre : les yeux levés vers le ciel avec une expression d'extase. À l'intérieur, le menu désigne les différents plats par les noms de personnages rencontrés par Cagliostro au cours de son existence mouvementée. La reine Marie-Antoinette est un gorgonzola et Casanova une pâtisserie à la crème.

Le patron ressemble aux portraits du jeune Cagliostro quand il n'est pas encore corpulent. Il est brun, trapu et exhibe des avant-bras musclés. Il explique que le restaurant portait déjà son nom quand il a acheté l'affaire quelques années plus tôt. Il venait de Naples, où il était dans l'immobilier et ne savait rien de Cagliostro. En buvant un verre avec un ami forgeron, il lui avait demandé un jour s'il devait changer le nom de son restaurant. L'autre avait répondu avec véhémence qu'il fallait absolument le garder : Cagliostro était un *uomo di popolo*, un homme du peuple. Quel meilleur nom pouvait-il désirer ?

Quand les gens du quartier viennent dîner, raconte le patron en souriant, ils font toujours la même plaisanterie. Ils disent que l'on a rebaptisé la rue de la maison Balsamo parce que tout le monde l'appelait via Pisciata au lieu de via Perciata. Au marché, explique-t-il, quand la nature parle, la ruelle de Balsamo est le meilleur endroit pour se soulager. C'est pourquoi elle pue la pisse. La pisse, dit-on, était le premier élixir dont faisait usage Cagliostro. Les gens l'aiment pour ça.

Après le dîner, je décide de faire mon dernier pèlerinage via di Conte di Cagliostro. J'écrase au passage des détritus de tomates en bouillie et je glisse sur des écailles de poisson. Le trou dans le mur est perdu dans l'obscurité et la ruelle, bien entendu, pue l'urine. Au-delà, très haut, je distingue à peine la silhouette grise du mont Pellegrino, accroupi au-dessus de Palerme comme un antique dieu païen. Cette vue, Giuseppe Balsamo a pu la contempler par une nuit semblable à celle-ci, il y a deux siècles et demi, au moment où il se lançait dans sa carrière d'aventurier.

Un jour de l'année 1763, une heure environ avant minuit, deux hommes, l'un d'âge mûr et d'aspect prospère, l'autre un jeune homme de moins de vingt ans, marchaient silencieusement dans les faubourgs de Palerme, capitale de l'ancien royaume insulaire de Sicile sur lequel Naples exerçait son empire.

Une lanterne sourde à la main, peu désireux d'attirer l'attention, ces deux hommes se parlaient à voix basse. Fort heureusement l'épaisse couche de détritus recouvrant les rues leur permettait de se déplacer sans bruit. Les boutiquiers en plaisantaient volontiers : ils disaient que les nobles voyaient d'un œil favorable cette moquette de poussière, de crottin et de détritus sur laquelle leurs carrosses roulaient mollement. Mais ce n'étaient pas des gens à carrosses que ces deux se méfiaient, c'était de la populace des rues – les nombreux mendiants, voleurs et coupe-jarrets ou les putains qui infestaient les vieux quartiers mauresques surpeuplés. Si des coquins guettant une occasion remarquaient la pioche et la pelle qu'ils portaient, les ennuis ne seraient pas loin.

Au bout de quelques kilomètres, ils parvinrent au pied du mont Pellegrino, épaulement de six cents mètres dominant le golfe de Palerme comme un sphinx veillant jalousement sur des cachettes, des trésors secrets. Découvrir l'une de ces cachettes était la raison de leur expédition. Ne savaient-ils pas combien de fois les maîtres de Palerme, affolés, avaient enterré leur or dans l'une des nombreuses grottes de la montagne lorsque les voiles de conquérants apparaissaient sur la mer ? Phéniciens, Grecs, Romains, Maures, Normands, Espagnols avaient abordé à Palerme au cours des siècles. La plupart y étaient restés pour profiter de son climat subtropical, de son sol fertile, de son port en eau profonde qui facilitait les liaisons avec l'Europe, l'Afrique et l'Asie. La ville de deux cent mille habitants était un vivant témoin de ce passé hybride.

Selon toutes probabilités, c'étaient les Sarrasins qui avaient enterré le trésor qui attirait les deux hommes. De tous les envahisseurs de Palerme, ces Maures avaient été les plus riches, les plus tolérants et les plus raffinés ; ils étaient restés plus de deux siècles en Sicile et avaient laissé leur empreinte sur le paysage comme sur la population. On pouvait imaginer par exemple que, prêt à s'enfuir vers l'Afrique, Ayub Temin avait enfoui le riche butin qu'ils convoitaient juste au moment où, le 5 janvier 1072, les Normands conduits par Robert Guiscard enfonçaient une brèche dans la citadelle aux neuf portes d'Al Quasr et se répandaient dans Palerme.

Le plus jeune des chasseurs de trésor – Giuseppe Balsamo – prétendait connaître son emplacement exact. Un vieux document le lui avait révélé et il devait à un rêve d'en connaître la composition. La cachette contenait tant de richesses que leur description faisait tourner la tête de son compagnon.

Balsamo, en effet, avait dit à Vincenzo Marano, lui-même l'un des orfèvres les plus fortunés de Palerme, que la cachette recelait un coq en or aux yeux de rubis dont les plumes étaient constellées de diamants. La seule valeur de cet objet donnait le vertige à Marano, bien que ce dernier rêvât souvent de trésors cachés – en quoi il était loin d'être un cas isolé en Sicile où tout le monde débitait des histoires de fortunes enterrées. La grande affaire était de découvrir leur emplacement et de s'en assurer la possession. Car si le jeune Balsamo avait raconté à l'orfèvre que le coq d'or était perché sur un monceau de monnaies d'or aussi haut qu'un tas de fumier, il avait ajouté que dans son rêve il avait entrevu des djinns ou démons terrifiants qui, comme il se doit, montaient la garde. C'étaient les

Sarrasins qui chargeaient leurs frères de l'ombre de veiller sur les biens sacrés de l'islam et d'empêcher qu'ils ne tombent entre les mains avides des infidèles.

Balsamo pouvait jouer là un rôle décisif. Bien sûr, les gens avaient dûment recommandé à Marano de garder ses distances avec ce garçon dont la réputation était détestable. À n'en pas douter, Giuseppe Balsamo était un *picciotto*, un voyou et un frimeur qui aimait se pavaner. La pauvreté avait été son lot depuis l'enfance. Son père, bijoutier à Palerme, exerçait la même profession que Marano, à cette différence près qu'il était mort banqueroutier quelques mois après la naissance de Giuseppe, dont la mère, Felice Bracconieri, devait accoucher le 2 juin 1743. Giuseppe avait grandi avec sa sœur dans un étroit deux-pièces d'une des ruelles les plus pauvres du quartier le plus misérable de la ville.

Il était un produit typique du quartier de l'Albergheria, labyrinthe de petites rues tortueuses et de logements délabrés où vivait la pègre de Palerme. La police, les *sbirri*, évitait de se risquer dans les sombres canyons de ce quartier où les immigrants arabes, turcs et juifs suivaient leurs évolutions d'un regard hostile. Giuseppe était à la tête d'un gang de voyous qui terrorisait le quartier et n'hésitait pas à se battre avec la police. On disait qu'il sortait si vite son couteau qu'il avait, une fois, tué un prêtre – faute de preuves, la police l'avait remis en liberté. Tout cela Marano le savait, mais il savait aussi que le savoir-faire que ce garçon avait acquis dans les ruelles puantes se montrerait d'un grand prix s'il fallait protéger leur trésor contre les entreprises de voleurs.

En outre, aux yeux de Marano, Balsamo était un cran au-dessus du voyou banal de Palerme. Sa mère avait obtenu une assistance financière du grand-père maternel de l'enfant, puis de ses oncles Antonio et

Matteo Bracconieri, lesquels vivaient dans l'aisance. On avait essayé de donner une bonne éducation à Giuseppe. Il avait d'abord reçu les leçons d'un précepteur privé, puis, à l'âge de dix ans, on l'avait mis au séminaire de San Rocco, qui accueillait les orphelins. Il y était resté plusieurs années avant de passer deux ans en tant que novice dans le monastère des Fatebenefratelli, ordre soignant, à Caltagirone. Enfin ses oncles lui avaient fait suivre des cours privés de dessin et de peinture à Palerme.

Le jeune homme possédait, dit-on, une intelligence et une imagination exceptionnelles. Tout le monde avait entendu parler de sa précocité. Il avait des dons particuliers pour la chimie et dessinait avec une précision remarquable. Il pouvait copier parfaitement une image, un dessin, mais il montrait autant d'aisance à reproduire une écriture, une page imprimée ou un emblème. Par exemple, à l'intention de Marano, il avait su dessiner, soi-disant d'après le parchemin original, une copie de la carte du trésor sarrasin dont la plausibilité était extrême. Il va de soi que, quand on a de tels talents, on risque d'en mésuser. C'est ce qui était arrivé avec le jeune Balsamo : il avait connu quelques ennuis pour avoir fabriqué des billets de théâtre falsifiés et de fausses autorisations de sortie du monastère. Le bruit courait qu'il s'exerçait à copier des documents légaux.

Un individu en qui pareille créativité s'allie à un tempérament de révolté est bien évidemment dangereux. On affirmait que Balsamo avait été chassé de toutes les écoles et de tous les séminaires qu'il avait fréquentés. Et que les châtiments corporels ou la prison lui étaient indifférents. Son effronterie était légendaire. On racontait que, pour obtenir son congé du monastère des Fatebenefratelli, il avait manifesté un brio satirique peu commun. Car, malgré sa mauvaise conduite, les frères refusaient de congédier le novice de quinze ans, dont ils appréciaient les dons d'apprenti apothicaire dans leur clinique de soins. Un jour donc qu'on lui avait ordonné de psalmodier le martyrologe au cours du petit déjeuner, en guise de pénitence pour ses péchés, il avait épouvanté les moines en substituant aux noms des saints révérés ceux de catins célèbres du cru – c'est ainsi qu'il s'était fait expulser du monastère.

En tant qu'ancien novice, Balsamo avait une bonne connaissance des rituels chrétiens auxquels les deux hommes auraient à recourir pour combattre les démons gardiens du trésor. De plus, et ce n'était pas d'une importance moindre, il jouissait d'une réputation considérable de sorcier capable de manipuler les forces occultes. Nul n'ignorait la rivalité entre esprits chrétiens et esprits diaboliques. S'il espérait réussir, un chasseur de trésors devait se montrer expert en magie blanche autant qu'en magie noire. Dans la vie quotidienne des habitants de Palerme, les génies du monde souterrain étaient une présence familière. La campagne en était pleine.

Au marché de l'Albergheria on vendait autant de variétés de talismans que de légumes. Devins, vendeurs d'herbes médicinales, diseurs de bonne aventure, astrologues, marchands d'amulettes, tous savaient communiquer avec le monde des esprits. Les amulettes étaient le moyen le plus couramment employé. Elles servaient à écarter le mauvais œil, à rester en bonne santé, à porter chance aux amoureux. Giuseppe avait appris comment on écrit des signes magiques sur des bouts de parchemin que l'on suspend autour du cou. En l'occurrence il avait préparé, pour Marano et pour lui-même, des amulettes particulièrement efficaces destinées à les protéger dans l'épreuve qui les attendait.

Bien entendu sa réputation de sorcier ne reposait pas simplement sur son aptitude à fabriquer des amulettes. Chez les Fatebenefratelli, il s'était initié à la grande tradition de l'hermétisme, venue des Égyptiens et des Grecs ; cette tradition se réclamait d'Hermès Trismégiste, figure composite réunissant le dieu égyptien Toth et le dieu grec Hermès. Au cours des deux siècles de domination mauresque en Sicile, les ordres catholiques avaient copié, conservé et transmis des manuscrits arabes où se trouvaient consignés les secrets de la magie orientale et de l'alchimie.

Dans le laboratoire du monastère, sous la conduite du père Albert, Balsamo avait appris à identifier et à fixer les sels, et à utiliser le mercure et le soufre (le mercure étant une substance féminine, le soufre une substance masculine) pour provoquer le processus alchimique de transmutation des métaux. Devait-il aussi au père Albert son initiation à la kabbale, outil fondamental pour tout pronostic spirituel ou médical ? La kabbale, si difficile à définir, comprenait un noyau de doctrine mystique juive et un système de prédictions connu sous le nom de *gematria*. Grâce à des calculs fondés sur les correspondances entre les nombres et les lettres ou les mots de la langue hébraïque, on pouvait arriver à formuler certaines prédictions. Balsamo était l'auteur de plusieurs prédictions cabalistiques qui semblaient de bon augure pour le succès de l'expédition des deux hommes. Il va de soi qu'il fallait tenir compte des influences célestes – c'est-à-dire des pouvoirs exercés par les sept génies spirituels ou anges gouvernant chacune des sept planètes.

Enfin, outre ses connaissances astrologiques, Balsamo avait appris du père Albert les formules et les rites qui permettaient d'évoquer les esprits bienfaisants et d'exorciser les esprits malveillants. Après son retour de Caltagirone, il avait accompli deux tours de force qui avaient fait sa célébrité dans le pays. En une occasion il s'était servi d'un bout de ficelle trempé dans l'huile sainte procurée par un prêtre pour exorciser sa sœur possédée du démon. Son second exploit relevait du défi : à un groupe de camarades il avait offert de montrer ce que faisait au même moment une petite amie qui habitait à l'extrémité opposée de Palerme. Il avait alors tracé sur le sable un cercle magique et prononcé des mots incompréhensibles, et l'image de cette fille en train de jouer au *tresette* avec deux hommes était apparue devant leurs yeux stupéfaits. Il est vrai que les versions divergeaient : selon certains l'adolescent avait seulement tracé sur le sable une image saisissante de vie ; selon d'autres il avait créé une vision spectrale de la scène. En tout cas la bande s'était précipitée à la maison de la fille où la prédiction s'était confirmée en tous points.

Que cela lui plût ou non, Marano savait donc qu'à Palerme Balsamo était le seul homme capable de neutraliser les démons pendant le temps nécessaire pour rafler le trésor. Balsamo n'avait pas caché à Marano qu'en un premier temps il avait pensé agir seul, mais s'était ensuite avisé qu'il ne pourrait jamais arracher le trésor à ses terribles gardiens sans assistance. Pourquoi avait-il choisi Vincenzo ? À cause naturellement de sa réputation de chasseur de trésors intrépide et passionné.

Les risques étaient considérables, reconnaissait Balsamo. Ces gardiens de trésors sarrasins étaient capables de tout. Les troupes d'Azrael (ou Eblis), le souverain arabe des démons, avaient la réputation d'être particulièrement vicieuses. Elles comptaient des bicornes ou *chichevaches*, odieuses créatures hypertrophiées à force de s'empiffrer de chair humaine, aussi bien que des djinns, ces démons qui savent prendre forme humaine et se jettent soudain sur vous pour vous mettre en pièces ou vous rendre fous.

Il est indispensable de jeûner, avait affirmé Balsamo, qui insista sur l'obligation de passer plusieurs semaines sans toucher à la viande. Il avait également acheté et sacrifié neuf jeunes coqs vivants (neuf étant un chiffre magique, comme chacun sait), trois coqs noirs, trois blancs et trois rouges, ces couleurs ayant des affinités naturelles avec les joyaux étincelants du trésor. Balsamo avait aussi exigé des ablutions rituelles suivies de l'application d'herbes, de baumes, d'onguents et d'huiles saintes. Pendant ce cérémonial, Balsamo psalmodiait d'une voix de tête, comme les Musulmans quand ils prient Allah.

Marano avait fait la grimace devant la somme que Balsamo réclamait pour les rites propitiatoires : soixante pièces d'argent, une petite fortune. À la vérité la somme était négligeable comparée à la seule valeur du coq d'or, mais Marano s'était exécuté à contrecœur en se promettant de surveiller de près son jeune sorcier. Il devait reconnaître que le jeune homme s'était montré irréprochable ; il n'y avait rien à redire sur l'organisation des rites préliminaires.

Le soir de l'expédition, Balsamo était venu vêtu d'une soutane de prêtre : tenue de rigueur pour évoquer les esprits bienveillants et tenir à distance les mauvais. Le mont Pellegrino, vers lequel ils dirigeaient leurs pas, était une montagne sainte ; le sanctuaire révéré de sainte Rosalie, protectrice de la cité, qui s'y trouvait, attirait les foules de Palerme et des environs à l'occasion de plusieurs pèlerinages annuels.

En revoyant le jeune homme à la lueur fumeuse de la torche, Marano avait été impressionné, une fois de plus, par ses puissantes épaules, son coffre imposant, sa vivacité de mouvement. Ce garçon sûr de lui, respirant la force, capable de jouer victorieusement du poing dans une bagarre, portait une ampoule d'huile sainte et une bassine d'eau bénite. À lui les opérations de purification et de magie. Marano se chargerait de creuser le sol.

Quand ils eurent gagné les pentes rocheuses de la montagne, Balsamo s'arrêta soudain ; imposant d'un geste le silence à son compagnon, il regarda autour de lui avec la plus grande attention. Apparemment satisfait de cet examen, Giuseppe invita Marano à boire une gorgée d'eau bénite à titre d'antidote contre les forces démoniaques, lui frotta le front avec l'huile sainte, lui tendit une étoffe pour en couvrir ses oreilles et traça un cercle sur le sol – cercle magique qui constituait une cage invisible où ils seraient sous la protection des esprits bienveillants. Ensuite il commença à chanter – passant des hymnes traditionnels à une psalmodie dont les modulations aiguës rappelaient les prières arabes. Soudain il désigna un point et fit signe à Marano de commencer à creuser. L'orfèvre balança sa pioche et se mit au travail dans un état de grande excitation.

Jaillie de nulle part, une flamme bleue se mit à crépiter, une odeur soufrée se répandit, des pas martelèrent le sol, des cris d'une origine surnaturelle retentirent. Un bref instant Marano entrevit des faces noires, des peaux couvertes de poils, des cornes démoniaques. Des coups s'abattirent sur sa tête et ses épaules, et le précipitèrent sur le sol où il resta étendu sans oser bouger. Au bout de ce qui lui parut une éternité, n'entendant plus rien, il jugea que les démons s'étaient retirés dans leur tanière et se releva. Nulle part Balsamo n'était visible. Les membres meurtris, le corps ensanglanté, Marano boitilla jusqu'à Palerme en espérant que le jeune homme n'avait pas été enlevé ou dévoré par les démons. Combien de djinns les avaient attaqués, il n'aurait su le dire. Était-ce quatre ou une douzaine ?

Le lendemain, un peu remis de la rossée qui lui avait été administrée, Marano se rendit via Perciata pour consulter, s'il était rentré à son domicile, son jeune devin, dont le sort l'avait tourmenté toute la nuit. La nouvelle qu'il apprit alors le plongea dans la consternation : Balsamo avait quitté la ville, sous le prétexte de rendre visite à son oncle, emportant avec lui l'argent de Marano. Humilié et furieux, ce dernier se jura de tirer vengeance de Balsamo. Si celui-ci ne voulait pas croupir dans une prison, il avait intérêt à ne jamais retourner à Palerme, car Marano n'oublierait pas.

1
Le franc-maçon

Franc-maçon : membre d'une fraternité dont le nom complet est : Maçons francs et admis. (*A New English Dictionary on Historical Principles,* J. A. H. Murray, Oxford, 1897)

Le comte Giovanni Giacomo Casanova se meurt d'ennui en ce mois de mars 1769. Sur ordre de son docteur, le séducteur légendaire se trouve enfermé depuis près de trois semaines dans l'hôtel des Trois Dauphins à Aix-en-Provence, où il se rétablit à la suite d'une sérieuse pneumonie.

Pourtant la visite avait bien commencé. Casanova se faisait une fête de ce séjour de printemps dans le sud de la France, juste compensation à six semaines d'emprisonnement à Barcelone dues à de fausses lettres de change. Après cet intermède rigoureux, il se réjouissait de passer quelque temps dans l'ancienne capitale provinciale auprès d'un vieil ami, le marquis d'Argens, philosophe et libertin, amateur comme lui de jolies femmes, de bonne chère et de conversation brillante. Et puis la perspective de participer au carnaval d'Aix, dont les débordements étaient célèbres, était une attraction de plus.

Il était sans doute fâcheux d'occuper la chambre voisine de celle d'un cardinal indiscret à l'excès, mais cet inconvénient était compensé par la situation de l'auberge à proximité du cours Mirabeau, l'avenue la plus élégante de la ville, avec l'ombrage de ses grands arbres et l'animation de ses cafés. Et puis Casanova appréciait la compagnie de certains de ses commensaux, notamment d'un groupe de jeunes gens venus s'amuser à Aix, qui prêtaient une oreille avide aux histoires qu'il leur débitait au petit déjeuner.

C'étaient des aventuriers de peu d'envergure, des débutants, des amateurs qui buvaient ses paroles parce qu'il excellait dans la profession où ils s'engageaient. Profession florissante, car les aventuriers étaient nombreux dans toutes les villes d'Europe un peu importantes, mais l'une des plus risquées. On ne pouvait compter que sur les ressources de son esprit, de son charme, de son courage. Il fallait réagir avec à-propos pour éviter de multiples pièges, et savoir quand l'audace était payante ou lorsqu'une prudente retraite s'imposait. Un jour on roulait dans un magnifique carrosse attelé de six chevaux et le lendemain on était enchaîné à la rame d'une galère.

Dans les dîners, les maisons de jeu, les salons ou à l'opéra, Casanova coudoyait des personnages familiers affublés de titres aussi peu authentiques que le sien, ce nom de chevalier de Seingalt qu'il s'était inventé un jour en juxtaposant au hasard quelques lettres de l'alphabet. Un bon aventurier devait aussi avoir un vaste répertoire professionnel, se montrer capable de divertir son auditoire par les talents les plus divers, musicien à ses heures, ou peintre, acteur, dresseur d'animaux, expert en feux d'artifice... Beaucoup, dont Casanova, se vantaient de posséder des connaissances spéciales, d'être astrologues, inventeurs, magiciens ou guérisseurs. En cas de besoin, il y avait avantage à se présenter comme un militaire étranger, un ecclésiastique en déplacement, ou un chargé de mission diplomatique. Ces identités fictives, Casanova les avait empruntées tour à tour.

En dépit d'échecs occasionnels, Casanova ne pouvait imaginer carrière plus fructueuse que celle qu'il avait choisie. L'Europe étant en paix, la circulation des personnes n'y rencontrait que peu d'obstacles et un passeport s'obtenait sans grand effort. Une lettre de recommandation (authentique ou fausse) suffisait pour vous ouvrir les portes des notables, à condition d'avoir des vêtements à la mode et de posséder un bon carrosse. Les innombrables petits souverains européens avaient un goût prononcé pour la nouveauté et le spectacle. Pour réussir, un aventurier doué devait seulement choisir un appât approprié. Casanova s'était spécialisé : ses armes étaient la séduction des femmes, la magie et le maniement expert de cartes biseautées. Mais, le cas échéant, il savait organiser des loteries, prospecter et inspecter des mines ou se présenter comme un guérisseur. Étant donné que tout prince européen aspirait à imiter le Roi-Soleil, à poser au petit Louis XIV, la grande affaire était de maîtriser la langue française et de se comporter en petit-maître pour qui la mode parisienne n'avait pas de secrets. Personne ne dansait le menuet ou ne tournait un compliment mieux que Casanova.

À Aix, ses talents variés pouvaient abondamment servir. Peu de temps après son arrivée, il avait été invité à dîner par d'Argens, qui séjournait au château de son frère dans la campagne avoisinante. La chère avait été somptueuse : une exquise *crostata*, admirable pâté en croûte de vaste dimension bourré de petites saucisses, de ris de veau, de champignons, de cœurs d'artichaut, de foies d'oie et d'autres merveilles. Il avait acquitté son écot en brillant dans la conversation et provoqué les rires de tous les convives en épouvantant un jésuite qui se permettait de critiquer ses propos polissons. Le malheureux prêtre avait pâli lorsque Casanova avait déclaré que le conclave en cours élirait à coup sûr le redoutable cardinal Gagnelli, franciscain qui rêvait d'écraser la société de Jésus coupable de se mêler de tout. Les plaisanteries lestes et anticléricales de notre aventurier avaient enchanté un invité du marquis, un jeune Berlinois nommé Gotzkowski ; celui-ci avait promis discrètement à Casanova de lui faire connaître un cercle de jeunes libertins qui organisait en ville des parties de plaisir d'une autre nature.

Le carnaval avait dépassé ses espérances. Il n'avait jamais vu de mascarades, de danses ou de spectacles bouffons plus frénétiques, et pourtant son expérience était riche, avec le carnaval de Venise. Le 25 mars il avait acclamé la grande procession où le Diable, la Mort et les Sept Péchés capitaux dans leurs costumes divertissants se débattaient pour ne pas s'agenouiller devant le Créateur. Quant à lui, dissimulé derrière un masque de la *commedia dell'arte*, à coup sûr celui de Polichinelle, avec son sensationnel nez crochu, il avait arpenté les rues de la ville en quête de beautés gloussantes et masquées. Un tourbillon d'assemblées, de bals, de soupers et de « fort jolies filles » lui avait fait prolonger son séjour. Vraiment on ne faisait rien de mieux que ce surprenant mélange de sexe et de religion.

Mais, à déjà plus de quarante-quatre ans, ces plaisirs excessifs se paient cruellement... Alors qu'il retournait en ville de chez les d'Argens dans une chaise ouverte, le mistral l'avait glacé jusqu'à l'os. Au lieu de se coucher sagement, il avait cru le moment opportun pour s'acquitter d'une parole donnée par fanfaronnade. Remporter un pari contre des gens du pays qui soutenaient que personne ne parviendrait à déflorer une certaine fille de la campagne de quatorze ans, très maligne, capable de contorsions si adroites que toute tentative aboutirait à un échec. Gotzkowski avait précédemment échoué et Casanova avait promis de lui montrer comment réussir. Mais au bout de deux heures de rugissements et d'un labeur de professionnel expérimenté il avait dû renoncer dans un état de total épuisement. Accablé, il avait perdu son pari.

Cette humiliation publique sous les yeux du jeune Gotzkowski l'avait profondément déprimé. Affaibli moralement et physiquement, il avait contracté la grippe ; une pneumonie avait suivi dont la gravité était telle qu'après avoir craché du sang pendant une semaine il s'était fait administrer les derniers sacrements. Heureusement cette précaution s'était révélée inutile, mais il avait dû rester couché pendant dix-huit jours et le médecin lui avait imposé encore plusieurs semaines de convalescence à l'hôtel.

Casanova s'ennuyait donc ferme dans sa chambre d'hôtel : il en avait assez de jouer aux cartes avec de jeunes écervelés et aspirait à reprendre une vie normale. Et voici qu'un matin ses jeunes amis lui firent part d'une nouvelle qui piqua son intérêt : un couple de pèlerins italiens était arrivé à l'hôtel la veille. Ils étaient si épuisés qu'ils s'étaient couchés sur-le-champ

Des pèlerins, s'était-il dit, quelle absurdité ! Ce devait être des « fanatiques ou des coquins ». En tout cas il avait besoin de distraction, et ces gens feraient l'affaire.

Giuseppe Balsamo avait assisté à quantité de carnavals. À Palerme les festivités prenaient la forme d'un *ballo degli diavoli*, une danse des démons. Dans ce rituel, conflit du bien et du mal, des hommes costumés en démons de rouge vêtus se livraient à une bataille symbolique contre les tenants de la Vierge Marie revêtus de soutanes noires. La victoire de ces derniers était escomptée, elle allait de soi – encore que dans la vie de Giuseppe l'issue du conflit fût rien moins que certaine.

Quand, en 1764, Giuseppe avait dû s'enfuir pour échapper aux poursuites lancées contre lui par l'orfèvre Marano, il était parti avec ses deux complices, un valet et un prêtre, pour Messine, de l'autre côté de l'île. Ils ne pouvaient s'y attarder car le bras de la loi s'abattrait sur eux, mais ils se firent quand même entretenir quelques jours par un oncle fortuné de Giuseppe.

Messine étant une escale pour les bateaux en route vers la Méditerranée orientale ou la côte africaine, nos coquins cherchèrent à embarquer avant que l'événement de Palerme ne fût connu. Leur attente dura quand même quelque temps. C'est alors, prétend Giuseppe, qu'il fit la connaissance d'un mystérieux magicien nommé Althotas, qui allait devenir son guide spirituel et son maître pendant plusieurs années. À moins qu'il n'ait bâti ce roman et qu'il ne s'agisse simplement du père Atansio, son vieux compère en escroqueries, avec lequel ses relations se seraient poursuivies et dont il avait peut-être encore beaucoup à apprendre.

On ne sait pas bien où la bande se rendit d'abord car on perd sa trace pendant un an. Certains soutiennent que leur première destination fut l'île de Rhodes : ils auraient prétendu posséder l'art de transformer le chanvre en soie – une arnaque vieille comme le monde mais une nouveauté pour Giuseppe. Balsamo lui-même affirme qu'ils s'embarquèrent pour Le Caire et Alexandrie, puis vagabondèrent au voisinage des fabuleuses villes musulmanes, s'imprégnant de la riche culture de l'Orient. Pourquoi en douter ? Les marchands siciliens allaient fréquemment en Égypte, et c'était une destination séduisante pour de futurs aventuriers. À vingt et un ans, Casanova avait entrepris un voyage du même genre qui l'avait conduit à Corfou et Constantinople.

Au bout de quelques mois Giuseppe mit le cap sur Malte. En 1765 il débarqua dans l'île et gagna, dans les terres, la petite ville médiévale de Medina où il trouva un emploi de serviteur ou *donat* auprès des Chevaliers de Saint-Jean, ordre clérical puissant, connus sous le nom de Chevaliers de l'ordre de Malte. Celui-ci avait été fondé au XIe siècle pour veiller sur la santé des pèlerins chrétiens qui se rendaient à Jérusalem. Ces chevaliers ne se contentaient pas de fournir des remèdes aux malades ; pendant plusieurs siècles ils avaient ferraillé contre les armées de l'islam et s'étaient battus contre les Turcs et les Arabes avant de s'établir dans l'île de Malte en 1530.

La paix revenue, les chevaliers étaient devenus l'ordre charitable le plus riche au monde. Leurs ambassades, leurs prieurés, leurs auberges réservées aux pèlerins s'éparpillaient sur de vastes régions de l'Europe, surtout l'Autriche, l'Italie et l'Espagne. À Malte, les chevaliers avaient édifié des citadelles, des églises, des hôpitaux et des palais, notamment dans les villes fortifiées de Medina et de Valette. À l'époque où Giuseppe arriva dans l'île, le grand maître de l'ordre, don Manoel Pinto de Fonseca, séjournait tantôt dans une de ces villes, tantôt dans l'autre. C'était un noble portugais arrogant connu pour son attachement au cérémonial, son style de vie fastueux, et la fascination que l'alchimie exerçait sur lui.

Pour quelle raison Giuseppe se rendit-il à Malte ? La tradition familiale joua sans doute un rôle. Sa mère et son oncle se vantaient souvent d'un ancêtre Balsamo qui, en 1618, avait été grand prieur des chevaliers. Pourquoi un autre Balsamo, doué et ambitieux, ne s'imposerait-il pas dans cet ordre opulent ? Giuseppe avait les capacités requises, en somme. N'avait-il pas passé plusieurs années à soigner les malades dans un ordre à vocation similaire à Caltagirone (il n'était pas indispensable de mentionner la petite plaisanterie sur les putains de Palerme qui l'avait fait chasser des Fatebenefratelli) ? Giuseppe était tout prêt à échanger sa soutanelle noire contre celle à croix rouge, plus élégante, que portaient les frères au service des chevaliers.

Les talents d'apothicaire de Giuseppe lui rendirent service. Il ne fallut pas longtemps pour qu'on le logeât à côté du vaste laboratoire créé par don Manoel. Pendant deux ans environ aucune rumeur de scandale ne l'effleura : de nouveau la Vierge était dans son ascendant. Son authentique passion pour concocter des médicaments et pour mener des expériences susceptibles de le conduire à la découverte de l'insaisissable pierre philosophale fut plus forte que son impétuosité naturelle. Quand, à la fin de 1767, il ne put plus résister à son désir de revoir l'Italie, il emporta en partant de chaleureuses lettres de recommandation signées par les plus hautes autorités de l'ordre.

Giuseppe passa quelques jours à Naples et arriva à Rome au début de 1768. Il présenta immédiatement les lettres dont il était porteur au comte de Brettville, l'ambassadeur de l'ordre auprès du Saint-Siège, et, par son intermédiaire, à plusieurs ecclésiastiques éminents, dont les cardinaux York et Orsini. Ce dernier cherchait justement un jeune homme ayant des dons littéraires et artistiques qui pourrait lui servir occasionnellement de secrétaire. Giuseppe ne pouvait rêver mieux que ce patron du rang le plus élevé. Mais son travail l'ennuyait. Or les tentations étaient innombrables à Rome. Bientôt il mena une double vie : tantôt il se présentait « vêtu en ecclésiastique, tantôt son costume était séculier ». Une fois débarrassé de sa soutane, il vendait de douteuses marchandises aux touristes qui passaient par Santa Maria Rotonda pour visiter le Panthéon. Il s'agissait de potions d'amour « égyptiennes » ou de gravures habilement retouchées qui ressemblaient à des peintures originales. Tout cela n'était pas complètement illégal, mais Giuseppe se mit à fréquenter des Siciliens, expatriés comme lui, bien connus de la police. C'est dans la maison d'un de ces Siciliens, un vieil ami de Naples, qu'il fit la connaissance d'une jeune vierge dont il ne devait jamais se séparer.

La ravissante Lorenza Feliciani avait quatorze ans. Pourtant accoutumé aux beautés brunes de la Sicile, Giuseppe n'avait jamais rien vu de comparable à cette fille enchanteresse au corps souple, aux yeux bleus, à la peau laiteuse, aux blonds cheveux et aux belles lèvres rouges, qui savait taquiner ses amoureux. Quant à Lorenza, fille de pauvres artisans illettrés du quartier du Trastevere, comment pouvait-elle résister aux avances de ce jeune homme de vingt-cinq ans si sûr de lui, qui semblait un puits de science et racontait de fascinantes histoires de voyages à l'étranger ? D'ailleurs il était plutôt beau garçon dans le genre arabe : peau café au lait, de solides dents blanches, une musculature impressionnante, une démarche rapide et légère. D'autre part son front élevé, ses mains et ses pieds délicats, sa voix sonore lui donnaient un peu du prestige du prêtre. Balsamo se comporta en vrai gentilhomme : il offrit le mariage.

Le père de Lorenza, chaudronnier romain dévot, jugeait sa fille un peu jeune pour se marier, mais le prétendant était visiblement très amoureux, et se glorifiait de relations ecclésiastiques fort distinguées. À leur habitude Feliciani et Pasqua sa femme coururent confier leurs perplexités à la madone du Carmine, et la supplièrent de bien vouloir guider leur chère fille à travers les difficultés de l'existence qui s'ouvrait devant elle. Puis, une fois la dot rassemblée, le couple fut uni à l'église de la paroisse, Santa Maria de Monticelli, le 20 avril 1768. Le mariage eut pour témoins deux amis siciliens de Balsamo. Les nouveaux mariés partagèrent d'abord le modeste logis des Feliciani, où vivait aussi Francesco, le frère de Lorenza, situé vicolo delle Cripte, à côté de la via des Pellegrini, dans une zone fréquentée par les pauvres pèlerins venus à Rome.

Cet arrangement ne dura pas. Il rappelait trop à Giuseppe les conditions suffocantes d'existence via de l'Albergheria à Palerme. Très vite il s'irrita de la piété stupide des Feliciani tandis que ceux-ci s'inquiétaient de la roublardise de leur gendre, qui se plaisait à les provoquer par ses propos polissons et impies. Ils n'aimaient pas non plus l'influence qu'il exerçait sur leur fille. Giuseppe, qui avait persuadé Lorenza de se faire appeler Seraphina, son second prénom, poussait celle-ci à faire valoir sa beauté d'une façon qui paraissait indécente à ses parents. Une querelle sérieuse finit par éclater ; elle eut pour conséquence de forcer le jeune couple à déménager en dépit de la modicité de ses ressources.

En quête de meilleurs revenus, Giuseppe fit amitié avec un criminel endurci. Ottavio Nicastro était un truand sicilien recherché pour vol, escroquerie, faux et usage de faux. Il présenta Giuseppe à un personnage voyant qui se faisait appeler le marquis Agliata et se disait ministre, colonel, et plénipotentiaire de la cour de Prusse. Giuseppe fut enchanté quand le marquis le couvrit d'éloges pour son talent artistique et pour ses belles relations cléricales. Agliata consentit à faire de lui son secrétaire personnel et se mit à lui enseigner la manière de tirer un meilleur parti de ses talents de dessinateur.

Sous la houlette d'Agliata, Giuseppe apprit à falsifier lettres de crédit, lettres de change et même brevets militaires. La possibilité de devenir d'un instant à l'autre capitaine comme Agliata s'était improvisé colonel fut une véritable révélation pour le jeune homme. Le marquis invita alors Giuseppe et Lorenza à l'accompagner avec ses complices dans un voyage en Allemagne, où, disait-il, il jouissait d'une influence considérable. Giuseppe apprendrait ainsi un art indispensable pour un faussaire : celui de mettre en circulation les produits de son ingéniosité sans attirer une attention indue. Naturellement, la générosité du marquis avait un prix. Agliata laissa entendre qu'il n'était pas indifférent aux charmes de la jeune épouse de Balsamo.

Que faire en pareil cas ? Giuseppe ne rumina pas longtemps. Certes ce Sicilien au sang chaud était épris de sa jeune femme – il l'adorait sans doute, la gouvernait en maître absolu, la traitait comme l'enfant qu'elle était –, mais il n'était pas jaloux, aussi longtemps que sa propriété de Lorenza n'était pas contestée. L'occasion était trop belle pour qu'il la laissât passer. Gentiment et patiemment, il expliqua à Lorenza que sa beauté était un don de Dieu et qu'elle devait en user pour leur profit mutuel, comme lui-même devait tirer parti de ses dons de dessinateur ou de chimiste. Pourquoi ne s'offrirait-elle pas un peu de bon temps ? Après tout Agliata ne manquait pas de séduction. Et le marquis serait sans doute généreux, il donnerait de l'argent, des bijoux, des toilettes. S'agissait-il d'un péché mortel ? Nullement, aussi longtemps que la liaison restait purement charnelle et que Lorenza continuait à n'aimer que son époux et à n'obéir qu'à lui. Fort de sa formation de jeune clerc, il pouvait assurer à Lorenza que ce serait tout au plus un péché véniel.

En mai 1768, le groupe quitta Rome pour traverser l'Italie. Lorenza voyageait dans un beau carrosse où elle était seule avec Agliata, tandis que Giuseppe, Nicastro et le reste de la bande s'entassaient dans un véhicule plus humble qui roulait derrière le carrosse. Chemin faisant on réalisait quelques gains modestes, mais l'équipée prit fin de façon abrupte dans un village proche de Venise. Jaloux de l'influence croissante de Giuseppe, Nicastro avait livré tout le groupe à la police. Agliata s'éclipsa avec l'argent, laissant ses complices s'expliquer sur certaines lettres de crédit d'une nature douteuse. Vive d'esprit, Lorenza sut cacher dans sa robe les documents compromettants et le couple fut relâché faute de preuves. Mais ils étaient maintenant seuls et sans argent.

Que faire ? Giuseppe se souvint des logements de pèlerins des Chevaliers de Malte. En dépit du déclin du nombre des pèlerins, ces établissements ponctuaient les routes traditionnelles, notamment en Espagne. Il suffisait de suivre une de ces routes, d'être vêtu du costume caractéristique du pèlerin et de marcher pour avoir l'assurance d'être logé et nourri à l'étape, en particulier si l'on était sur le grand chemin qui, d'Italie, de France et d'Espagne, conduisait au sanctuaire de Saint-Jacques de Compostelle en Galice, le plus fameux pèlerinage d'Europe. Durant leur marche ils auraient une ressource supplémentaire : ils demanderaient l'aumône aux citoyens dévots de chaque ville traversée – et, avec le concours de Seraphina, de moins dévots citoyens pourraient éventuellement être sollicités.

Casanova n'oublia jamais la première impression que fit sur lui l'adolescente affalée sur une chaise d'hôtel avec un petit crucifix doré sur les genoux (il se trompa sur son âge : elle n'avait pas dix-huit ans comme il le crut, mais quinze), qui se présenta sous le nom de Seraphina Balsamo. Elle ne cachait pas son épuisement en évoquant l'épreuve à peine terminée – le fameux pèlerinage de Rome à Compostelle que son mari et elle venaient d'accomplir. Un manteau crasseux, un gros bâton, un lourd ciré renforçaient l'impression de vulnérabilité qui se dégageait de cette femme, dont Casanova évalua en amateur le beau nez aquilin, la bouche sensuelle, la silhouette attrayante. Il nota même une légère imperfection dans une beauté presque sans défaut : les paupières tombantes gâtaient « la tendresse du regard de ses beaux yeux bleus ».

Plus tard, Casanova prétendit qu'il s'était rendu compte sur-le-champ qu'il avait affaire à un couple d'aventuriers, mais les deux récits de la rencontre témoignent plutôt de sa perplexité devant ces deux « étranges créatures ». Le beau visage ovale de Seraphina « respirait la noblesse », mais, dans la façon dont elle releva ses manches pour lui montrer les piqûres de punaises sur ses bras blancs, Casanova crut détecter un soupçon de calcul sensuel. D'autre part, sans pouvoir en être certain, Casanova devina une complicité du mari qui, assis, cousait tranquillement sur son manteau la coquille attestant que l'ardu pèlerinage avait été mené à bonne fin.

Il jugea Giuseppe Balsamo plus vieux que sa femme d'environ six ans (Balsamo en avait vingt-six). Ce gaillard râblé, brun de peau et puissamment musclé, dont l'air d'impudence le frappa, lui sembla un peu trop futé pour un honnête pèlerin. Pourtant le visage n'était pas antipathique : le nez légèrement épaté et les cheveux noirs bouclés encadraient deux yeux sombres étincelants d'intelligence. À la différence de la jeune beauté exténuée, Balsamo avait l'air de n'avoir pas souffert des rigueurs de la route. Après quelques phrases débitées en un français des plus pauvres, il passa à l'italien avec plaisir mais son accent du Sud très marqué dénotait un manque flagrant d'éducation. L'homme se prétendit Napolitain. Casanova était trop averti pour ne pas reconnaître l'accent sicilien.

Casanova n'a jamais vraiment expliqué pourquoi il n'avait pas répondu aux avances de Seraphina – avances réitérées puisque plus tard elle lui rendit visite dans sa chambre sans se faire accompagner de son mari. Après une chasteté forcée d'au moins trois semaines, cette femme n'avait-elle pas tout pour lui paraître désirable ? D'habitude la présence du mari ne constituait pas un obstacle pour lui. Casanova prétendait n'avoir peur de personne. Son ami le prince de Ligne le disait un Hercule : grand, large d'épaules, arrogant, basané, l'épée au côté, il impressionnait toujours. D'ailleurs son orgueil à fleur de peau l'avait précipité dans une douzaine de duels dont il était chaque fois sorti vainqueur. À moins que Casanova n'ait deviné en Giuseppe une agressivité d'une autre nature, l'agressivité sauvage d'un bagarreur, bien différente de celle du gentilhomme qui se bat en duel. Il lui trouvait un aspect menaçant (et Casanova ne savait pourtant pas qu'un an auparavant, à la Locanda del Sol à Rome, Balsamo avait poignardé un serveur qui essayait de le rouler).

En outre, depuis un certain temps, Casanova se méfiait des jeunes femmes séduisantes comme Seraphina. Sa vanité de séducteur ne s'était jamais totalement remise d'un incident survenu cinq ans plus tôt à Londres : il avait alors été presque poussé au suicide par les artifices d'une jeune beauté d'allure innocente, elle aussi, qui s'appelait Maria Charpillon – celle-ci s'était révélée une cruelle courtisane virtuose de l'extorsion de fonds avec le concours de sa famille. Plus récemment en Espagne, il était tombé dans un piège identique : une bande de voleurs se servait d'une jeune femme comme appât. Dans des situations de ce genre, on voyait soudain apparaître des truands armés qui vous arrachaient votre portefeuille. Ou bien c'était l'époux de la femme qui surgissait dans la chambre accompagné de témoins et vous surprenait en flagrant délit d'adultère. L'époux indigné réclamait évidemment de l'argent.

D'autre part, l'air vertueux de Seraphina était si convaincant qu'il se demandait si elle n'était pas réellement dévote, sans doute parce qu'il voyait mal ce qu'on pouvait gagner à se faire passer pour pèlerin dans un monde irréligieux : à part la nourriture grossière et le lit pouilleux qu'on vous offrait dans quelques établissements, on ne pouvait récolter que des sommes dérisoires. Même en Italie et en Espagne, pays catholiques plus attachés aux traditions religieuses, on ne voyait que peu de fanatiques parcourir à pied le long chemin qui conduisait aux sanctuaires médiévaux. Ces Balsamo étaient-ils de naïfs dévots ou des imposteurs qui avaient oublié de se mettre à la page ?

En tout cas, Casanova n'a jamais douté de la réalité du pèlerinage : le couple avait bien accompli un exténuant voyage à pied de Rome à Compostelle, puis de Compostelle à Aix. Leurs corps, leurs vêtements attestaient la rigueur de l'épreuve. Tous deux lui expliquèrent qu'ils étaient partis de l'Italie par la Sardaigne et par Gênes et qu'ils avaient ensuite traversé la France en passant par Marseille et Montpellier. Ils lui décrivirent la dernière étape du pèlerinage qui leur avait fait parcourir cent cinquante lieues, traverser deux chaînes de montagnes et arpenter les paysages pierreux du nord de l'Espagne. Au reste Seraphina n'était-elle pas au bord de l'épuisement quand ils étaient arrivés à Aix ? Pourtant ils avaient le projet de faire encore une longue course pour prier à Turin sur le saint suaire, le voile de Véronique qui porte l'empreinte authentique des traits fatigués du Christ. Ils lui dirent aussi que de généreux chrétiens leur avaient souvent donné plus d'argent qu'ils n'en avaient besoin et qu'ils avaient tenu à distribuer ce surplus aux pauvres des villes qu'ils traversaient. C'est seulement grâce à leur pauvreté, lui déclara d'un ton fervent Seraphina, qu'ils espéraient s'acquérir quelque mérite aux yeux du Seigneur.

Pure comédie, en réalité, mais si bien jouée qu'un homme d'expérience comme Casanova s'y laissa tromper. Le couple n'en était qu'au début du prétendu pèlerinage. S'étant vêtus de haillons, ils étaient partis, à pied en effet, de Milan et par Loreto, Bergame et Antibes avaient gagné Aix. Distance considérable, mais pas au point de provoquer un épuisement qui était en partie feint. Le couple réussit à duper le Vénitien cynique sans doute parce que tous deux étaient d'excellents comédiens mais aussi parce que ces personnages religieux n'appartenaient aucunement à sa sphère intellectuelle. Son catholicisme était un vêtement léger et porté avec plus de désinvolture encore que son pourpoint de velours. Casanova avait grandi dans la ville la plus sophistiquée du monde, il avait étudié dans l'une des meilleures universités d'Italie. Il y avait pris le goût des philosophes français, comme Voltaire, qui l'avaient convaincu que les institutions religieuses servaient à dominer les ignorants. Bien que tenté à deux ou trois reprises par les avantages d'une carrière religieuse, il y avait rapidement renoncé, par ennui ou par l'entraînement de sa sensualité. Rien ne lui paraissait plus ridicule que d'entreprendre à pied le pèlerinage de Compostelle.

Si Casanova ne pouvait rien comprendre aux contradictions des Balsamo, ceux-ci savaient comment le manœuvrer. Une fois qu'il eut évité le piège tendu à sa sensualité, ils ne lui cachèrent plus leurs intentions mercenaires (sans pourtant confesser le caractère fictif de leur pèlerinage). Le lendemain de leur première rencontre, Seraphina frappa à sa porte pour lui dire que son mari avait une sorte de génie du dessin et qu'il reproduisait à merveille le style des peintres les plus célèbres. Le comte souhaitait-il voir quelques exemples de son talent ? Assurément, répliqua le comte. Giuseppe ne tarda pas à se présenter avec un portefeuille de ses œuvres, lequel comprenait plusieurs éventails embellis de motifs à l'encre qui ressemblaient à merveille à des gravures et une version d'un dessin de Rembrandt que Casanova jugea « plus belle que l'original ».

Quand il félicita le jeune Sicilien de son talent, celui-ci éclata : « Tout le monde m'en félicite, et tout le monde se trompe. Avec mon talent on crève de faim. Pour un jour de travail à Naples ou à Rome, je ne gagne qu'un demi-testone ! Ce n'est pas de quoi vivre ! » Ensuite, Balsamo montra à Casanova qu'il savait tirer parti plus profitablement de ses talents. Il pria le comte de leur rédiger une lettre de recommandation, puis il en réalisa une copie avec tant d'adresse que Casanova ne réussit pas à la distinguer de l'original.

Ainsi – comme il le pressentait – cet homme était un coquin, à la vérité un coquin dont les talents pouvaient servir. Casanova connaissait de première main les riches possibilités de l'art du faussaire. Il en connaissait aussi les risques. Le faux constituait une menace grave pour le système de crédit sur lequel reposait une bonne partie du commerce européen. Par conséquent, les gouvernements sanctionnaient ce crime avec une sévérité particulière. Plusieurs des amis faussaires de Casanova avaient fini aux galères.

Néanmoins, Casanova, pour aider les voyageurs, eut la bonté de réaliser une collecte d'aumônes auprès de ses jeunes connaissances de l'hôtel. Les pèlerins partirent le lendemain de bonne heure pour Marseille. Plus tard Casanova devait repenser à la rencontre d'Aix. S'il se sentait un faible pour l'aimable Seraphina, il se disait que Giuseppe était simplement « un de ces génies paresseux qui préfèrent vagabonder plutôt que travailler ». Il songeait que les casinos, les bordels et les prisons d'Europe étaient remplis de gens de sa sorte.

S'il ne savait pas comment finirait ce jeune homme – les galères ? la potence ? – au moins était-il sûr qu'il ne ferait jamais parler de lui.

Pendant les années suivantes, la sombre prédiction de Casanova sembla souvent sur le point de se réaliser, d'autant plus que la carrière de Giuseppe Balsamo parut à maintes reprises copier celle du comte.

Celui-ci avait apparemment raison aussi quand il se prononçait sur les mérites respectifs des époux. Plus d'une fois les interventions de Seraphina sauvèrent Giuseppe de la misère ou de la prison. Le couple entra bien en Espagne mais il ne poursuivit pas sa route jusqu'au sanctuaire. Quand ils furent arrivés en Catalogne, Seraphina se relâcha de son zèle et fut ravie de se débarrasser de sa tenue de pèlerin pour revêtir la toilette d'une Romaine de l'aristocratie. Ce fut pourtant un acte de piété de sa part à Barcelone qui permit à ces « aristocrates » italiens en voyage et temporairement dans le besoin d'obtenir durablement des secours de l'Église. Ensuite, une succession de nobles fortunés consentirent à payer les services de Giuseppe, à titre d'artiste ou de chimiste, en échange de visites régulières à sa jeune femme. Il en résulta une année de travail à Madrid qui prit fin quand Giuseppe entra en procès avec un autre artiste. Ils prirent alors résidence à Lisbonne et, là encore, Seraphina assura leur succès. Encouragée par Giuseppe, elle sut attirer les regards d'un marchand portugais fabuleusement riche, Anselmo de la Cruce, qui payait huit pistoles pour chacune des visites matinales de Seraphina. Giuseppe investit tous les gains de cette relation dans l'achat de topazes du Brésil qu'il décida d'aller vendre un bon prix à Londres alors en plein essor commercial.

Le séjour à Londres dépaysa notre rusé Sicilien et occasionna chez lui une inhabituelle crise de naïveté. Casanova en avait été affecté de la même manière en 1763. Le manque de familiarité avec la langue et les usages, et la complication du système juridique les rendirent également vulnérables. En août 1771, les Balsamo louèrent une modeste maison à Compton Street au cœur de la communauté italienne de Soho – mais durant tout le reste de leur séjour les époux ne purent rien faire sans l'aide d'un interprète. Giuseppe dut renoncer à l'espoir de vendre des peintures au roi d'Angleterre et, s'il obtint la commande flatteuse d'un tableau de l'empereur du Maroc, il ne toucha jamais les cinquante livres qui lui avaient été promises.

La pauvreté le jeta dans les bras d'un escroc italien, le marquis Vivona, qui l'aida à extorquer cent livres à un pieux marchand quaker, qu'ils firent chanter après l'avoir surpris dans une situation compromettante avec Seraphina. Cependant Vivona empocha la plus grande partie de cet argent, puis il disparut avec les fameuses topazes. Ce fut un désastre pour les finances du couple. Giuseppe découvrit la férocité des lois anglaises en matière de dettes quand une série de créanciers, s'acharnant contre lui, le firent jeter en prison. Grâce à Dieu, la touchante figure de la mélancolique Seraphina en prière dans la chapelle de l'ambassade de Bavière émut le cœur d'un aristocrate catholique, lord Hales, qui paya les dettes de Giuseppe et l'engagea pour peindre une fresque dans sa résidence de campagne à Canterbury. Naturellement Giuseppe gâcha l'affaire comme d'habitude – il bâcla la fresque et séduisit la plus jeune fille du lord. Il était grand temps de déguerpir. Avec les créanciers à leurs trousses, les époux embarquèrent en hâte pour Calais le 15 septembre 1772.

Grâce à Seraphina, le couple ne restait jamais longtemps sans ressources. Sur le bateau un avocat français, M. Duplessis, tomba éperdument amoureux de la jeune femme. Pendant le voyage de Calais à Paris, Duplessis fit une cour pressante à Seraphina dans le carrosse tandis que le pauvre Giuseppe galopait derrière. Cette humiliation fut d'abord payante. Duplessis eut sans doute la satisfaction d'effectuer la conquête de la belle Seraphina, mais il finança un laboratoire où Giuseppe put réaliser les expériences que décrivait un ouvrage du XVIe siècle qu'il venait d'acquérir, les *Secrets admirables* d'Alesio Piemontese, l'un des manuels de sciences occultes les plus complets qui soient.

La liaison de Seraphina avec l'avocat prit soudain un tour préoccupant. Au fond d'elle-même la jeune femme en avait assez du mauvais caractère de son mari et de ses promesses jamais tenues. En outre elle se sentait attirée par Duplessis. Celui-ci, encore bel homme à cinquante ans, même s'il avait une autre maîtresse, la couvrait de cadeaux : places de théâtre, leçons de danse, toilettes nouvelles. Très épris lui-même, il la pressait de se séparer de ce mari brutal : « En France, les femmes ont la liberté de le faire », lui répétait-il. Elle pouvait obtenir le divorce si elle portait plainte à la police en l'accusant de mauvais traitements. Ce qu'elle fit à la fin de 1772.

Duplessis sous-estimait son rival : à aucun prix Giuseppe ne voulait se séparer de Seraphina. Il l'aimait, avait besoin d'elle et la considérait comme sa propriété. En janvier 1773, il contre-attaqua : il accusa l'avocat d'avoir volé des recettes magiques, de lui avoir fait boire du vin empoisonné et d'avoir enlevé sa femme. Confronté à ces accusations, Duplessis prit peur. Il était terrifié par la perspective d'un séjour dans la prison de Bicêtre. Tout en versant d'abondantes larmes, il abandonna Seraphina. Giuseppe triomphait. Mais ce triomphe ne lui suffit pas. Désireux de donner une leçon à Seraphina, il écrivit à la police parisienne pour réclamer l'incarcération de celle-ci à Sainte-Pélagie – c'était la prison où l'on enfermait les épouses désobéissantes. Quatre mois plus tard, jugeant la correction suffisante, il la fit remettre en liberté. Chose remarquable, ils ne se gardèrent pas rancune. Réconciliés, ils reprirent leur existence itinérante.

En 1774, ils se trouvaient à Naples où ils se firent appeler comte et comtesse Pellegrini. Est-ce la nostalgie, l'attachement au pays natal, qui poussa Giuseppe à emprunter ce nom à la montagne qui dominait le magnifique golfe de Palerme ? En tout cas, un sentiment de cette nature dut se manifester le jour où il rencontra par hasard Antonio Bracconieri, son oncle, qui visitait Naples et, en dépit des « peccadilles » de Giuseppe, fut enchanté de revoir son neveu et de faire la connaissance de son aimable épouse. L'oncle promit d'user de son influence sur le prince di Pietra Persia, haut personnage du gouvernement à Palerme, pour faciliter le retour de son neveu en Sicile.

Bientôt Giuseppe eut de nouveau sous les yeux les pentes grises du mont Pellegrino. Ce plaisir ne dura pas : il avait oublié combien est tenace la rancune d'un Sicilien. À peine Giuseppe eut-il le temps d'emprunter une certaine somme d'argent à sa sœur que l'orfèvre qu'il avait joué, Vincenzo Marano, se manifesta. Comme, après d'amères ruminations, le chasseur de trésors dut savourer l'instant délicieux de la vengeance enfin à sa portée ! Son avocat ne perdit pas de temps pour expédier Giuseppe en prison et lui promettre un long séjour en cellule. Jamais Giuseppe n'avait eu tant besoin de Seraphina. Celle-ci ensorcela le prince di Pietra Persia de si belle manière qu'il força l'avocat à se désister et effraya tant l'orfèvre que ce dernier fit relâcher Balsamo. Avant que Marano ne reprenne ses esprits, Giuseppe et Seraphina filèrent à Messine, se promettant de ne jamais remettre les pieds à Palerme.

L'histoire se répète : comme il l'avait fait pour échapper jadis à Marano, Giuseppe se dirigea vers Malte. De nouveau cette décision se révéla bien inspirée, car les Chevaliers de Malte avaient gardé un excellent souvenir du jeune homme. Mais dix ans s'étaient écoulés, il avait acquis de l'expérience et il était plus savant chimiste : on l'accueillit comme un puits de science. Il n'était plus le novice de son premier séjour, mais un alchimiste expérimenté, un magicien et un médecin – les jours de l'artiste besogneux et du faussaire étaient révolus. Quand au bout de cinq mois il s'embarqua avec Seraphina pour le continent, ils étaient accompagnés par le chevalier d'Aquino, diplomate chevronné de l'ordre et frère du régent de la Sicile.

Faut-il le dire ? Giuseppe avait sa valise pleine de lettres de recommandation des chevaliers – références des plus précieuses pour les contacts qu'il ambitionnait de prendre dans les milieux nobles et cléricaux. En outre, tandis qu'il circulait dans le sud de la France puis en Espagne et au Portugal, une idée commença à prendre forme. Ne pouvait-on pas tirer parti de certains éléments de légendes populaires ? Sa curiosité était piquée par l'histoire d'un mystérieux magicien vêtu de noir appelé Federico Gualdo, qui avait vécu au XVIe siècle à Venise mais dont il existait un portrait antérieur de plusieurs siècles. Comment expliquer cette énigme ? S'agissait-il d'une réincarnation ou d'un cas d'immortalité ? Une légende plus ancienne encore parlait du Juif errant – un boutiquier du nom d'Ahasverus condamné à vivre misérablement pour l'éternité parce qu'il avait frappé le Christ sur le chemin du Calvaire. On disait aussi du Juif errant qu'il voyageait à travers le monde et qu'il possédait des secrets occultes, dont la pierre philosophale et l'élixir de la vie éternelle.

Giuseppe était peut-être encore plus impressionné par les histoires qui couraient sur un aventurier contemporain appelé le comte de Saint-Germain, magicien flamboyant et pionnier dans l'exercice délicat qui consiste à se présenter comme la vivante incarnation de personnages légendaires. Il soutenait avoir connu Jésus personnellement. Pourquoi Balsamo n'en ferait-il pas autant ? Casanova, notons-le, avait fait un jour une tentative similaire : il avait fait passer un de ses amis pour la réincarnation d'un sorcier. Mais Giuseppe devait se découvrir un talent supérieur à celui de Casanova pour ce genre de bricolage identitaire. Il allait se montrer capable d'emprunter et de combiner de façon plausible des lambeaux de personnalités diverses. En cela peut-être était-il fidèle au génie du peuple sicilien, habile à emprunter à tant d'envahisseurs divers.

En juillet 1776, Giuseppe et Seraphina décidèrent de faire un second voyage en Angleterre. Avec leur entregent et l'argent dont ils disposaient, ils espéraient faire sensation. Giuseppe, qui revêtait un magnifique uniforme – inspiré peut-être des tenues de Casanova –, s'annonça comme le colonel Pellegrini, appartenant à l'armée du Brandebourg, et savant occultiste. Il tenait à la main une canne en argent dont le pommeau s'ornait d'une montre à répétition encadrée de pierres précieuses. Cet objet valait une petite fortune – il est dommage seulement qu'il eût quitté Cadix sans le payer au vendeur. Quant à sa nouvelle identité, elle était fluctuante : selon les circonstances il se faisait appeler comte Pellegrini ou comte Cagliostro. Ce dernier nom, emprunté à son oncle de Messine, sonnait bien à son oreille. Seraphina portait indifféremment l'un ou l'autre, à condition d'être habillée en comtesse, de robes françaises à la mode.

Le comte et la comtesse Pellegrini Cagliostro s'installèrent dans une maison, 4 Whitcomb Street, près de Leicester Square, où la place ne manquait pas pour aménager un laboratoire d'alchimie. Mais l'Angleterre brouilla de nouveau le jugement de Giuseppe, et le magicien Pellegrini se conduisit aussi naïvement que l'artiste Balsamo. Il s'était annoncé comme consultant en magie, se proclamait doué d'une quantité impressionnante de pouvoirs occultes – se disant capable, par exemple, de prédire les résultats de la loterie de Londres grâce à des formules cabalistiques. Mieux encore, la chance ou sa clairvoyance lui permit d'indiquer à sa logeuse le billet gagnant lors du tirage du 14 novembre 1776. La nouvelle fit aussitôt le tour des cafés du voisinage et attira une foule de filous désireux de profiter de l'aubaine.

Pris dans un réseau de faux-semblants, les Pellegrini se trouvèrent peu à peu réduits à l'impuissance contre les machinations d'un nombre croissant d'escrocs et d'avocats véreux. Le but de cette tourbe était de faire emprisonner Giuseppe sur des charges mensongères afin de lui voler ses martingales supposées. Le tir de barrage de ces poursuites judiciaires le conduisit à plusieurs reprises dans une cellule de Newgate. Expérience déplaisante, même Seraphina ne réussit pas à découvrir de preux chevalier pour voler à son secours.

Six ans seulement s'étaient écoulés depuis la fâcheuse prédiction de Casanova sur l'avenir probable de Joseph Balsamo. Le colonel Pellegrini semblait vouloir lui donner raison.

Profitant d'une brève période de liberté, Giuseppe décida de s'affilier à une loge maçonnique pour faire diversion. Le 12 avril 1776, Joseph Cagliostro, colonel au treizième régiment du Brandebourg et prince de Trébizonde, fut admis dans la Loge de l'Espérance, à Londres, selon les Règles du Rite de Stricte Observance. Le lieu de réunion était la taverne de King's Head dans Gerrard Street à Soho, dont le patron était un Irlandais, lui-même maçon, Peter O'Reilly. L'adresse n'avait rien de prestigieux, Soho étant à peu près l'équivalent londonien du quartier palermitain de l'Albergheria où Giuseppe était né. Des artistes et des bateleurs français et italiens y coudoyaient des dockers irlandais, d'ex-marins antillais, des chiffonniers juifs ou des colporteurs indiens. À moins d'un jet de pierre, à Saint Giles, vivaient des colonies grouillantes de mendiants, de voleurs et de prostituées.

Pôle d'attraction pour les artisans émigrés, la taverne de King's Head était un des rares lieux de Londres où Giuseppe et Seraphina pouvaient se faire comprendre sans recourir à un interprète. La Loge de l'Espérance ne recrutait que dans les milieux modestes ; elle comprenait parmi ses membres un coiffeur, un chausseur pour dames, un serveur, un musicien et un couple de peintres. La plupart des affiliés étaient français ou italiens, et le grand maître était un tapissier français connu sous le nom de Frère Hardivilliers. Dans l'atmosphère enfumée et les relents de malt de la bière, le colonel Cagliostro, en grand uniforme, et son élégante épouse brillaient comme de véritables étoiles. Un attrait particulier de la Loge de l'Espérance lui venait de son statut de « loge d'adoption » qui autorisait l'existence d'une organisation parallèle réservée aux femmes. Les Cagliostro devaient devenir « Seigneur et Dame de l'Espérance », chose rare même en France où l'idée d'adoption était née. En Grande-Bretagne de pareilles loges étaient pour ainsi dire inexistantes.

Chance supplémentaire : on y pratiquait une variété de maçonnerie venue de l'étranger et consacrée à la spéculation et à la mystique. On le sait, si la franc-maçonnerie prenait racine dans les corporations médiévales de travailleurs de la pierre, les ouvriers maçons, les formes contemporaines du mouvement ne remontaient qu'à un siècle en arrière. Vers 1630, la maçonnerie avait resurgi en Angleterre sous les espèces d'une chaîne de clubs secrets ayant vocation spéculative, où l'on professait un idéal de bienveillance et de fraternité et faisait usage de signes et de symboles mystérieux qui se fondaient sur une allégorie biblique, la reconstruction du temple de Salomon. Cette idéologie avait séduit des hommes d'un tour d'esprit œcuménique qui vivaient dans un pays déchiré par des conflits religieux et sociaux, d'autant plus que, dans les loges, les membres se sentaient égaux entre eux. En 1738 avait eu lieu une scission dans la maçonnerie anglaise entre le « Rite Moderne », rattaché à la Grande Loge d'Angleterre, et les Anciens, groupe séparatiste écossais dont la sympathie allait aux prétendants Stuarts. En 1776, au moment où Giuseppe arriva en Angleterre, les deux courants avaient évolué ; devenus respectables socialement, c'étaient des clubs philanthropiques où se rencontraient des hommes appartenant à la classe moyenne ou à la classe supérieure.

Bien que la franc-maçonnerie européenne fût d'origine britannique, ses mutations reflétaient des particularités locales ou nationales. En Allemagne, en France, aux Pays-Bas et en Suède surtout, les maçons introduisirent de nouveaux degrés d'initiation en plus des trois degrés fondamentaux venus d'Angleterre, à savoir apprenti, compagnon et maître. Beaucoup de versions européennes de la maçonnerie élaborèrent un corpus impressionnant de rituels, de degrés et de symboles supplémentaires fondés sur les légendes médiévales et connus souvent comme « le rite écossais ». Ces tendances un peu exubérantes faisaient écho à la présence d'aristocrates et d'intellectuels désireux d'infuser le mouvement d'une atmosphère et de valeurs libérales en réaction contre un climat politique oppressif. D'autre part l'absence d'une autorité centralisée encouragea le mouvement européen à se fragmenter. Une minorité significative des nouveaux rites maçons adopta des programmes mystiques inspirés de mystérieuses données alchimiques ou hermétiques et promettant une complète régénération spirituelle des membres.

La Loge de l'Espérance était bâtie sur ce modèle. C'était un modeste rameau du puissant Rite de Stricte Observance fondé en 1754 par un noble saxon, le baron Charles von Hundt, dont les loges avaient essaimé sur une grande partie de l'Allemagne, de l'Europe de l'Est et du sud de la France. Le succès en était dû pour une part à l'esprit d'organisation du baron. Il avait édifié une structure d'allure militaire distribuée en sept chapitres régionaux. D'autre part, il avait saisi les premiers frémissements d'un nouvel état d'esprit européen – il avait perçu l'insatisfaction naissante devant la vacuité spirituelle du culte de la raison, l'esprit des Lumières, diffusé par les philosophes français. Il avait capté une sensibilité latente. Ses disciples aspiraient à redécouvrir les plaisirs de tous ordres que l'imagination et la passion pouvaient procurer.

La variante de maçonnerie animée par von Hundt puisait son inspiration dans la légende des Templiers, c'est-à-dire dans la brillante tradition médiévale de chevalerie, de générosité et de puissance occulte associée à la croisade et à l'ordre guerrier des Templiers, ordre jadis rival des chevaliers de Malte. En 1312 l'ordre avait été supprimé par le pape à cause de son indépendance et de sa richesse. Selon la légende, les Templiers survivants se seraient cachés en Écosse ; ils auraient reparu ultérieurement sous les espèces de Francs-Maçons, et auraient confié leurs secrets de magie à un mystérieux Maître Inconnu qui avait conçu les sept degrés d'initiation conférés chaque fois avec des titres de chevalerie et des cérémonies somptueuses. Trois éléments de ce mythe des Templiers durent exercer un attrait particulier sur le colonel Cagliostro : l'élément mystique que représentait l'affiliation à une avant-garde secrète, la conviction qu'il y aurait prochainement une renaissance de l'ordre des Templiers, enfin l'ancien gamin des rues de Palerme devait se délecter à l'idée de tirer vengeance de l'Église établie.

Beaucoup de loges du Rite de Stricte Observance s'étaient approprié un autre mythe médiéval également stimulant qui circulait en Allemagne au temps de van Hundt. La légende des Rose-Croix ou de la fraternité rosicrucienne semblait faite exprès pour Cagliostro. C'était une histoire inventée au XVIIe siècle et diffusée dans une série de textes rédigés par un pasteur luthérien allemand, Johann Valentin Andreæ, qui espérait ainsi réformer la papauté corrompue. *Fama Fraternitas* et autres écrits suggéraient l'existence d'une fraternité occulte chargée de transmettre les traditions secrètes et de pratiquer les bonnes œuvres dont était crédité un fabuleux vagabond allemand du Moyen Âge, Christian Rosenkreutz. Ce Rosenkreutz, devenu très tôt orphelin, avait travaillé plusieurs années dans un monastère, puis erré en Afrique et au Moyen-Orient où il avait appris des secrets de toutes sortes, bibliques, alchimiques et médicaux, qui l'avaient conduit à rédiger un appel à la régénération morale et spirituelle de l'humanité. Sa fraternité avait construit en un lieu secret une « Maison du Saint-Esprit » pour apprendre aux adeptes à soigner les malades et à pratiquer à la fois l'alchimie et la piété chrétienne.

Mais avant de se proclamer Templier ou Rose-Croix, Cagliostro devait subir les épreuves initiatiques à la Loge de l'Espérance. Avec lui se présentaient un valet français, un vieux musicien italien et, bien entendu, la comtesse Seraphina. Pour celle-ci l'initiation fut indolore et brève. Elle prononça un serment par lequel elle s'engageait au secret, et reçut un certificat et une jarretière consacrée, à porter la nuit sur une de ses cuisses admirables. Une devise brodée sur cette jarretière l'incitait « à l'Union, à la Vertu, au Silence ». Son mari ne s'en tira pas à si bon marché. Après qu'il eut juré le secret et l'obéissance absolus, plusieurs dignitaires revêtus de bonnets et de tabliers lui bandèrent les yeux, nouèrent une corde autour de sa taille et le hissèrent à l'aide de poulies grinçantes jusqu'au plafond. Soudain la corde lâcha et il s'écrasa sur le sol.

Sa main abîmée n'attendrit pas les dignitaires ; l'initiation se poursuivit sans changement et l'on passa à la seconde phase. On chargea un pistolet et on banda de nouveau les yeux de Cagliostro à qui on tendit le pistolet. Puis on lui ordonna de se faire sauter la cervelle : n'avait-il pas prêté serment d'obéir sans discuter ? Il hésita, des cris retentirent – qu'attends-tu, lâche ? – Cagliostro appuya sur la détente. Une détonation, un coup violent à la tempe, une odeur âcre, mais – par l'effet de quel miracle ? – Cagliostro était toujours vivant. Quand sa panique se fut dissipée et qu'il eut repris ses esprits, il comprit la ruse : les dignitaires lui avaient remis un pistolet non chargé ; la détonation était fictive. Désormais Cagliostro était un franc-maçon du Rite de Stricte Observance. Et pas un franc-maçon quelconque : on l'avait initié simultanément aux trois premiers degrés du rite, ce qui représentait un honneur considérable.

Pour Giuseppe Balsamo, cette initiation eut un sens profond ; elle constitua un moment décisif de son existence, à la fois une fin et un commencement. Son identité précédente était morte, une nouvelle prenait naissance. L'épreuve subie dans une humble taverne marquait le début d'une transfiguration : de la grossière chenille sicilienne allait sortir un beau papillon arabe. Naturellement, le processus demanda un certain temps. Se meurtrir le dos sur le plancher d'un pub de Soho ne suffit pas pour opérer une conversion complète. Mais quelque chose de fondamental se produisit ce jour-là dans la vie de notre aventurier sicilien. L'admission dans le monde de la franc-maçonnerie offrit à Giuseppe le cadre dont son intelligence et son ambition avaient besoin. La maçonnerie devint le creuset de son génie. La théologie, les rites, l'organisation monastique catholiques dont son enfance s'était imprégnée, il allait en découvrir le réemploi dans une institution qui gardait le cérémonial d'une église, mais d'une église dans le siècle. Il y avait en lui un artiste, un acteur et un metteur en scène qu'enchantait le goût de la franc-maçonnerie pour la pompe et le spectacle. Ses dons d'orateur allaient trouver une tribune et la convivialité de la loge permettrait l'épanouissement de sa personnalité.

Les symboles maçonniques lui plurent : l'œil omniscient, la tête de mort, l'épée à double tranchant, le phénix renaissant de ses cendres et surtout l'*ouroboros* – l'emblème persan de la vie éternelle et de la connaissance représentées par un serpent qui se mord la queue. Quant à l'idéologie rosicrucienne, elle lui convenait parfaitement : avec quelques ajustements, l'histoire de Christian Rosenkreutz s'identifiait à la sienne à un degré troublant. Se pourrait-il que le colonel Cagliostro fût la réincarnation de Rosenkreutz ?

En fouillant dans les charrettes des colporteurs de Leicester Square, Giuseppe mit la main sur un manuscrit dont la lecture devait provoquer une nouvelle étape de sa conversion. C'était un traité sur les origines égyptiennes de la franc-maçonnerie, écrit par George Cofton (ou Coston), obscur texte maçonnique dont on n'a jamais retrouvé l'original. Selon certains, ce Cofton était un ex-prêtre catholique irlandais qui aurait imaginé le modèle égyptien en s'inspirant des doctrines, nourries de la pensée rosicrucienne, d'un mystique continental, Martines de Pasqually ; mais il se pourrait aussi que ce fût un petit érudit d'Oxford, spécialiste des religions orientales, nommé George Costard, qui a écrit plusieurs ouvrages sur la magie ancienne à peu près à cette date.

Avec l'aide d'un traducteur, Domenico Vitellini, Giuseppe déchiffra le manuscrit. Il apprit ainsi que les rites maçonniques contemporains étaient corrompus. La franc-maçonnerie dans sa forme pure avait pris naissance dans la plus haute antiquité parmi les constructeurs des pyramides en Égypte. Son fondateur était un grand prêtre égyptien, un énigmatique personnage appelé le Grand Copte, et les rites et idéaux de cette maçonnerie primitive étaient bien plus riches que tous les ajouts et toutes les adultérations venus d'ailleurs. La franc-maçonnerie égyptienne n'aspirait à rien moins qu'à une régénération physique et morale complète de l'humanité via une réunification avec les esprits divins. Quel idéal pouvait être plus noble ?

L'idée du rite égyptien provoqua une révolution dans l'esprit de Giuseppe. Elle remuait les fibres les plus profondes du gosse de l'Albergheria d'ascendance en partie arabe, qui avait longtemps baigné dans la culture à demi mauresque des pauvres de Palerme, avait séjourné à Malte et en Afrique et dont le visage basané rappelait l'Arabie. Dès lors, rien d'étonnant à ce que Giuseppe se soit vu comme un devin ou un prophète égyptien. Et puis, se proclamer de naissance égyptienne, c'était se parer du mystère de l'Orient et de son prestige sans courir grand risque d'être démenti, vu l'éloignement. En revanche il pouvait, s'il lui plaisait, parler de sa noble lignée et de mystérieux secrets.

Pour l'instant, Giuseppe n'avait pas même décidé du nom qu'il porterait, Pellegrini ou Cagliostro. Cependant le prix de son affiliation à la loge du Rite de Stricte Observance ne tarda pas à devenir manifeste. En décembre 1777, le couple s'enfuit d'Angleterre : les escrocs les avaient presque entièrement dépouillés, et Giuseppe croyait encore respirer la puanteur des cellules de King's Bench. Quelques mois plus tard, pourtant, la Loge de l'Égalité Parfaite à La Haye accueillait avec des honneurs quasi royaux le comte et la comtesse Pellegrini. Giuseppe prononça devant ses frères et sœurs de Hollande un discours émouvant, on lui remit de nouveaux certificats maçonniques et les époux prirent congé de la loge en passant sous une « arche d'acier », constituée par un faisceau d'épées, le plus bel hommage dont on pût rêver dans l'ordre.

Qui donc disait que Giuseppe Balsamo ne parviendrait jamais à rien ?

Vers la fin de 1778, presque dix ans après sa première rencontre avec les Balsamo, le comte Casanova reprit contact avec le couple et il dut réviser son jugement dédaigneux. Car cette fois les rôles étaient inversés : à Venise, dans sa propre ville natale, Giuseppe était le comte et Casanova le vagabond.

Ce dernier, alors âgé de cinquante-trois ans, dut apprendre la nouvelle en bavardant avec des badauds vénitiens attroupés devant le Ridotto : « Quoi, vous n'avez pas entendu parler de ces étrangers qui viennent d'arriver dans un beau carrosse attelé de six chevaux noirs, avec des laquais par-devant et par-derrière ? Ces gens ne manquent pas de moyens, assurément ! Il paraît que c'est un colonel, le colonel Joseph Pellegrini, comte de Fénix, diplomate au service du roi d'Espagne, un fort gaillard basané qui porte un bel uniforme chamarré. »

Casanova vit un jour ce colonel d'assez près pour le reconnaître en dépit de sa nouvelle élégance. Impossible d'ailleurs de se tromper sur l'identité de sa pulpeuse compagne, la comtesse Seraphina di Pellegrini, même si celle-ci était coiffée à la mode et avait les bras recouverts de dentelles françaises. Apparemment le métier de pèlerin rapportait – ce fut le commentaire acide que lui suggéra cette rencontre. Casanova observa aussi que l'on ne voyait plus sur les beaux bras de traces de morsures de punaises et que les pieds de l'aimable personne ne paraissaient plus souffrir des cailloux pointus du chemin de Compostelle.

Il chercha vite à renouer connaissance. Il était d'autant plus curieux d'apprendre comment les Pellegrini avaient réussi leur brillante ascension sociale que, depuis leur première rencontre, le destin l'avait traité, lui, sans aucun ménagement. Sa chance l'avait abandonné. Il était retourné à Venise depuis quelques années et sa déception était grande. Comme Balsamo, il avait dû s'exiler de sa ville natale : vingt ans auparavant le tribunal de l'Inquisition l'avait banni à vie. De plus on l'avait jeté en prison pour escroqueries et pratiques de magie, mais il s'était évadé en se sauvant par les toits. D'abord l'exil ne lui avait pas déplu mais, l'âge venant, il avait ressenti un désir poignant de revoir sa patrie et avait passé un temps considérable à écrire lettre sur lettre aux Inquisiteurs pour plaider sa cause. Enfin, en septembre 1774, le procureur de Venise, Franceso di Morosoni, lui avait accordé officiellement la permission de revenir à Venise.

Hélas ! Presque personne ne se souvenait de lui ; ses nouvelles connaissances bâillaient quand il débitait ses histoires, et ses anciens protecteurs étaient presque tous morts. De plus il avait pris du ventre, ce qui ne favorisait pas ses amours, et ses tentatives pour s'imposer comme écrivain avaient lamentablement échoué. Il était devenu si pauvre que les beaux costumes en satin qui lui restaient étaient couverts de taches. Au bout de deux ans de ce régime, le désespoir l'avait poussé à offrir ses services au tribunal des Inquisiteurs.

Ceux-ci avaient accepté de l'employer comme espion et de le rémunérer au coup par coup. Ainsi l'orgueilleux comte Casanova était devenu un « confident occasionnel », un de ces informateurs qui recevaient quelques sequins pour chaque information jugée intéressante. Mais il n'était pas toujours facile de satisfaire les Inquisiteurs. Les histoires d'inconduite à l'opéra de femmes libertines ou de tableaux de nus scandaleux laissaient indifférents ses employeurs qui, de surcroît, avaient insisté pour qu'il adopte un nouveau nom mieux adapté à ses nouvelles fonctions subalternes. Casanova était désormais connu sous le nom de « Antonio Pratolini, au Casino de Marco Dandolo dans la cour après le pont en bois près de la Corte delle Colonne ». Pratolini partageait son temps entre l'espionnage et la flagornerie.

Les Pellegrini arrivaient à point nommé car les employeurs de Pratolini se lassaient de l'insignifiance de ses rapports. Celui-ci se proposa donc d'abord de découvrir comment le couple avait réussi à améliorer sa position sociale. Une conversation avec Giuseppe lui révéla le point essentiel : le Sicilien travaillait maintenant dans la magie. C'était donc un imposteur, Pratolini l'aurait juré. C'était en posant au magicien que le loqueteux Balsamo s'était métamorphosé en élégant Pellegrini. Antonio Pratolini fut enchanté de sa découverte : il connaissait intimement la profession en question ; Giuseppe était encore au berceau quand au moyen d'un pseudo-oracle il escamotait des portefeuilles. En somme les choses se présentaient sous un jour favorable : il était enfin tombé sur des activités criminelles que le tribunal prendrait au sérieux.

La magie était en effet particulièrement visée par le tribunal de l'Inquisition. Les conflits religieux des deux siècles précédents s'étant apaisés pour faire place à une coexistence anxieuse, les Inquisiteurs s'attachaient désormais à rétablir l'ordre dans les rangs des fidèles. Le culte des « esprits », la forme de magie la plus courante chez les gens sans éducation, leur paraissait particulièrement dangereux car il encourageait la naissance de sectes hérétiques. Il en allait différemment chez les gens jouissant d'une certaine éducation : tremper dans les pratiques occultes les conduisait d'habitude à mener des activités criminelles. En bref les escrocs se servaient de la magie pour plumer les naïfs et les fanatiques pour susciter des rébellions. Dans le Frioul voisin les tribunaux de l'Inquisition poursuivaient :

Les sortilèges aux fins de magie en général
Les sortilèges aux fins de nécromancie
Les sortilèges aux fins thérapeutiques
Les sortilèges amoureux
Les sortilèges contre les loups, les tempêtes…
Les sortilèges contre les balles
Les sortilèges aux fins d'acquisition de richesses
Les autres sortilèges
Les maléfices – la sorcellerie

Ignorant la passion de Balsamo pour la magie et l'alchimie, Pratolini s'imaginait que c'était un escroc adroit comme lui-même, maniant les formules soi-disant magiques pour rouler ses victimes. Il se disait que Balsamo devait avoir eu en main un exemplaire du livre d'Alessio Piemontese, les *Segreti ammirabili* et qu'il avait été ébloui par les promesses qu'il y découvrait :

« … Des remèdes contre toutes les maladies, y compris celles que les médecins ignorants croient incurables ; les prodigieuses propriétés de l'extrait de Saturne ; des élixirs qui se distinguent les uns des autres par des nuances de couleur ; les opérations par lesquelles les métaux se transforment en or en se purgeant d'éléments hétérogènes ; des boissons dorées propres à infuser dans le sang l'essence de la substance solaire ; des méthodes pour deviner les pensées de ceux qui sont incapables de les communiquer eux-mêmes ; une autre pour communiquer avec les esprits qui sont au ciel, en enfer ou ailleurs ; un procédé pour se rendre invisible ; un autre qui vous permet de vous entretenir avec les morts et de les voir ; un autre encore qui vous confère le pouvoir de persuader les gens sans avoir besoin d'arguments ; un autre enfin qui rend les gens désirables sexuellement sans qu'ils aient à être beaux, polis ou sympathiques. »

Mais Pratolini devait surtout se demander ce que Giuseppe venait faire à Venise. Il s'arrangea pour soutirer une information au couple : ils étaient porteurs d'une lettre d'introduction auprès d'un des nobles les plus riches de la ville, probablement le comte Zaguri, que justement Pratolini connaissait. Le résultat ne se fit pas attendre. Quand les Pellegrini lui rendirent visite pour lui présenter le document qui les accréditait, ils furent surpris de l'accueil méfiant de Zaguri : on aurait juré que celui-ci avait été mis en garde. Leur démarche ne fut pourtant pas entièrement inutile car Giuseppe parvint à vendre à Zaguri un des tableaux qui lui restaient, un beau *Vénus et Adonis* à la manière de Rembrandt.

Le misérable limier de l'Inquisition aurait dû rapidement expédier un rapport à ses maîtres. Pour un homme qui désirait restaurer une crédibilité bien ébranlée et obtenir la situation permanente dont il avait tant besoin, les Pellegrini offraient l'occasion rêvée. Pourtant ses rapports d'espion aux archives de Venise sont muets sur le couple. Pourquoi ? Se peut-il qu'il ait été surpris par le départ soudain des Pellegrini ? Serait-il responsable de leur disparition du jour au lendemain ? Se serait-il montré trop ouvertement curieux ? Ou bien le couple serait-il parti faute de perspective intéressante à Venise ? De toute façon, les Pellegrini ne partaient pas les mains vides. Pratolini devait découvrir ultérieurement que le faux colonel avait réussi à délester un « pauvre diable de marchand » de deux mille sequins en lui vendant une recette (rebattue) pour raffiner le chanvre et lui conférer la texture de la soie. Une année plus tard, le marchand faisait banqueroute.

Une fois de plus, Pratolini avait raté son coup. Remettre un rapport maintenant que Giuseppe avait engrangé le gain d'une nouvelle escroquerie et s'était évanoui dans la nature aurait été, faut-il le souligner, d'une singulière maladresse. Seul un sot pouvait s'empresser de fournir à des maîtres grincheux une nouvelle preuve de son incompétence. Et Pratolini était tout sauf un sot.

Le mystère demeure pourtant. Pourquoi Pratolini n'a-t-il pas tiré parti du fait que Balsamo était franc-maçon ? Aux yeux des Inquisiteurs, ses maîtres, la maçonnerie était pire encore que la magie. Une bulle papale l'interdisait à Rome sous peine de mort dès 1738. Le pape Clément XIII et ses successeurs se préoccupaient du caractère secret de l'ordre et s'alarmaient de son succès auprès des catholiques riches et influents. Pis, ils soupçonnaient la franc-maçonnerie d'encourager l'essor des idées protestantes et de l'athéisme et de favoriser une vive opposition politique contre le trône et l'autel. Les Jésuites, en particulier, convaincus qu'elle était responsable du bannissement de leur ordre dans plusieurs pays européens, se montraient implacables dans leur ardeur à faire campagne contre elle.

Or l'appartenance de Pellegrini à la franc-maçonnerie ne pouvait échapper à Pratolini, lui-même franc-maçon de haut rang. Il avait été initié à la Loge du Grand Orient à Lyon en 1750 et, peu après, avait accédé aux degrés de compagnon et de maître dans une loge parisienne. Cette circonstance aurait pu l'inciter à dénoncer Pellegrini : les maçons conservateurs du Grand Orient comme Casanova avaient la plus vive antipathie pour le Rite de Stricte Observance, tenu pour subversif. Dans ses écrits, Casanova se déchaîne contre les Templiers et les Rose-Croix qu'il accuse de participer à des « complots criminels visant à renverser l'ordre public ».

Au reste, un Italien désireux de vivre à Venise devait être sur ses gardes. L'accusation de franc-maçonnerie avait pesé sur la décision du tribunal qui avait emprisonné Casanova en 1756, et les juges n'avaient pas assoupli leur position depuis. Mais les risques étaient encore plus grands dans les États du pape. Beaucoup plus tard, Casanova prétendra avoir averti Pellegrini à Venise de ne « jamais mettre le pied à Rome » à cause du caractère rigoureux de l'interdiction papale à l'encontre de la franc-maçonnerie.

Dira-t-on alors que Pratolini n'informa pas les Inquisiteurs en 1778 parce qu'il se refusait à rompre son serment et à trahir un frère maçon ? Selon certains érudits, Casanova aurait été un agent secret aux ordres de la loge du Grand Orient de Paris et ses fréquents voyages en Europe seraient en réalité des missions de recrutement. On a pourtant de la peine à l'imaginer travaillant sans relâche à l'édification du Temple de Salomon alors que le Temple de Vénus semble avoir été le souci dominant de son existence.

Et si tout simplement Casanova n'avait attaché qu'une importance très secondaire à l'affiliation maçonne de Pellegrini ? Ses motifs personnels pour entrer dans la maçonnerie n'avaient rien à voir avec ceux de Balsamo. Il ne se proposait pas de sauver des âmes, de régénérer la nature humaine ou de renverser l'État et l'Église. Pour lui, la franc-maçonnerie était « une bagatelle sublime », « une invention agréable », une sorte de club où des « gens importants » se réunissaient pour passer de bons moments et discuter d'affaires sérieuses. En faire partie était utile pour un jeune homme ambitieux « qui ne désire pas se sentir inférieur à ses égaux ou exclu de leurs plaisirs ». Et si l'on souhaitait voyager, les loges maçonniques étaient des hôtels gratuits bien plus nombreux et plus confortables que les détestables centres d'accueil des pèlerins. Cependant Casanova mettait en garde les candidats au voyage : ils devaient à tout prix éviter certaines loges où l'on rencontrait mauvaise compagnie et l'on faisait de fâcheuses connaissances.

Enfin il se peut qu'au moment où il s'apprêtait à donner des informations sur le Sicilien, Pratolini-Casanova ait envisagé la possibilité que Giuseppe, pour sauver sa peau, le dénonce comme son frère en maçonnerie. L'Inquisition vénitienne serait trop heureuse de les prendre tous les deux dans ses filets. Et puis Pratolini ne tenait pas à ce qu'elle apprenne que le faux colonel espagnol était une vieille et peu reluisante connaissance, dont la carrière d'imposteur, de magicien et de maçon ressemblait fâcheusement à la sienne propre. À quoi bon faire enfermer le misérable Sicilien dans les Piombi, si c'était pour le retrouver derrière les barreaux ?

2
Le nécromancien

Nécromancien : Celui qui par sortilège évoque les âmes des morts (Samuel Johnson, *A Dictionary of the English Language*, Londres, 1756)

Frederick von Medem était mort depuis neuf mois lorsque, à la fin de février 1779, le comte Alessandro di Cagliostro et sa femme, la comtesse Seraphina, arrivèrent à Mitau, capitale du petit duché de Courlande-Zemgale aujourd'hui appelé Lettonie. La mort prématurée de Frederick avait plongé dans le désespoir les femmes de la famille – sa belle-mère, sa cousine, sa tante et plus spécialement sa sœur cadette, Elisa von der Recke.

La famille paternelle d'Elisa, les von Medem, allait s'unir à une famille royale mais cette alliance lui était profondément indifférente. Après la maladie et la mort de son frère bien-aimé, quelle importance pouvait avoir le prochain mariage de son écervelée de demi-sœur avec le duc Pierre de Biron, souverain du duché – un mariage qu'elle envisageait avec tiédeur sinon avec froideur ? Chacun ne savait-il pas que le père de Biron était un homme d'humble naissance qui n'était monté sur le trône (en 1737) que parce qu'il avait été l'amant de la tsarine ?

Les ports stratégiques et les riches gisements de minerai de la Courlande étaient convoités par les puissants ennemis qui l'entouraient, et l'indépendance du duc de Biron était purement nominale. Petit pays plat balayé par les vents, situé entre le golfe de Finlande et la Prusse orientale, et occupé à l'origine par des tribus sauvages de Lettons, la Courlande était tombée au XIIIe siècle sous la coupe de la Suède qui avait exercé une autorité inflexible pendant trois siècles. Le duché avait pris le nom de Courlande Zemgale (anciennement il était connu comme le Kurzeme) en devenant alors une principauté polonaise. Mais la Pologne était un État faible et vulnérable et le duché, coincé entre la mer Baltique et la Dvina, et enserré à l'est, au nord et au sud par les trois vastes empires ou royaumes prédateurs de Russie, de Prusse et d'Autriche, semblait promis à l'invasion. De fait, le contrôle de la Pologne sur la principauté était si précaire que la Courlande était plutôt un jouet entre les mains de l'impératrice russe. En 1764, elle avait rétabli sur le trône le premier duc de Biron précédemment exilé en Sibérie et avait permis à son fils Pierre de lui succéder en 1772. Catherine ne cachait pas que ce souverain n'était qu'une marionnette dont elle pouvait se débarrasser si l'envie lui en venait.

Elisa avait vingt-cinq ans et un maintien sévère qui avait cessé de trouver le moindre intérêt aux bals, fêtes et spectacles de la cour ducale, même s'ils faisaient diversion à l'atmosphère provinciale et aux commérages de celle-ci. Le palais baroque récemment restauré avec ses trois cents chambres avait une certaine allure mais les invités au mariage étaient d'ennuyeux protestants allemands, d'une piété exemplaire sans doute mais aux vues des plus étroites. D'ailleurs Mitau était une petite ville de vingt mille habitants qui ne pouvait prétendre prendre rang parmi les grandes capitales de l'Europe. Grandes lectrices et animées d'une ardente ferveur spiritualiste, les dames von Medem, Elisa, sa tante, sa belle-mère Agnès et sa cousine Louise, vite lassées de la frivole agitation nuptiale et toujours bouleversées par la mort de Frederick, eurent la satisfaction d'apprendre qu'un mystérieux alchimiste venait d'arriver en ville. En dépit de la façon réservée dont son père parlait du visiteur, Elisa insista pour avoir des informations complètes.

Ce visiteur, Alessandro di Cagliostro, les maçons de Mitau l'attendaient, et parmi eux, le père et l'oncle d'Elisa, le comte Johann von Medem et le maréchal Otto von Medem, dignitaires maçonniques de haut rang, tous deux admis dans l'ordre à Halle où ils avaient pris le titre de chevaliers de l'Ordre Royal polonais de l'Aigle Blanc et du roi Stanislas. À l'époque de leurs études à Strasbourg et à Iéna, les frères avaient travaillé avec de savants alchimistes qui leur avaient inspiré « un penchant pour la sagesse mystique et la chimie ». Depuis lors, les von Medem avaient dirigé à Mitau une série de loges d'orientation mystique dont la dernière en date était affiliée au Rite de Stricte Observance.

Ils suivaient depuis quelque temps la lente progression de Cagliostro dans les loges des villes du nord de l'Allemagne. Ils avaient ainsi été informés de la surprise d'un Rose-Croix de rang élevé à Nuremberg quand Cagliostro lui avait mis sous les yeux le plus haut insigne de l'ordre, le serpent qui dévore sa queue, et savaient l'inquiétude qu'il avait soulevée à la loge de Minerve aux Trois Palmiers de Leipzig en dénonçant un dirigeant de la maçonnerie locale comme sorcier et suppôt de Satan et en prédisant sa mort prochaine. Un des maçons éminents de Mitau, le chancelier von Korff, qui se trouvait le 25 février 1779 à Königsberg au moment du passage de Cagliostro et sur qui son éloquence avait fait impression, ne dissimulait pas sa crainte que le voyageur ne fût un agent secret du pape, un de ses émissaires jésuites chargés d'infiltrer la franc-maçonnerie. Ses collègues de Mitau partageaient cette préoccupation.

Depuis la mort du baron von Hundt, trois ans plus tôt, le mouvement souffrait de dissensions internes. Plusieurs candidats intriguaient pour lui succéder. L'un des plus en vue, le docteur Johann Starck, professeur de philosophie au lycée de Mitau, qui avait vécu en Courlande plusieurs années et se faisait appeler Frère Archimède, avait essayé d'imposer une nouvelle variante du rite des Templiers. S'en étaient suivies de vives disputes sur le plan local et Starck venait d'émigrer à Darmstadt. La majorité des maçons de Mitau (dont les von Medem) affirmaient maintenant que c'était un jésuite clandestin adepte de la magie noire.

Rien d'étonnant donc si le maréchal von Medem était sur ses gardes à l'arrivée de Cagliostro quelques jours plus tard. Il ne s'attendait pas à l'apparence fastueuse du personnage. Cagliostro était revêtu de son magnifique uniforme de colonel de l'armée espagnole, dont le brillant justaucorps sanglait son ventre débordant ; ses cheveux retombaient en boucles abondantes sur ses épaules et il avait aux doigts des bagues qui jetaient mille feux. Après avoir présenté ses insignes de grand maître et de prince rose-croix du Rite de Stricte Observance, Cagliostro annonça solennellement qu'il avait été chargé de réformer le rite dans les loges de l'Europe orientale. Ses instructions émanaient de fabuleux « supérieurs inconnus » dont le Grand Copte, immortel fondateur du rite égyptien. Les dits supérieurs, expliqua-t-il, étaient grandement préoccupés : les mystères égyptiens dont aurait dû s'inspirer le mouvement s'y étaient corrompus ou bien on en avait perdu le souvenir ; de nombreux maçons étaient ainsi tombés entre les mains de suppôts de Satan ou encore de sceptiques sans scrupule.

Les pouvoirs que s'arrogeait le comte Cagliostro étaient considérables, lui répondit le maréchal. Aurait-il la bonté de prouver le bien-fondé de ses prétentions en accomplissant une opération décisive en présence des maçons les plus éminents de la ville ? Le colonel répondit de très bonne grâce que cette requête était toute naturelle et qu'il s'y attendait. Sans perdre un instant les dignitaires installèrent des creusets et un athanor, soit un grand alambic, allumèrent les fourneaux et observèrent Cagliostro qui procéda à la transmutation d'une certaine quantité de mercure en un lingot d'argent ; l'assistance se montra dûment impressionnée. Toutefois le colonel conviendrait peut-être, dit alors le maréchal, qu'un adroit charlatan pouvait truquer une expérience de cette nature. Non qu'il suggérât une pareille hypothèse, mais il fallait aux maçons une certitude absolue : Cagliostro consentirait-il à se soumettre à un test différent ? Accepterait-il de participer à une séance d'évocation des esprits célestes, comme il s'en faisait traditionnellement chez les maçons de Mitau ?

Cagliostro n'eut pas une seconde d'hésitation. Il demanda seulement qu'on lui procure un enfant de moins de six ans, de mœurs vertueuses, qui servirait de médium pour communiquer avec les esprits. Le maréchal répliqua que son plus jeune fils ferait un *pupille* idéal (tel était le mot qu'avait employé Cagliostro). Les maçons formèrent un cercle, Cagliostro fit asseoir l'enfant sur les genoux du maréchal, frotta délicatement la tête et la paume gauche de son *pupille* avec de l'huile de sagesse et entonna un psaume de sa sonore voix de basse. Ce rituel, expliqua-t-il, avait valeur initiatique et permettait aux esprits de reconnaître en son *pupille* un voyant. Bientôt l'enfant se mit à se tortiller et à transpirer. « Bon signe ! Ce garçon plaît aux esprits. » Fixant son regard sur le petit, Cagliostro l'invita à concentrer toutes ses pensées sur la main qu'il avait ointe. Puis, se tournant vers le maréchal, il lui chuchota à l'oreille qu'il fallait formuler une question. Le maréchal répliqua : « Demandez ce que font en ce moment dans notre maison la mère et la sœur de mon fils. » Cagliostro posa à haute voix la question. Après un silence, la petite voix de l'enfant se fit entendre. Il pouvait voir sa mère, sa cousine Elisa et sa sœur Louise. « Ah ! Louise porte sa main à son cœur ; elle souffre. Maintenant elle embrasse mon frère Charles. »

Le maréchal secoua la tête avec véhémence en signe de dénégation. Ce que voyant, Cagliostro mit fin à la séance. Le maréchal expliqua alors que la vision de l'enfant était fantaisie pure, car son fils aîné, Charles Tittemunde von Medem, était à l'armée loin de Mitau et participait en ce moment même à de grandes manœuvres. Nullement déconcerté par ces fâcheuses nouvelles, Cagliostro suggéra tranquillement que l'on fît quand même une vérification. Les notables maçons se rendirent à la résidence du maréchal où Charles en personne les salua à la porte. Un changement des plans de l'état-major lui avait permis de faire une visite impromptue à sa famille. Et Louise ? Ah oui ! Louise était si excitée par la présence de son frère qu'elle en avait eu des palpitations.

Quand Elisa apprit l'histoire, elle se prit à espérer. Cet homme ne serait-il pas capable de satisfaire le désir passionné qu'elle avait de parler à l'esprit de son frère Frederick ? Aussitôt les dames von Medem mirent tout en œuvre pour rencontrer le colonel Cagliostro.

La rencontre ne les déçut pas. Le regard magnétique de Cagliostro, son port majestueux et son langage mystérieux les captivèrent, en dépit du mélange *bizarre* de mots italiens, français et arabes qu'il employait. Elisa fut aussitôt subjuguée. Elle écrivit dans son journal : « C'est la personne la plus extraordinaire que j'aie jamais rencontrée. »

Une semaine ou deux plus tard, quand le comte Cagliostro laissa entendre que, par grâce spéciale, le Grand Copte l'avait autorisé à créer une « loge d'adoption », Elisa fut transportée de joie. Ces loges parallèles qui acceptaient des membres féminins existaient parfois en France mais n'avaient pas de précédent en Europe orientale. Pour les dames von Medem, aussi accablées par l'ennui que profondément idéalistes, c'était une chance merveilleuse d'enrichir leurs connaissances des réalités occultes et de contribuer au bien-être de l'humanité. Cagliostro leur promit de les « conduire vers la plus haute béatitude imaginable sur cette Terre ».

La nouvelle loge fut inaugurée le 29 mars sous la responsabilité du cercle des fondatrices – Elisa, sa cousine Louise, sa tante Mme von Medem (née Kayserling), sa belle-mère Agnès – à la tête duquel figurait la charmante épouse de Cagliostro, la comtesse Seraphina, qui en était la grande maîtresse et la présidente. Les dignitaires masculins étaient l'oncle et le père d'Elisa, son cousin Charles, un vieil ami de leur famille, le comte Otto von Howen, gouverneur héréditaire de Mitau, le major von Korff, et trois autres de leurs amis, un docteur, un notaire et un avocat. L'avocat en question, le conseiller Sigismund von Schwander, s'était affilié à la loge dans le désir de veiller sur l'innocence d'Elisa car il était jaloux et se méfiait du nécromancien.

À la grande contrariété d'Elisa, les préoccupations plus matérielles de son père et de son oncle avaient primé sur ses propres impératifs spirituels. Les deux hommes, qui avaient vainement tenté toute leur vie de découvrir la légendaire pierre philosophale capable de transmuer en or le vil métal, étaient ravis de disposer d'un alchimiste du premier rang. Ils comptaient sur Cagliostro pour piloter leurs expériences. Mais ils durent s'incliner quand ce dernier annonça à la loge qu'il connaissait un endroit en Courlande où se trouvaient enterrés des formules chimiques secrètes et des instruments de magie. Cagliostro ajouta incidemment que la cachette recelait aussi une grande quantité d'or, dont d'ailleurs il se souciait fort peu. Très excités, les von Medem insistèrent pour en savoir plus ; notre magicien prit un crayon et dessina un boqueteau d'une configuration inhabituelle que tous deux reconnurent aussitôt. Il se trouvait sur la propriété de Witzen, appartenant au maréchal, où les frères avaient passé leur enfance.

Quand ils étaient gosses, Otto et son cadet, Johann, stimulés par les légendes locales que racontaient leurs paysans, s'étaient livrés à quelques chasses au trésor sur le domaine, malgré la terreur que leur inspirait Rubezahl, le démon des forêts solitaires, mais avaient été vite découragés par le fouillis inextricable de bouleaux, de frênes, de sureaux luttant pour émerger de l'ombre épaisse du sous-bois. Le dessin de Cagliostro les plongea dans la stupeur. Comment pouvait-il connaître ce boqueteau situé à plus d'une journée de route de Mitau ? Ses yeux n'avaient pas pu le voir, non plus que ses pieds n'avaient pu fouler le sol de la forêt. C'est vrai, reconnut Cagliostro, je n'ai jamais visité cette forêt au sens où on l'entend d'habitude, mais un certain après-midi, quand tout le monde reposait, des esprits – sous le commandement du Grand Copte – m'ont transporté là-bas par la voie aérienne et m'ont permis de voir cet endroit. Cela n'a pas demandé plus d'une heure.

À partir de cet instant, les von Medem n'eurent d'autre pensée que d'organiser une expédition. Vers la fin d'avril 1779, trois carrosses partirent de Mitau en procession. Ils franchirent d'abord une série de ponts qui donnaient l'impression que, flottant sur les eaux du golfe de Riga, la ville était venue s'échouer au milieu de la rivière sur des hauts-fonds verts et blancs. Ensuite les carrosses roulèrent sur le pavé de Mitau le long d'un boulevard bordé d'arbres. Enfin ils sortirent des portes de la cité et se trouvèrent en face d'un vaste horizon plat. La route sinuait devant eux à perte de vue sur la plaine du Zemgale, vers la Lituanie. Sur près de cent cinquante kilomètres c'étaient des terres de culture et de la toundra, avec de rares fermes lilliputiennes, des marais et des boqueteaux épars. À Wilzen, le maréchal les attendait impatiemment avec sa femme, sa fille et ses deux fils.

Dans l'un des carrosses avaient pris place le comte Johann von Medem, dont les traits sévères étaient d'une animation inhabituelle, et Agnès Elizabeth (née von Brucken) sa troisième femme, récemment épousée – il avait enterré les deux autres, dont la mère d'Elisa. Le couple bavardait avec leur vieil ami, le major von Korff, lequel, après avoir douté de Cagliostro, était devenu l'un de ses plus ardents admirateurs.

Derrière roulait le carrosse du comte Otto von Howen. L'état d'excitation du gouverneur de la ville était dû autant à la perspective d'une chasse au trésor fructueuse qu'à la présence de la jolie femme qui se serrait contre lui. Encouragée par son mari, la comtesse Seraphina avait, en effet, séduit le burgrave qui était complètement sous sa coupe. Il lui avait déjà donné une belle bague et brûlait de la combler d'autres cadeaux.

En tête avançait le carrosse qui transportait Cagliostro et Elisa von der Recke. Avec son front élevé, son long nez, sa mâchoire carrée, Elisa paraissait très sûre d'elle – mais ses grands yeux humides fixaient un regard de dévotion sur son compagnon râblé. Entre ces deux êtres circulait une tension chargée d'une indéfinissable émotion. Cagliostro se livrait à un flot étourdissant de paroles où des termes français, italiens, arabes, se bousculaient en un discours parfois sublime, parfois impénétrable. Il se penchait vers Elisa, et ses mains soulignaient ses propos avec leur vivacité habituelle. Il essayait visiblement d'obtenir quelque chose d'elle, mais elle hésitait, nerveuse, ombrageuse.

Cagliostro parlait de trésors spirituels, de la nature des esprits bienveillants, des contours indécis du territoire où séjournaient les morts récents. L'aptitude à communiquer avec les esprits célestes n'était pas réservée seulement à quelques sages ; elle était accessible à tous les gens de bien. Sous la tutelle de Cagliostro, des mortels pouvaient parvenir à s'unir avec l'esprit divin au terme d'un voyage de l'âme à travers une série d'épreuves.

Elisa comprenait que Cagliostro essayait de la tenter en lui offrant de réaliser son désir le plus ardent, à savoir d'apprendre des esprits quel était le sort de son frère défunt, son frère très chéri, Frederick. En échange il voulait qu'Elisa l'accompagnât à la cour de Saint-Pétersbourg. En termes flatteurs il lui expliquait que son intelligence et ses hautes relations feraient impression sur le cœur et l'esprit de l'impératrice russe, Catherine II. Ensemble Cagliostro et Elisa sauraient persuader Catherine de devenir grande maîtresse d'une loge d'adoption fidèle au rite égyptien originel. L'impératrice prendrait alors l'initiative d'une grande opération de purge des formes variées de corruption qui infectaient la franc-maçonnerie en Russie, en Pologne et en Allemagne orientale. Ainsi les maçons redécouvriraient comment communier avec les esprits bienfaisants et œuvrer par leur intermédiaire – la théurgie, l'art perdu des Égyptiens.

Certains immortels, expliquait Cagliostro, prenaient la forme humaine pour assister des sujets méritants, leur apprendre à maîtriser les méthodes de communication avec les esprits. Jésus, « le premier et le plus grand des magiciens qui aient jamais vécu », était apparu sur la terre comme un simple charpentier après son initiation près des pyramides de l'Égypte. Bien entendu, Jésus, comme Cagliostro, avait autorité sur les sept archanges célestes, les « bons esprits » : Anael, Michael, Raphael, Gabriel, Uriel, Zobachiel, et Anachiel.

Rien ne pouvait échapper à l'attention de ces sept esprits, lui rappela Cagliostro. Ils avaient instruction d'espionner les initiés de l'ordre maçonnique pour les empêcher de tomber entre les griffes de nécromants, ces esprits malveillants du monde souterrain. De même les esprits avaient reçu de Dieu, le « grand architecte », l'ordre de faire subir des tests moraux et spirituels à des adeptes comme lui-même, pour vérifier s'ils ne pratiquaient pas de magie noire. Elisa devait lui être reconnaissant d'avoir recommandé à Anachiel de veiller sur elle et de guider ses pas.

Et soudain, comme s'il procédait lui-même à un test de ce genre, Cagliostro lui demanda si elle avait entendu quelque rumeur malveillante sur un certain X. Elisa répliqua naïvement qu'elle avait en effet eu connaissance de quelque chose, mais qu'elle ne pouvait enfreindre la promesse qu'elle avait faite à sa mère et à deux amies de ne rien révéler. Elle s'entêta malgré l'insistance croissante de Cagliostro : elle avait donné sa parole. Finalement il éclata : « Serpent que j'ai nourri dans mon sein ! Jurez-moi que vous ne connaissez aucun incident de la vie de X qui ait été seulement confié à vous et à trois autres personnes ! »

Bouleversée par cet emportement, Elisa ne put répliquer. Ses yeux se remplirent de larmes. Cagliostro continua avec une sorte de férocité : « Répondez-moi, hypocrite. Pourquoi ce silence ? Alors vous ne connaissez rien sur X ? » Elisa maîtrisa son émotion et répondit avec dignité :

« Comte, votre conduite me bouleverse profondément. Je ne sais pas pour le bénéfice de qui vous jouez cette scène puisqu'il n'y a que moi ici et, comme vous le dites, que je suis continuellement sous la surveillance d'un génie à vos ordres, Anachiel. Étant donné que son regard omniscient ne me quitte pas et que ce regard lit jusqu'au fond de mon cœur, je ne pense pas avoir rien à redouter de lui, aussi longtemps du moins que c'est un esprit authentiquement bienfaisant. Et s'il ne l'était pas, qu'il vous dise de moi ce qu'il lui plaît. Je fais confiance au Maître Suprême qui a le pouvoir d'asservir tous les démons et tous les nécromants et je suis certaine qu'il saura mettre fin aux désordres apparents dont souffre le monde. »

Aussi soudainement qu'elle était apparue la colère du comte s'évanouit. Il se pencha vers Elisa, la regarda au fond des yeux en lui tenant la main avec douceur et déclara :

« Vous êtes une âme de bonne qualité. Votre silence vous fait honneur. Je n'aurais jamais imaginé une telle force de l'esprit et du cœur chez un être aussi jeune. Vous vous êtes sortie de cette situation mieux que je ne pouvais l'espérer et je puis maintenant vous expliquer de quoi il s'agissait. J'avais reçu de mes supérieurs mandat de vous mettre à l'épreuve avec cette question difficile. Si vous m'aviez confié l'information que je sollicitais, j'aurais craint que votre faiblesse ne vous fasse succomber à des tentations ultérieures et que vous ne réussissiez pas à vous hisser jusqu'aux sommets de la haute magie. »

À ce point de leur entretien un bouquet d'arbres signala leur entrée dans le domaine de Wilzen. Cagliostro se plongea dans la lecture d'un petit livre relié en cuir et resta silencieux pendant quelques moments, puis se mit à marmonner des prières dans un langage incompréhensible. Soudain cette espèce de transe prit fin. Avec force gestes, Cagliostro invita le cocher à s'arrêter sur-le-champ. Avant même que le carrosse ne s'arrête, il sauta à terre et se dirigea vers une clairière en désignant une souche d'arbre noircie par la foudre.

Les autres carrosses s'arrêtèrent et la troupe des chasseurs de trésors se rassembla. Cagliostro expliqua que le butin avait été enfoui sous cette souche six siècles plus tôt. Pourtant, insista-t-il, le temps n'était pas venu de creuser le sol ; les forces démoniaques tourbillonnant autour de la souche étaient encore trop puissantes : son corps était secoué par l'effort qu'il devait accomplir pour les maîtriser. Il fallait partir aussitôt vers le château et là, avec son jeune *pupille*, il commencerait une série de séances préparatoires.

Au cours des huit jours suivants ses disciples assistèrent, impuissants, à la lutte de Cagliostro pour triompher de l'influence malveillante des démons gardiens du trésor. Car il était clair, leur dit-il, qu'un nécromant les empêchait d'accéder au trésor pour s'en emparer lui-même. Tandis que les hommes creusaient sans succès au voisinage de la souche, Cagliostro affrontait les esprits sans relâche. Il priait, allait et venait avec une sorte de frénésie, entonnait d'étranges cantiques et parfois se retirait pour de longues périodes dans sa chambre d'où parvenaient des grognements qui n'avaient rien d'humain. Il ne mangeait presque pas et semblait ne pas dormir.

Deux ou trois fois, il emmena le jeune fils du maréchal avec lui dans la forêt pour y chercher des parchemins susceptibles de dissiper le sortilège. Le petit garçon restait l'intermédiaire privilégié sur lequel il comptait pour communiquer avec les esprits bienfaisants dont l'assistance leur était indispensable. L'innocence de cet enfant, expliquait Cagliostro, était non seulement une garantie de bonne foi, mais elle constituait comme une membrane de nature spirituelle par laquelle les anges arrivaient à entrer en contact avec les mortels ordinaires. Chaque matin avait lieu une séance préparatoire avec l'enfant : le *pupille* s'asseyait à distance du groupe derrière un petit paravent (pour l'aider à se concentrer, précisait Cagliostro) et fixait une coupe en cristal remplie d'eau où il finissait par voir apparaître des formes spectrales sous la surface.

Un matin, l'enfant poussa un cri : il voyait la terre s'ouvrir à la base d'une souche et se sentait entraîné par une force mystérieuse qui l'obligeait à descendre des marches en spirale. Cagliostro lui recommanda, pour dominer sa peur, de compter à haute voix les marches. Les maçons eurent la conviction d'entendre réellement le pas de l'enfant descendant les marches une à une et soudain sa voix s'éleva à nouveau, pleine de terreur et d'excitation, pour annoncer qu'il était en train de ramper le long d'un étroit couloir. Puis un cri jaillit : il avait sous les yeux des lingots d'or, des rivières de pièces monnayées et de bijoux, des instruments magiques aux formes bizarres, des manuscrits jaunis couverts de symboles curieux, un récipient rempli d'une poudre rose étincelante.

« Maintenant je vois sept très belles personnes dans des robes blanches. L'une d'elles porte un cœur peint en rouge sur la poitrine, les autres ont des croix rouges. Il y a quelque chose d'écrit sur leurs fronts que je ne puis pas lire. »

Les assistants échangèrent un regard : ces individus en blanc étaient évidemment les sept archanges revêtus de leur uniforme de Templiers. Cagliostro mit fin à la séance en demandant à son pupille d'embrasser les visiteurs célestes. L'enfant s'exécuta et fut embrassé à son tour par les archanges. Quatorze baisers – profondément impressionnés, les maçons entendirent le bruit des quatorze baisers échangés entre les anges et l'enfant.

Au bout de huit jours, Cagliostro, épuisé, les traits hagards, se déclara satisfait. Il n'avait pas voulu en avertir ses disciples plus tôt par crainte de les effrayer, mais ce qui était en jeu était bien plus important qu'ils ne l'imaginaient. Si le trésor enfoui était passé entre les mains de son rival nécromant, « cela aurait eu des conséquences très graves pour notre univers... il aurait fallu attendre plusieurs siècles pour que notre globe en fût purifié ». Grâce à l'efficacité des rites institués par Cagliostro et en particulier à un clou aimanté qu'il avait enterré juste sous la souche, un bouclier protecteur de nature éthérée avait été dressé autour du trésor. Désormais le nécromant – qu'il présenta comme un maçon ambitieux, appelé le professeur Starck, ayant vécu précédemment à Mitau – n'aurait plus la possibilité d'approcher à plus de trois cents lieues de l'endroit du trésor. La mention de Johann Starck impressionna la famille qui se souvenait du douteux crypto-jésuite et de sa tentative pour prendre la direction de leur loge.

Cagliostro promit également qu'une fois obtenu le plus haut grade dans le rite égyptien (la chose ne saurait tarder, déclara-t-il), il aurait la puissance requise pour bannir les démons, ramener le trésor à la surface et le remettre aux von Medem. Car il n'en revendiquait aucune part. Il s'inclina cependant devant l'insistance de la famille : il accepterait les parchemins et la poudre rose à l'intention de ses supérieurs.

Malgré la scène dans le carrosse qui l'avait tant bouleversée, Elisa mentionnait toujours élogieusement dans son journal Cagliostro, « ce prêtre du secret ». Ses amis s'inquiétaient pour sa santé mentale restée fragile depuis la mort de son frère Frederick. Ils remarquaient que son désir passionné de communiquer avec l'esprit du défunt prenait un caractère obsessionnel. Depuis près d'un an elle visitait les cimetières la nuit et adressait à tous les anges des prières désespérées : qu'ils consentent enfin à laisser son frère lui parler !

Pourquoi cet immense tourment d'Elisa ? Un addendum à son journal nous fournit un élément de réponse. Son père, Johann, s'était marié trois fois et cette situation semble avoir produit chez les enfants un certain traumatisme. La seconde comtesse von Medem étant morte alors que sa fille était encore toute jeune, Elisa avait été élevée par sa grand-mère maternelle. Son frère Frederick était resté dans la maison de son père et de sa belle-mère. Jolie et contemplative, Elisa n'avait pas souffert de son adolescence solitaire : elle se plaisait à lire de la poésie, des romans sentimentaux et des écrits chrétiens teintés de mysticisme ; « car naturellement la religion était devenue pour moi une sorte de passion ». Quand elle avait eu seize ans, son père l'avait mariée à un hobereau d'âge mûr aux manières grossières, Georg von der Recke. Sans transition, la jeune Elisa s'était trouvée transplantée dans un manoir délabré à Neuenberg ; elle avait été arrachée « au mouvement de la société... et plongée dans la solitude et le silence d'un domaine campagnard ». Entourée de grands bois sombres et tristes et d'une steppe sévère, elle s'était mise à détester son mari et la vie grossière qu'il lui imposait. Amateur de chasse au sanglier et de bière, cet homme attendait d'Elisa qu'elle se consacre au devoir conjugal, à l'éducation de ses enfants et à la direction du ménage.

Elisa avait réagi par une relation très intense et très sentimentale avec son frère Frederick, dont l'existence était également solitaire. Ce frère, écrit-elle, « que j'aimais plus que tout être au monde et qui était la joie de mon âme ». Pendant les cinq malheureuses années de son mariage, elle avait eu avec lui un commerce épistolaire passionné, frère et sœur échangeaient leurs idées sur la vie et la mort, et sur l'art. Elisa se plongeait dans la mélancolique poésie des cimetières qu'illustrent Gray et Edward Young, l'auteur des *Nuits*, ou dans le spiritualisme du pasteur suisse Lavater.

Instable, d'humeur morose, prompt à se haïr, Frederick passait des heures à broyer du noir dans les bois. Un jour Elisa l'avait trouvé sanglotant désespérément dans la forêt. Il ne se sentait aucun point commun avec son père et sa belle-mère qui l'accusaient d'avoir un caractère sombre et lui reprochaient son inaptitude à se concentrer. Il confiait à Elisa : « Mes parents proches ou éloignés ne me comprennent pas. Ils disent que je manque de souplesse, que je suis bizarre, agressif, et en même temps faible et pleurnichard. » En fait, Frederick avait des prédispositions évidentes pour l'hystérie adolescente et la manie suicidaire qu'avait si dangereusement encouragées le célèbre roman de Goethe, *Les Souffrances du jeune Werther*.

Les lettres échangées par le frère et la sœur emploient le vocabulaire de l'amour. Elisa avait donné à son frère le surnom de Fritz, elle était sa Lotte bien-aimée. C'est au seul Fritz qu'elle « osait dévoiler les replis secrets de mon [son] âme ». Ils se désignaient par des termes affectueux comme en emploient les amants : « mon adorée », « ma bien-aimée », « ange gardien de ma vie ». Chacun portait sur son cœur un médaillon avec le portrait de l'autre. Ils adaptaient à leurs relations certaines formules trouvées dans *Werther*. Ainsi Elisa écrivait-elle en octobre 1777 : « Être aussi chère à ton cœur que je le suis dépasse tous les plaisirs imaginables excepté celui de t'aimer. » Qu'avait répondu Frederick ? « Être digne de toi, ma Lotte, est le but principal de ma vie. »

Puis Frederick était parti étudier à l'université de Strasbourg où, moins d'un an plus tard, il était mort d'une fièvre. La douleur plongea Elisa dans un délire de mysticisme. Rien ne put la consoler. Ses tentatives pour entrer en contact avec les anges en recourant aux méthodes de transe, de rêve ou de vision recommandées par un célèbre spiritualiste, Emmanuel Swedenborg, avaient échoué lamentablement. Elle n'avait pas entendu le moindre chuchotement céleste.

Mais d'autres événements s'étaient produits à l'époque de la mort de son frère, dont Elisa ne faisait pas même mention dans son journal. Elle s'était enfuie de chez son mari en 1776, et son unique enfant, Fredericka, une fillette de deux ans, était morte peu de temps après, la même année que son frère (bien qu'elle n'ait jamais eu d'autre enfant, son instinct maternel était si fort que, par la suite, elle ne devait pas adopter moins de treize orphelins). Le sentiment de culpabilité causé par la mort de sa fille (à moins que ce ne fût le traumatisme de cette perte) s'était encore accru du fait de la rupture de sa relation avec Fritz quelques mois avant sa mort.

Installé à Strasbourg, celui-ci s'était émancipé et avait commencé à jouir de l'existence. Furieuse, Elisa lui avait fait la leçon sur les dangers de la dissipation : « Rien n'est plus vil que de perdre son temps... ton environnement nouveau t'éloigne de moi. » Pis encore, il avait trouvé une certaine Lisettchen avec laquelle – sa sœur en avait éprouvé un profond dégoût – il avait pu satisfaire ses appétits sensuels. Saisie de jalousie, Elisa l'avait accablé de reproches et accusé d'une conduite morale criminelle. Mais Fritz n'était plus là et sa sœur devait maintenant affronter l'affreux tourment de savoir qu'il était mort repoussé par sa Lotte bien-aimée.

Autre préoccupation encore : et si sa jalousie avait précipité la mort de son frère ? Personne n'avait parlé de suicide mais cette possibilité n'était pas écartée. Fritz y avait fait allusion quelques mois avant de mourir. Elisa s'imposa d'écrire à son tuteur à Strasbourg, Johann Blessig, pour lui demander des détails sur les dispositions d'esprit de son frère. La réponse de Blessig ne l'avait pas tranquillisée : il décrivait Frederick comme une âme égarée que torturaient à la fois un état dépressif et de terribles maux de tête. Un ami de Fritz avait suggéré que cet état dépressif était la cause de sa mort : « Les médecins pensent que sa maladie était due à l'obturation de nombreux petits vaisseaux entraînée par une souffrance interne qu'il n'avouait pas. »

Une autre possibilité la bouleversait : qu'à cause de la répulsion manifestée par Elisa, son frère se soit laissé entraîner à flirter avec l'athéisme. Blessig lui avait confessé que son frère était tellement irréligieux qu'il avait écrit un essai intitulé *L'immortalité de l'âme et la crédibilité de la Bible* – texte qu'il avait ultérieurement détruit pour qu'il ne tombe pas entre les mains d'Elisa. On ne pouvait en douter : il avait mis en doute l'existence même de Dieu. Elisa tremblait en pensant au péril mortel que courait l'âme de son frère.

De tout cela Elisa ne parla pas au comte Cagliostro mais, une fois que l'excitation provoquée par la chasse au trésor se fut dissipée, elle le conjura de la mettre en rapport avec l'esprit de son frère. Elle craignait, comme elle l'avoua au comte en pleurant, qu'un détestable nécromant ne l'eût poussé à la mort. Cagliostro refusa d'abord, faisant valoir que la tâche était au-dessus de ses forces. Mais Elisa insista, et, le 12 avril 1779, il capitula. Un rêve magique opérerait une réunion céleste entre le frère et la sœur, mais Cagliostro se devait d'avertir Elisa de la nature redoutable et de la fonction de la haute magie. Il était impératif qu'elle se prépare au sommeil de manière appropriée ; c'était indispensable pour le succès.

Ce même soir, en présence de tous les maçons, Cagliostro tendit au père d'Elisa une feuille de papier pliée en triangle et scellée qui ne devait être lue que le lendemain, quand Elisa aurait raconté son rêve. Ce papier, expliqua-t-il, posait une question à laquelle le rêve répondrait. Quand Elisa quitta la compagnie pour se coucher, Cagliostro la fixa dans les yeux et lui ordonna de s'endormir en disant ses prières.

À son horreur, Elisa ne put fermer l'œil de la nuit. Tremblante d'excitation, elle passa la nuit allongée sur son lit à prier pour que le sommeil vienne. Au matin, hagarde et désespérée, elle reparut devant les disciples et confessa son échec. Bien que visiblement déçu, Cagliostro prit sur lui le blâme : il n'avait pas su la calmer suffisamment. Le soir, il prépara Elisa plus longuement, mais le résultat fut identique. Cette fois-ci la frustration d'Elisa prit un caractère inquiétant. Exténuée et à demi folle d'anxiété, elle se retourna interminablement sur son lit dans un état qui n'était ni le sommeil ni la veille, hantée par des images qui « faisaient courir en elle des frissons glacés ». Le lendemain matin, Cagliostro se montra moins disposé à être charitable. Il s'attendait, lui dit-il, à un plus grand contrôle sur elle-même – et laissa entendre que peut-être Elisa ne méritait pas le privilège d'une visitation céleste.

Elisa se sentait misérable : ce n'était pas sa faute ; elle avait fait de son mieux. Avoir ce rêve était son plus cher désir… Le soir, avant de souffler ses bougies, elle lut des passages de Swedenborg sur les visitations angéliques. Cette fois, la tension fut trop forte ; elle succomba à une sorte de fièvre hallucinatoire. Transpirante, pleurante, tremblante, elle n'eut même pas la force d'appeler sa femme de chambre. Au matin Cagliostro ne montra ni surprise ni colère. Il expliqua à la loge qu'Elisa était trop fragile en vérité pour que l'on poursuive l'expérience. Elle y perdrait sa santé. Persister dans cette quête pourrait avoir des effets désastreux pour sa constitution.

Il lui rendit visite plus tard dans sa chambre. Malade, épuisée, Elisa était couchée. Cagliostro lui parla d'une voix douce et caressante en lui tenant la main : « Mon enfant, je sais combien vous avez souffert cette nuit. » Sans doute, poursuivit-il, il aurait pu la transporter sur des sommets de mysticité, mais les risques étaient trop grands. Il avait une responsabilité à son égard, comme à l'égard de ses parents et de ses amis qui l'aimaient. Ne se rendait-elle pas compte que l'échec était partiellement de sa faute ? « Anachiel, votre bon ange, qui vous observe continuellement, me rend compte de toutes vos pensées et de tous vos actes. Vous faites trop d'efforts pour parler à votre frère. Ne comprenez-vous pas que l'amour que vous portez à Frederick est excessif ? Anachiel me dit que c'est ce deuil inapaisable qui vous a conduite au seuil de la mysticité et qui a planté en vous les semences de connaissances magiques... Les esprits bienfaisants ne sont pas en mesure d'exercer leur action et de vous élever vers le ciel parce que vous ne recherchez pas la sainte magie pour elle-même. »

Elisa passa une bonne et reposante nuit et, à son grand soulagement, Cagliostro lui promit de contacter l'esprit de Fritz en recourant à une méthode moins dangereuse : une séance d'évocation.

Le 15 avril, cette séance eut lieu dans la maison de son oncle. Cagliostro dessina à la craie un cercle magique sur le sol dont il reprit le tracé en l'air en faisant siffler son épée à double tranchant. Ensuite, les disciples prirent place à l'intérieur de ce cercle et Cagliostro commença, après avoir, selon le rituel, donné à son *pupille* les noms de baptême de Frederick. Utilisant la méthode dite de gématrie Cagliostro griffonna sur un morceau de papier une série de signes et de nombres cabalistiques basés sur les initiales de Frederick, F.V.M. Il pratiqua alors l'onction d'huile sainte habituelle et prononça les incantations de rigueur en tapant du pied. Enfin, après avoir articulé les redoutables mots magiques : Helion, Melion, Tetragrammaton, il commença à questionner son petit voyant.

— Que vois-tu ?

— Je vois le beau jeune homme qui m'a montré le trésor.

— Demande à ce beau jeune homme si tu pourrais voir le frère de ta cousine Elisa.

— Oui, je le vois, je le vois. Il porte un uniforme rouge.

— A-t-il l'air heureux ou malheureux ?

— Oh ! Il a l'air si heureux.

— Que fait-il en ce moment ?

— Il tient sa main sur son cœur et m'adresse un regard plein de tendresse.

Cagliostro se tourna vers Elisa : « Votre frère est au ciel. »

Elle étouffa un cri et, de soulagement, éclata en sanglots.

Cette libération affective aurait dû rendre à Elisa la paix du cœur, mais il n'en fut rien. Cette vision indirecte de son frère, quelque chose la lui avait gâtée. De fait au cours de la séance avait eu lieu un incident qui fit naître en elle un doute – il devait persister – sur l'intégrité morale de Cagliostro. Car celui-ci ne s'était pas contenté d'évoquer l'esprit de Fritz, il avait réservé une désagréable surprise au nouveau beau-frère d'Elisa, le duc Pierre de Biron, souverain de la Courlande.

La soirée précédente, au cours d'un dîner au palais, le duc avait amusé ses invités en se moquant ouvertement de la magie. Les yeux de Cagliostro avaient lancé des flammes : rien ne l'enrageait plus que d'être ridiculisé. Nul pourtant ne s'attendait à la forme que prit sa vengeance. Tout le monde fut surpris, au contraire, quand, à la séance de magie, le duc se manifesta sous des espèces spectrales. Car le *pupille* vit soudain dans le liquide de sa coupe de cristal le duc se traîner misérablement couvert de chaînes. Elisa fut horrifiée quand elle entendit Cagliostro ordonner à son *pupille* de tirer sur les chaînes qui étaient reliées à un collier entourant le cou de Biron. Elle entendit, venant de derrière le paravent, des bruits comme on en fait quand on n'arrive pas à respirer et qu'on s'étrangle, tandis que Cagliostro jetait d'une voix sifflante : « Son Altesse Sérénissime ne mettra plus en doute mon pouvoir ! » Deux ou trois jours plus tard Elisa apprit que le duc avait été saisi en cet instant précis de spasmes au larynx. Cagliostro avait même prédit avec exactitude les remèdes que le duc avait pris alors pour se guérir.

Ce geste de méchanceté, Elisa ne cessait d'y penser ; il lui gâchait l'immense soulagement avec lequel elle avait appris le salut de l'âme de son frère. Comment expliquer, au cours d'une même séance, un comportement aussi fantasque, aussi contradictoire, de la part d'un maître d'une telle élévation morale ? Assurément les autres maçons comme elle-même avaient pu, à l'occasion, trouver à redire aux façons de faire de leur maître. Ils l'en excusaient en se disant qu'il avait été élevé en Égypte où le code des bonnes manières était différent. Mais cette cruauté gratuite semblait inexcusable. Quand elle avait posé la question à Cagliostro, celui-ci avait sèchement répondu qu'il avait puni Biron pour obéir à ses esprits tutélaires qui n'acceptaient pas que le maître fût ridiculisé. Elisa avait demandé alors si les anges lui ordonnaient aussi de se montrer si irascible et de malmener ses disciples pour n'importe quelle faute triviale, comme de sortir par inadvertance du cercle magique.

Cagliostro avait poussé un soupir de lassitude, puis, comme s'il s'adressait à un enfant irréfléchi, il avait fourni des explications. Ne comprenait-elle pas que tous ses accès de mauvaise humeur étaient délibérés ? Les esprits lui commandaient cette mobilité d'humeur comme un moyen de tester l'intégrité de ses disciples potentiels. Combien de fois ne lui avait-il pas dit déjà qu'en matière de théurgie on ne saurait prendre trop de précautions pour s'assurer que les disciples n'étaient pas tentés par la magie noire ? La transgression de règles maçonniques, comme celle de ne pas franchir le cercle magique, pouvait entraîner une rupture de l'équilibre entre les influences astrales positives et négatives. De plus une telle désobéissance pouvait avoir des conséquences fâcheuses pour le théurge. N'avait-elle pas remarqué que Cagliostro s'était évanoui après la séance ? En réalité, son cousin Charles qui était sorti du cercle magique, et Cagliostro lui-même, avaient eu beaucoup de chance. Car la paralysie ou la mort immédiate pouvaient être la suite de pareilles transgressions.

Cagliostro avait insisté : oui, les cercles magiques étaient loin de constituer une réalité triviale. Leur pouvoir procédait de l'effet magnétique produit par le mouvement de son épée à double tranchant quand il fendait l'air en la brandissant. En 1778 Franz Anton Mesmer avait démontré l'efficacité du magnétisme en utilisant des baguettes pour débarrasser des patients de blocages internes freinant la libre circulation de fluides vivifiants dans leur corps. Cagliostro savait que son épée créait une sorte de barrière d'éther qui tenait les esprits malfaisants à distance du cercle tandis que les esprits bienfaisants y avaient accès. « Peut-être un jour comprendrons-nous mieux les choses quand nous aurons progressé dans notre sublime science. »

Ces conversations rassuraient invariablement Elisa, puis ses doutes revenaient. Le terrible éclat de Cagliostro dans le carrosse la persuadait qu'elle ne pouvait d'aucune façon l'accompagner à Saint-Pétersbourg. Les risques étaient trop grands. Non qu'elle doutât de ses pouvoirs, mais elle avait peur qu'il ne fût lui-même assailli par les tentations qu'il dénonçait. Pourquoi Cagliostro ne se livrerait-il pas lui-même à la nécromancie ? Ce gardien, qui le gardait ? Elle l'avait entendu, dans certains moments de vive irritation, « donner la voix aux démons ». Elle l'avait vu se tordre par terre dans des convulsions, marteler le sol de ses pieds, tandis que les esprits cherchaient en hurlant à faire irruption dans son âme. Qui savait ce qui pourrait arriver si ces démons l'envahissaient pendant qu'elle se trouvait seule avec lui en Russie ?

Une chose rendait particulièrement dangereuse la perspective d'un voyage avec Cagliostro sans la compagnie d'un chaperon : elle était attirée physiquement par lui comme il l'était par elle. Si d'aventure Cagliostro lui faisait des avances, saurait-elle résister à son regard magnétique, à sa voix caressante ? N'avait-il pas, un jour, saisi un découpage qui évoquait la silhouette d'Elisa et déclaré qu'il se servirait de cette image pour l'ensorceler ? Il y avait là de quoi l'inquiéter. Qui pourrait empêcher Cagliostro de la prendre dans ses filets, de s'approprier son âme et son corps comme ces succubes lubriques dont on dit qu'ils jouissent de femmes endormies ?

Ces craintes furent confirmées une ou deux semaines après la chasse au trésor quand, devant le cercle de ses adeptes, Cagliostro se vanta de savoir élaborer un breuvage susceptible d'allumer le désir chez une femme contre sa volonté. Les propos licencieux du mage épouvantèrent les maçons, d'autant qu'au cours de la même séance il s'était proclamé demi-dieu, le rejeton de copulations anciennes entre créatures divines et humaines. Bien qu'il eût ensuite expliqué que ses propos scandaleux n'étaient qu'une manière de tester ses disciples, ils avaient laissé une fâcheuse impression. Et le spectacle de Cagliostro injuriant son serviteur et le poursuivant un bâton à la main n'avait pas non plus édifié Elisa et les maçons, témoins de la scène. Comment pareille brutalité et une si haute spiritualité pouvaient-elles coexister dans le même homme ?

Dans sa pire manifestation, la méchanceté de Cagliostro avait frappé la propre famille d'Elisa en plein cœur. Constance von Korff, sa grand-mère maternelle, âgée de quatre-vingt-deux ans, l'ayant traité ouvertement de charlatan, Cagliostro l'avait foudroyée de sa colère. Il avait prédit que douze mois plus tard, le 13 mai 1780, très exactement, la vieille dame, après avoir pris son petit déjeuner, mourrait d'une attaque. Elisa et les autres eurent beau plaider, il demeura intraitable.

Elisa dut aussi affronter les plaidoyers véhéments de son propre père, ardent patriote, qui comptait sur Cagliostro pour persuader la tsarine de desserrer sa poigne de fer sur la petite principauté. Si Cagliostro devenait le favori de Catherine, argumentait son père, quels avantages Mitau n'en tirerait pas ! Il n'était pas exclu qu'elle le place à la tête du duché, qui y gagnerait une indépendance accrue.

Cagliostro s'y prenait d'une façon plus subtile. Il exerçait une pression morale sur Elisa pour la pousser à s'associer à sa mission. Vers la fin du mois d'avril 1779, au cours d'une séance qui tournait mal, Cagliostro se retira dans une petite pièce et les disciples crurent l'entendre lutter contre des forces démoniaques ; soudain Cagliostro reparut en larmes, annonçant que les esprits divins avaient perçu la présence d'un Judas potentiel dans leur cercle. Comme Jésus-Christ, Cagliostro était en grand danger de se trouver trahi par la personne en laquelle il avait le plus confiance. Les disciples se regardèrent avec gêne, se demandant qui était ainsi désigné... Avec douceur, Cagliostro leur demanda de prier pour celui d'entre eux qui s'efforçait de causer sa ruine. Puis il les conjura de se recueillir pour lui, Cagliostro, afin qu'il eût la force de soutenir la terrible lutte contre le Malin qui se déchaînait nuit et jour dans son âme et dans son corps.

Malgré ses doutes, Elisa ne pouvait lui refuser son admiration. Elle reconnaît dans son journal qu'en dépit de ses imperfections personnelles, l'enseignement de Cagliostro, au cours des semaines précédant son départ pour la Russie, atteignit le plus haut sublime. Ses principes se révélèrent profondément tolérants. La maçonnerie égyptienne, soutenait-il, devait être ouverte à tous les peuples religieux, être accueillante même aux Juifs et aux Mahométans, du moment que ceux-ci croyaient en un Être Suprême et à l'immortalité de l'âme.

Il exhortait ses disciples à révérer, aussi bien que la Bible, les vérités divines énoncées par le Persan Zoroastre dans le *Zend-Avesta*, les mythes de la Grèce antique, ou la poésie sacrée de l'*Edda* islandais. Pythagore était son favori parmi les philosophes païens et il tenait Salomon pour un mage remarquable ; il déplorait seulement que les préoccupations matérielles aient fait tort à sa profondeur. La maçonnerie égyptienne, remarquait-il, avait un caractère unique : elle combinait la magie cabalistique des Hébreux, la magie astronomique de l'islam, et la sublime doctrine chrétienne des Ancien et Nouveau Testaments. Malheureusement les trois chapitres de la Bible qui énonçaient les secrets de magie et d'immortalité avaient péri au cours du Déluge – leur contenu était cependant connu des plus grands magiciens du passé : Jésus, Élie et Moïse. Ces êtres rayonnants avaient exercé leur souveraineté sur les royaumes célestes durant une durée immense et présidé à la naissance et à la mort de civilisations.

Cagliostro reconnaissait l'ambivalence de ses sentiments à l'égard de Moïse. Voyant d'essence divine, Moïse était aussi l'ennemi des Égyptiens. C'est pourquoi Cagliostro orientait plutôt les maçons vers l'enseignement perdu d'Enoch, le septième patriarche, qui avait dans un lointain passé construit un temple souterrain pour sauvegarder du déluge les plus profonds mystères de magie. Enoch avait indiqué l'emplacement de ce temple en érigeant deux colonnes d'un marbre blanc comme neige – dans l'espoir qu'un jour un autre prophète saurait découvrir ces secrets (Cagliostro s'abstenait modestement de dire qui ce prophète pourrait être). Le chiffre sept – indiqua-t-il incidemment – était sacré. Il façonnait la vie des hommes, car il y avait sept planètes, sept figures du zodiaque et sept archanges.

Cagliostro se présentait comme le principal disciple d'Élie : celui-ci était son esprit tutélaire. Comme Élie, les authentiques maçons égyptiens pouvaient aspirer à monter au ciel sous leur forme humaine. Ce dernier n'avait-il pas été emporté dans l'éther sur un chariot tiré par les anges ? Quand ils parvenaient aux plus hauts grades, les maçons accédaient à un royaume magique où l'âme pénétrée d'une lumière sans ombre prenait son essor avec les esprits à travers le firmament et parcourait les millénaires. Cette ascension céleste avait été le lot d'Alexandre le Grand, le héros guerrier dont Cagliostro avait rencontré les disciples à Alexandrie.

Avant même leur ultime ascension, ses vrais disciples avaient le privilège de se délivrer de la souillure du péché originel et de tendre à la perfection spirituelle et à la vie éternelle. Mais, pour atteindre à ce degré de pureté morale, ils devaient être prêts à surmonter les terribles épreuves qu'ils rencontreraient sur leur chemin. Seuls soixante-douze maçons parviendraient au premier grade et quarante-huit au second. Leur nombre se réduirait ainsi de plus en plus jusqu'au grade final auquel accéderaient douze immortels, lesquels seraient pour l'éternité maîtres spirituels du monde. À tout instant, les maçons devaient rester sur leurs gardes car les nécromants aux ordres du démon les épiaient et cherchaient à les détourner de la voie juste par toutes sortes de tentations.

Cagliostro, quant à lui, n'en était qu'au troisième grade. Cependant il s'attendait à tout moment à expérimenter la « mort et renaissance » qui attesterait sa promotion aux rangs des élus. Sa mort ne serait qu'apparente : tel un phénix, il renaîtrait de ses cendres. Il confia même à ses disciples que son nom n'était pas Cagliostro et qu'il n'était pas non plus un comte espagnol. Ces noms et titres lui avaient été conférés, pour des raisons de convenance, par le Grand Copte qu'il avait servi durant des siècles sous le nom du magicien vénitien Federico Gualdo.

Quand enfin survint l'heure du départ de Cagliostro, son enseignement avait presque dissipé les doutes d'Elisa. N'avait-il pas refusé de prendre avec lui en Russie son collier de perles (il s'agissait de leur donner plus de grosseur grâce à certaines formules chimiques) ? Car il était opposé à l'utilisation des ressources de la magie sainte à des fins intéressées. Il avait aussi résisté aux avances d'Elisa quand celle-ci avait sollicité un passe-droit et voulu obtenir sa promotion au second grade dans le rite : ce qui lui permettrait de s'entretenir avec les esprits. Il avait répondu avec quelque sévérité qu'elle devait suivre la voie normale sans chercher à emprunter un raccourci.

« Avant que le Christ n'assume la lourde charge de prophète ou, comme vous diriez, de sauveur, le Tentateur l'emmena en haut du temple et lui offrit de tout lui révéler sur les trésors du monde, mais son âme pure n'a pas été ébranlée. C'est comme cela qu'il a fait le bonheur de cette terre et qu'il a multiplié les miracles. Pour vous il en est de même... Si vous n'êtes pas tentée par les trésors, le grand architecte du monde regardera d'un œil bienveillant le chemin que vous parcourez vers nos mystères et vous permettra de contribuer substantiellement au bien-être de l'humanité. »

Bien qu'Elisa eût réussi à tenir bon et qu'elle ne fût pas revenue sur sa décision de rester à Mitau, elle accepta avec empressement de partir pour Saint-Pétersbourg avec son père si Cagliostro leur annonçait que Catherine accordait son patronage à sa grande mission. Deux mois s'étaient écoulés – deux mois d'une importance exceptionnelle dans sa vie – quand Elisa assista au départ du comte et le vit monter dans son carrosse après avoir embrassé le petit groupe attristé des disciples. Son esprit était en proie à une grande agitation : se pouvait-il que cet homme extraordinaire qui avait dispensé des enseignements d'une telle sublimité et qui avait soulagé sa conscience douloureuse – se pouvait-il que cet homme fût un nécromant ?

3

Le chaman

Chamanisme : Religion primitive des peuples ouralo-altaïques de la Sibérie où l'on tient que, à l'origine de tous les événements bons ou mauvais de l'existence, se trouve l'action d'esprits sur lesquels les chamans seuls peuvent exercer une influence.
Chamans : à l'origine sorciers ou medecine-men dans diverses tribus de l'Asie septentrionale. Le terme a été appliqué par extension à des personnages similaires ailleurs. (*New English Dictionary*, 1914)

Le comte et la comtesse Cagliostro arrivèrent à Saint-Pétersbourg dans la seconde semaine de juin 1779. La dernière étape du voyage entre le port de Riga sur la Baltique et le relais de poste de Caporya avait déployé un paysage si déprimant de plaines marécageuses que, en dépit des regrets que lui laissait la Courlande, Cagliostro fut soulagé de découvrir les célèbres dômes dorés, les palais baroques et les hautes maisons de Saint-Pétersbourg.

La « Palmyre du Nord » s'élevait sur un des sites les plus désolés d'Europe, un estuaire infesté de moustiques, où alternaient bancs de sable, étendues de vase et îlots divers, à l'embouchure de la Neva, laquelle, prise par les glaces pendant tout l'hiver, inondait ses rives au cours des crues torrentielles de printemps. Mais Pierre le Grand avait eu la vision d'un futur paradis. Il avait arraché la région à la Suède en 1702, y avait envoyé une armée de paysans pour assécher le sol spongieux et avait transformé les baraques en bois de pêcheurs en une grande capitale. Saint-Pétersbourg, dont la naissance avait été proclamée en 1712, était devenue une ville modèle de deux cent mille habitants. Accourus de toute l'Europe, de talentueux architectes, maçons, artisans, jardiniers et artistes avaient donné corps au rêve de Pierre le Grand : la ville éblouissait par son élégance exemplaire. À la fin du XVIIIe siècle le port abritait un millier de navires de toutes sortes : vaisseaux de commerce européens, galères orientales, frégates de la flotte russe.

Dans les avenues droites bordées d'érables, le carrosse des Cagliostro, roulant le long de théâtres récemment construits, de places harmonieuses, de larges canaux et de résidences rococos en briques et en bois, s'avança jusqu'au cœur de la capitale impériale. Le comte et Séraphina louèrent sans délai à un Anglais, le lieutenant général Miller, un bel et spacieux appartement à une excellente adresse, sur le quai du palais, où s'élevaient les palais des courtisans, des ambassadeurs étrangers et des généraux.

Du bout du quai, Cagliostro pouvait voir la citadelle qu'il avait l'intention d'emporter d'assaut, le tentaculaire Palais d'Hiver de Catherine II construit par son prédécesseur mais récemment rebâti à l'italienne par l'architecte écossais Charles Cameron. Bravant le climat humide et froid, le palais faisait parade de pavillons hollandais, de jardins d'hiver, de volières d'oiseaux exotiques. Cagliostro se voyait déambulant dans les bâtiments adjacents de l'Ermitage – reliés au palais par des passages couverts – où Catherine recevait volontiers ses intimes, et admirant les bibliothèques savantes, les collections de tableaux précieux et de spécimens ou d'appareils scientifiques. Peut-être même rêvait-il de pénétrer dans le boudoir de la tsarine où tant d'autres avant lui avaient rivalisé pour satisfaire sa concupiscence légendaire.

En face du palais se dressait toutefois un bâtiment de Catherine où il espérait bien ne pas mettre les pieds, la forteresse massive de Pierre et Paul, la résidence réservée aux ennemis de l'impératrice. Au-dessus du portail qui s'ouvrait dans les murs de trente-cinq pieds d'épaisseur, un aigle couronné rappelait aux passants que les monarques russes pouvaient aussi rivaliser avec l'Occident en matière de Bastilles.

Mais Cagliostro n'était pas homme à envisager l'échec et, sans perdre de temps, il se fit conduire le même jour chez le major Henry Heyking, natif de la Courlande, qui avait pris du service dans la garde impériale. Cagliostro lui tendit triomphalement une lettre d'introduction dont l'auteur, qu'il appelait mystérieusement Frère II, n'était autre que le comte Otto von Howen, la dernière conquête de Seraphina. Initié à la Grande Loge Landes de Berlin, Heyking n'avait *a priori* aucune sympathie pour les membres du Rite de Stricte Observance, mais une chaude recommandation d'un vieil ami de sa famille aurait dû valoir à Cagliostro un accueil courtois.

Or, à sa grande surprise, il fut reçu avec la plus grande froideur. Il prononça quelques mots dans un français haché auxquels le major répondit dans un italien impeccable en prenant un air condescendant comme s'il avait en face de lui un ignorant. Sans doute parce que la lettre du comte von Howen mentionnait la femme appétissante de Cagliostro, le major consentit à raccompagner son visiteur quai du palais. L'entrevue avec la belle Seraphina le déçut : il s'attendait à voir une créature voluptueuse, et elle lui parut une femme mûre et fatiguée, aux yeux rouges, dont les grâces n'auraient pas déparé une danseuse de corde.

Cagliostro le présenta : « C'est un de nos frères illustres », puis il enchaîna rapidement et exposa sa mission avec gravité. « Je suis venu voir Catherine la Grande, déclara-t-il, dans le but de répandre notre grande lumière en Orient. » Plus précisément le comte se proposait de réformer la maçonnerie et de la faire progresser. « Je suis le chef des princes de l'ordre des Rose-Croix », annonça-t-il d'un ton supérieur, en exhibant l'insigne qui devait justifier cette déclaration.

Le major ne parut pas impressionné et répondit brutalement que l'insigne de Cagliostro ressemblait à s'y méprendre à l'étoile de Saint-Stanislas, distinction polonaise des plus banales. Le comte répliqua que, l'original lui ayant été dérobé, il avait dû emprunter l'insigne à von Howen – ce qui fit ricaner le major.

Désemparé, il répliqua avec dignité : « Je vous pardonne votre incrédulité et votre ignorance parce que vous n'êtes encore qu'un enfant dans notre ordre, quels que soient vos grades maçonniques. Si je le voulais, je pourrais vous faire trembler.

— Oui, si vous me faisiez trembler de fièvre. »

Vexé, Cagliostro riposta : « En vérité, pour le comte Cagliostro qui commande aux esprits, une fièvre n'est qu'un jeu d'enfant. »

Au milieu de cet échange de répliques peu amènes, un domestique du chargé d'affaires de l'Espagne apparut, porteur d'une demande écrite de M. de Normandez exigeant que Cagliostro présente immédiatement à la légation de Saint-Pétersbourg un document établissant la validité du titre dont il se parait. Le comte éclata : c'en était trop. Pour qui se prenait ce fonctionnaire ? Qu'il aille au diable !

En Russie, lui fit remarquer Heyking, une réponse de ce genre manquait de sagesse. Cagliostro risquait fort d'avoir vite à rendre des comptes à la redoutable police de la tsarine. Celui-ci reprit son calme et invita poliment l'arrogant major à partager son déjeuner. À table ils discutèrent de chimie, sujet sur lequel Heyking pontifia avec l'autorité d'un expert. Cagliostro perdit patience et décida de le remettre à sa place.

« La chimie, affirma-t-il, n'est qu'un jeu d'enfant pour celui qui connaît l'alchimie et l'alchimie elle-même n'est rien pour qui commande aux esprits. Quant à moi, j'ai de l'or et des diamants – et il montra une bague de vilains diamants maladroitement montés – mais je dédaigne tout cela et mon bonheur vient de l'empire que j'exerce sur les esprits supérieurs qui président aux destinées de l'homme. Ce sont des âmes débarrassées de leur corps que je puis invoquer et qui répondent à mes questions. »

Voyant le sourire sarcastique de Heyking, le comte continua : « Votre scepticisme ne me préoccupe pas. Vous n'êtes pas le seul esprit fort dont j'ai eu raison… Avec le temps vous reconnaîtrez mon pouvoir. »

Le lendemain, le chargé d'affaires de l'Espagne humilia Cagliostro à son tour. Le diplomate le traita comme un aventurier. Après avoir déclaré à son interlocuteur que les maçons étrangers n'étaient pas les bienvenus à la cour impériale et dans la haute société pétersbourgeoise, il ordonna à Cagliostro de cesser de se présenter comme un colonel au service de la couronne espagnole et l'accusa de porter en réalité le nom de Pellegrini, sous lequel il s'était enfui de Cadix en dérobant une précieuse canne en argent appartenant à un noble espagnol.

Cet ensemble de circonstances ne promettait rien de bon. Un séjour de Cagliostro à la forteresse de Pierre et Paul semblait infiniment plus probable qu'une invitation au palais impérial de Catherine.

Pourquoi Cagliostro avait-il été si sûr d'éblouir Saint-Pétersbourg et l'inflexible Catherine la Grande ?

Casanova en portait en partie la responsabilité. L'aventurier vénitien aimait se vanter de ses succès extraordinaires au cours de son voyage de 1765 en Courlande, en Russie et en Pologne. Se présentant sous le nom de comte de Farussi, Casanova, qui était complètement démuni, avait réussi à persuader le duc de Biron de lui payer grassement un rapport sur la rentabilité des mines de fer et de cuivre de la Courlande. Il avait charmé la noblesse de Mitau, y compris l'irascible grand-mère d'Elisa, et avait obtenu des lettres d'introduction qui lui avaient permis d'entrer en relations amicales avec certains des nobles les plus influents de Saint-Pétersbourg, dont les deux frères Melissino, Piotr, général d'artillerie au service de la Russie, et son aîné, Ivan, chancelier à la cour – mais aussi le comte Ivan Yelagine, secrétaire d'État, et le comte Nikita Panine, président du Collège des Affaires étrangères.

Tous ces gens avaient des rapports étroits avec Catherine. Même si aucun n'était prêt à prendre le risque de présenter Casanova à la cour, ils ne virent aucun inconvénient à l'inviter à un bal masqué au palais impérial. Le subtil Vénitien repéra aussitôt la tsarine sous son déguisement et la suivit dans la salle sans toutefois se présenter, surtout semble-t-il à cause du géant qui la protégeait, Gregori Orlov, lequel passait pour avoir étranglé de ses mains Pierre III, le mari de Catherine. Une semaine ou deux plus tard, Casanova s'arrangea pour se trouver sur le passage de l'impératrice alors qu'elle faisait son habituelle promenade dans le jardin d'été au bord de la Neva. Il l'avait tellement charmée par sa conversation que plusieurs autres rencontres eurent lieu par la suite dans les mêmes jardins.

Que voulait obtenir Casanova ? Nul ne le sait exactement. Le comte Nikita Panine suggère que Catherine aurait pu lui procurer une situation lucrative dans les services impériaux. Mais très probablement Casanova aspirait à une position différente, dans un service d'une autre nature. À quarante ans, il avait encore des prétentions considérables dans le domaine amoureux. Catherine était de cinq ans sa cadette. Elle retenait l'attention sans être belle, cette femme gracieuse malgré sa taille épaisse, sensuelle et profondément intelligente. Le pouvoir est un grand aphrodisiaque et le sien était immense. Sa voracité sexuelle était légendaire et nombre d'histoires couraient sur sa générosité à l'égard de ses favoris mâles. Pour être à la hauteur de ses appétits, les jeunes officiers de la garde passaient pour grands consommateurs de poudre de cantharide : ne disait-on pas à Saint-Pétersbourg que de tous les canaux de la ville le canal de Catherine était celui qui revenait le plus cher ? Mais, à la grande surprise de Casanova, l'impératrice avait résisté à sa séduction et il avait dû se contenter des faveurs d'une jeune serve achetée pour quelques kopecks.

Cagliostro, qui ne doutait pas de lui, espérait réussir là où Casanova avait échoué. En dépit de sa taille qui s'épaississait, le magicien sicilien était sûr d'attirer les femmes. Son succès à Mitau, où il avait ensorcelé Elisa, n'avait pu que renforcer cette conviction.

Malheureusement, en cette année 1779, Catherine n'était pas d'humeur amoureuse. Les premières atteintes de la ménopause la perturbaient profondément. D'après l'ambassadeur britannique, sir James Harris, elle se plaignait sans cesse de souffrir de ballonnements, d'enflure des jambes, ou d'avoir le souffle court. De plus, à peu près au moment de l'arrivée de Cagliostro, sa fierté féminine avait été terriblement éprouvée par une infidélité de son amant, Ivan

Rimsky-Korsakov. Catherine avait surpris le jeune hussard dans une chambre du palais en train de copuler avec une de ses dames d'honneur, la comtesse Bruce, laquelle était chargée de vérifier les capacités amoureuses de ses futurs amants. Cet examen, le hussard l'avait déjà passé brillamment – mais la perfide comtesse l'avait invité à participer à une session supplémentaire. Catherine en avait eu le cœur brisé, au moins pour un temps : l'année suivante elle devait se trouver un officier des gardes encore plus séduisant, le comte Lanskoi.

Cagliostro dut donc placer tous ses espoirs de réussite dans ses dons de magicien maçonnique plutôt que d'opérateur sexuel. Il savait que la franc-maçonnerie avait jeté de profondes racines dans le patriciat russe ; tous les amis nobles de Casanova à Saint-Pétersbourg avaient été des francs-maçons en vue. Si le mouvement s'était développé avec une telle ampleur dans la noblesse russe, c'était à la fois parce qu'il y rencontrait des dispositions mystiques et parce que la société offrait peu d'exutoires au besoin d'agir de ses membres. Le comte Melissino avait fondé son propre rite qui bénéficiait du patronage de Catherine. Pourquoi Cagliostro n'en ferait-il pas autant ? Il savait qu'à Saint-Pétersbourg et à Moscou il existait des loges du Rite de Stricte Observance et des loges rosicruciennes. En revanche, l'absence de loges d'adoption susceptibles d'accueillir les femmes de la noblesse lui offrait une excellente occasion de s'imposer comme un leader, surtout s'il obtenait le concours de l'impératrice.

Cagliostro se trompait gravement dans ses calculs, car Catherine détestait la franc-maçonnerie. Elle accordait son patronage aux loges patriciennes des frères Melissino et du comte Yelagine parce que leur composition ne lui permettait pas de les fermer. Elle désirait de plus les garder à l'œil. Mais en 1779 son penchant à l'autocratie avait pris le pas sur ses tendances libérales de jadis, et elle pressentait que l'organisation et le fonctionnement de loges maçonniques risquaient d'encourager des tendances démocratiques chez leurs membres. À tout le moins une loge maçonnique constituait un terreau sur lequel pouvait se développer une opposition politique. En outre, son ardent nationalisme russe lui inspirait une vive antipathie pour les liens avec l'étranger de beaucoup de francs-maçons, surtout ceux qui appartenaient aux loges créées par les Allemands dans l'armée russe. À cette époque, en effet, nombre de maçons russes prêtaient un serment d'allégeance au duc Ferdinand de Brunswick, grand maître de l'ordre. Catherine II y voyait un affront à son autorité souveraine.

Enfin, elle éprouvait une véritable aversion à l'encontre de l'aile occulte du mouvement maçonnique car, par tempérament et par éducation, elle était éminemment rationaliste. Imbue très tôt des idées des philosophes français, tels Voltaire et Diderot, elle en avait conçu une méfiance extrême à l'égard du mysticisme religieux et une manière de voir qui s'appliquait à bien d'autres domaines. Elle aimait les lignes géométriques pures d'une ville comme Saint-Pétersbourg parce que celle-ci rayonnait de rationalité, tandis que la perspective encombrée d'églises d'une ville comme Moscou créait en elle un malaise physique. Élevée en princesse protestante dans l'atmosphère austère et rationnelle de sa Poméranie natale, elle considérait que le peuple russe s'enlisait désespérément dans la plus aveugle superstition. Le chevalier de Corberon, chargé d'affaires français à la cour de Catherine, résume assez bien le sentiment de beaucoup de voyageurs étrangers quand il écrit : « En Russie vous vous trouvez à la fois au XIVe et au XVIIIe siècle. Mais même la fraction la plus civilisée de la population ne l'est que superficiellement. C'est une nation de sauvages habillés. »

Catherine s'était convertie à la religion orthodoxe pour des raisons politiques : l'Église était un instrument de contrôle au service de l'État. Elle détestait l'atmosphère de surnaturel qui accompagnait les formes mystiques de la maçonnerie – à ses yeux cette atmosphère était aussi ridicule que menaçante. Au mieux l'extase ou la quête de la pierre philosophale avaient un caractère puéril ; au pire c'était une source virtuelle d'agitations dangereuses. Princesse allemande qui avait éliminé un tsar légitime en 1762 – son mari Pierre III – Catherine avait vu son règne constamment troublé par des prétendants fanatiques qui suscitaient des désordres au nom d'un ordre traditionnel. Ces désordres s'inscrivaient dans la longue histoire des soulèvements paysans : pour rassembler divers groupes sociaux ou ethniques de mécontents, les prétendants lançaient proclamations apocalyptiques et promesses de récompenses célestes.

En 1773 avait eu lieu le pire de ces soulèvements, la révolte de Pougatchev. Ce Pougatchev, grand cosaque barbu apparu au sud de l'Oural, avait proclamé qu'il était la réincarnation de Pierre III et avait appelé les musulmans, les cosaques et les serfs mécontents à renverser la « fille du diable ». C'était une sorte de croisade contre tous les éléments allemands de la vie russe. La rébellion avait vite dégénéré : à l'est et au sud-est du pays il y avait eu quantité de viols, d'atrocités, et de meurtres avant que le chef des rebelles ne soit trahi et envoyé à Moscou où on l'avait écartelé et décapité.

En 1779, Catherine II ne tenait pas encore le mouvement maçonnique pour subversif mais elle craignait que Cagliostro ne devînt une sorte de Messie maçonnique. Elle devait confier plus tard à Melchior Grimm, son conseiller littéraire, que « Cagliostro avait bien choisi son moment car plusieurs loges maçonniques désiraient voir des esprits à l'époque de sa venue ». Mais si les esprits se mettaient à flotter dans l'air, elle n'avait aucun désir que son fils, le grand-duc Paul, s'avisât de les regarder. L'intérêt de celui-ci pour les formes mystiques de la maçonnerie était déjà une de ses préoccupations. En fait elle considérait que c'était un faible qui pouvait facilement se laisser séduire par les doctrines confuses d'un faiseur de miracles comme Cagliostro.

Il y avait pire : elle craignait que ce fils malveillant ne se servît de la maçonnerie pour tenter de la renverser. Ses espions rapportaient des informations alarmantes : des diplomates prussiens et des maçons faisaient une cour insistante au jeune grand-duc. Or, s'il existait une chose capable de faire perdre son sang-froid à cette femme aux nerfs d'acier, c'était la pensée que son fils pût comploter contre son trône. Pour un souverain russe, ces complots familiaux étaient monnaie courante, et le passé sanglant de Catherine – on disait qu'elle avait assassiné non seulement son mari mais le jeune Ivan VI, qui revendiquait le trône – alimentait sa paranoïa.

Cagliostro ne se rendait probablement pas compte qu'il avait commis une erreur impardonnable, aux yeux de la tsarine, en se mêlant de politique en Courlande. Un groupe de nobles de Mitau, qui appréciaient peu la politique servile du duc régnant, avait vaguement tenté de faire campagne pour Cagliostro dans l'espoir que celui-ci accepterait éventuellement de remplacer le duc. Peut-être même certains d'entre eux escomptaient-ils que Cagliostro serait capable de convaincre Frédéric de Prusse, maçon lui aussi, d'imposer son autorité sur un duché dépourvu d'unité ethnique et religieuse. Si tel était le cas, ces gens rêvaient car la Courlande était virtuellement une province russe. Un changement de souverain n'était imaginable qu'avec l'accord de Catherine – Frédéric lui-même ne le contestait pas. De sorte que la plus vague rumeur d'un intérêt quelconque de Cagliostro pour le jeu politique en Courlande était suffisante pour provoquer la fureur de la souveraine. Quelques patriotes de Mitau, comme le père d'Elisa, avaient espéré, il est vrai, que le grand mage égyptien éblouirait tellement la tsarine qu'elle l'installerait sur le trône à la place de Biron. C'était une erreur colossale. Ces ouvertures, Cagliostro lui-même les avait rejetées – soit parce qu'il se rendait bien compte que c'était un rêve en l'air, soit parce qu'il craignait d'être percé à jour.

Il avait raison d'être sur ses gardes. Catherine avait l'œil sur la Courlande dont la longue côte sur la Baltique constituait une avancée essentielle pour les projets d'expansion de la Russie vers l'ouest. D'autre part, le duché représentait une zone tampon précieuse au cas où la Prusse et l'Autriche auraient des ambitions à l'Est. Quand Catherine avait restauré le duc Ernest de Biron sur le trône de la Courlande, elle l'avait obligé à signer un accord par lequel il s'engageait à ne pas conclure d'alliance avec les ennemis de la Russie. Cet accord concernait également la franc-maçonnerie. Un diplomate français rapporte un bruit qui avait couru en mars 1776 : Frédéric aurait irrité Catherine en faisant une tentative pour prendre le contrôle des loges maçonniques de Courlande. Pour contrer cette manœuvre, elle avait d'abord envisagé de donner le trône à son conseiller en politique extérieure (et mari secret), le prince Potemkine. Ensuite elle s'était ravisée parce qu'elle n'avait pas entièrement confiance en ce virtuose de l'intrigue : mieux valait une marionnette qu'un rival potentiel. Catherine s'était contentée de recommander à ses espions de suivre avec la plus grande attention le jeu politique en Courlande.

Toute menace visant les ambitions impériales de Catherine suscitait de sa part des réactions impitoyables. Un fauteur de troubles en puissance ne tardait pas à découvrir qu'il était l'objet de la sollicitude toute particulière de la police secrète de Catherine, dont le chef, Stepan Sheshkovsky, était un artiste dans le maniement du knout. Ainsi, sans le savoir, Cagliostro était déjà surveillé au moment où il faisait son arrivée à Saint-Pétersbourg. L'hostilité du major Heyking était en partie due à certaines rumeurs selon lesquelles ce pseudo-colonel espagnol et mage égyptien était en réalité un espion à la solde de la Prusse. La promptitude avec laquelle Normandez avait remis son ultimatum suggère qu'à lui aussi on avait fait la leçon.

Pauvre Cagliostro ! Il avait bien réussi à attirer l'attention de Catherine, mais pas comme il l'espérait.

Il était difficile d'ébranler l'assurance de Cagliostro. Il eut la satisfaction d'être reçu avec chaleur par le groupe de maçons qui, quinze ans plus tôt, avait si bien accueilli Casanova : le général Melissino, le secrétaire d'État Yelagine, qui avait rassemblé quatorze loges sous son autorité, et le comte Alexandre Stroganov, du Grand Orient de France.

Mais celui qui se montra le plus enthousiaste fut Marc-Daniel Bourrée, chevalier de Corberon, le chargé d'affaires français, militaire spirituel et même caustique qui travaillait d'arrache-pied à neutraliser les sympathies anglophiles de Catherine. Sans doute aurait-il fait preuve de sagesse en évitant toute relation avec ce visiteur suspect, mais son intérêt passionné pour la maçonnerie mystique l'emportait sur ses ambitions diplomatiques. Membre de longue date de l'ordre martiniste de Lyon connu sous le nom d'Elus Cohen, il s'était affilié aux Templiers de Stricte Observance en 1777. La présence de Cagliostro causait en lui une telle excitation que Catherine l'appelait par raillerie « le plus entêté voyageur dans le monde des esprits ».

Naturellement les maçons de Saint-Pétersbourg demandèrent à Cagliostro une démonstration de son savoir-faire en occultisme. Quelle démonstration ? En Russie, entre l'aptitude à évoquer les esprits et l'art de guérir, les loges donnaient la préférence à l'art de guérir. Celui-ci tenait d'ailleurs une place importante dans le légendaire rosicrucien et les membres de la loge étaient persuadés qu'un rose-croix aussi éminent que Cagliostro possédait les dons nécessaires. Bien entendu, notre mage avait des connaissances médicales ; son apprentissage d'apothicaire l'avait exercé à confectionner des baumes, des toniques, des aphrodisiaques. À Mitau il avait élaboré des breuvages tonifiants pour Elisa et il avait discouru de sa philosophie de la médecine devant elle. Il lui avait expliqué qu'à Médine on lui avait enseigné la médecine selon une tout autre perspective qu'en Europe. Il avait appris à diagnostiquer l'état du malade non seulement en lui prenant le pouls mais « en observant son teint, son regard, sa démarche et chaque mouvement de son corps... Les maladies ont leur siège principalement dans le sang et dans sa circulation – c'est sur cela que le médecin doit concentrer son attention ». Il n'en était pas moins vrai que la vocation de Cagliostro était moins celle d'un guérisseur que d'un évocateur des esprits, un théurge.

Les maçons russes ne tardèrent donc pas à réclamer de lui une manifestation de ses dons de guérisseur. À son habitude Cagliostro releva le défi de ses frères maçons. Il fut sans doute lui-même surpris par le résultat. Corberon note que, sans témoigner de la moindre hésitation, Cagliostro guérit le comte Stroganov d'une maladie nerveuse dont il souffrait depuis longtemps. D'autres succès aussi rapides se succédèrent – on aurait pu croire qu'un mécanisme s'était déclenché et que Cagliostro se découvrait ou s'inventait des aptitudes de guérisseur, ajoutant à son répertoire maçonnique une nouvelle et importante dimension. Ainsi sa personnalité et son identité s'enrichissaient : l'alchimiste, le voyant se révélait aussi médecin, accomplissant un pas de plus dans la transformation de Giuseppe Balsamo en comte Cagliostro.

Médecin magique ou médecin scientifique ? D'après les critères du temps, la compétence médicale de Cagliostro était de nature scientifique. Il donna à Corberon une recette pour « une délicieuse eau distillée ». En 1930 un historien de la médecine, le docteur Lalande, a analysé neuf ordonnances originales rédigées par Cagliostro à l'époque pour des pilules, des baumes, et des élixirs divers. Il s'agissait d'un purgatif à base d'herbes, d'une pommade pour le visage, d'un élixir contre la toux, de pilules à base d'huile de térébenthine, de pilules de baume du Canada, de poudres purgatives, et d'huile de saccharine. D'après Lalande, tous ces remèdes étaient ou bénéfiques ou inoffensifs.

À la différence des charlatans d'alors, Cagliostro ne vantait pas de façon extravagante l'efficacité de ses remèdes. Du jour où il commença à traiter les malades, il insista sur le fait qu'il devait son pouvoir de guérir à l'assistance divine. Faute de celle-ci, disait-il, ses pilules ou autres remèdes n'avaient qu'une médiocre valeur médicale. Voulait-il seulement prendre une assurance contre le risque d'un échec ou croyait-il réellement qu'il était en communication avec les esprits ? Parfois il ne se servait d'aucun remède et son activité de guérisseur était partie intégrante de séances de voyance. En pareil cas les esprits agissaient et guérissaient par l'intermédiaire du médium – du *pupille* (ou de la *colombe*) – avec lequel il travaillait. Peu importait la méthode choisie, d'ailleurs, son action semblait efficace, et les maladies les plus graves ne lui résistaient pas. Corberon rapporte que Cagliostro soigna le sénateur Yelagine d'une maladie sérieuse (non spécifiée), qu'il permit à une certaine Mme Bourtouline d'accoucher sans problèmes alors que le diagnostic était défavorable et qu'il guérit un assesseur du nom d'Ivan d'un cancer dont les médecins désespéraient.

Cagliostro avait une telle confiance en lui qu'il n'hésitait pas à relever les défis les plus difficiles d'ordre médical ou psychologique, et à recourir à l'improvisation la plus audacieuse. Dans un texte, qui constitue un témoignage exceptionnel sur lui-même, il raconta à un biographe qui fut son contemporain comment il réussit à guérir un fou dangereux à Saint-Pétersbourg :

« Un des ministres de la reine des Russes avait un frère qui avait perdu la raison et se croyait plus puissant que Dieu. Personne ne pouvait résister à la violence de ses rages. Il criait d'une voix terrible, proférait des menaces contre le monde entier et blasphémait le nom du Seigneur… Le ministre me demanda de soigner son frère. Quand je lui rendis visite, celui-ci était en proie à la rage ; il me regarda d'un air féroce en battant l'air de ses bras car il était enchaîné et sembla vouloir se jeter sur moi. Puis il se mit à crier : « Que soit précipité dans la fosse la plus profonde l'être qui ose apparaître devant le dieu tout-puissant, celui qui commande à tous les dieux et les chasse loin de sa présence ! » Mais, repoussant loin de moi la peur, je m'approchai avec assurance et lui dis : « Ainsi tu persistes, esprit fourbe ! Est-ce que tu ne me reconnais pas, moi qui suis Dieu au-dessus de tous les dieux et qui porte le nom de Mars ? Vois-tu ce bras dans lequel se trouve réunie toute la force capable de remuer les plus hautes régions du ciel comme les zones les plus basses de la terre ? Je viens vers toi pour te manifester ma compassion et te faire du bien et c'est de cette façon que tu m'accueilles, sans songer que, si j'ai le pouvoir de guérir, j'ai aussi celui d'anéantir ! » Et alors je lui ai porté un tel coup qu'il est tombé par terre sur le dos. Quand ses gardiens l'eurent relevé et qu'il se fut un peu calmé, j'ai ordonné qu'on m'apporte un repas et je me suis mis à déjeuner devant lui sans lui permettre de manger avec moi. Le voyant humilié, je lui déclarai : « On dit que le salut est dans l'humilité. Te voilà sans aucun pouvoir. Eh bien ! Viens ici et mange. » Quand il eut un peu grignoté, nous montâmes tous deux dans un carrosse qui sortit de la ville et nous déposa sur la berge de la Neva. Sur mes instructions ses gardiens avaient préparé là une barque et nous attendaient ; nous prîmes place à bord, les gardiens se mirent à ramer et la barque s'éloigna de la rive. J'avais l'intention de le jeter à l'eau – convaincu que la terreur soudaine aiderait à sa guérison (des gens avaient été postés, prêts à venir à son secours) – et je le saisis par surprise, mais il se cramponna à moi et nous tombâmes à l'eau ensemble. Il voulut m'entraîner au fond mais j'étais au-dessus de lui et mon poids m'avantageait. Après une lutte qui dura assez longtemps, je réussis adroitement à me dégager et je remontai à la surface en nageant. Les gardiens le tirèrent de l'eau et l'installèrent dans une chaise à porteurs. Quand nous fûmes de retour et que nous eûmes changé de vêtements, il me dit : « En vérité je sais que tu es Mars et qu'il n'y a pas de pouvoir égal au tien et je me soumettrai à toi en toutes choses. » Je lui répondis : « Tu n'es pas plus un rival de l'Éternel que je ne suis Mars, car je suis un homme comme toi. Tu es possédé par le démon de l'orgueil et c'est lui qui te fait perdre la raison. Moi, je suis venu te délivrer de cet esprit malfaisant. Si tu veux te soumettre à moi en toutes choses, tu redeviendras un homme normal. » À partir de ce jour il se laissa soigner et redevint lui-même, ce pauvre homme dont la raison s'était égarée en des imaginations délirantes. »

Des guérisons de cette nature, en apparence miraculeuses, firent beaucoup parler de Cagliostro dans les loges, les salons et la presse. Les *Nouvelles de Saint-Pétersbourg* annoncèrent aussi que ce guérisseur étranger refusait de prendre le moindre argent pour les services qu'il rendait. Un riche courtisan, le prince Galitzine, et sa femme avaient essayé de couvrir d'or Cagliostro quand il eut réussi à soigner leur bébé qui était en danger de mort. Bien qu'il eût traité l'enfant vingt-quatre heures de suite chez lui, le guérisseur exténué avait écarté leur proposition en expliquant que son geste lui avait été dicté par la seule humanité.

Altruisme authentique ou sens de la publicité ? Le sens de la publicité, à coup sûr, Cagliostro en avait à revendre, comme il le manifesta lors d'une confrontation qui fit grand bruit avec le médecin personnel de Catherine, le docteur John Roggerson. Au début de l'année 1780, Roggerson se rendit quai du palais pour provoquer en duel le faiseur de miracles : Cagliostro l'avait humilié en guérissant un de ses patients, impertinence que l'irascible Écossais n'était pas disposé à tolérer de la part d'un vulgaire charlatan. On doit encore à Cagliostro le récit de leur rencontre.

« Je vais vous raconter ce qui arriva à Saint-Pétersbourg. Le médecin de l'impératrice de Russie me détestait parce que j'avais fait la démonstration de son ignorance. Il accourut chez moi en criant : « Sortons d'ici, venez vous battre avec moi. » Je lui répondis : « Si votre défi s'adresse à Cagliostro, j'appelle mes domestiques et ils vous jetteront par la fenêtre. S'il s'adresse au médecin, je vous donnerai satisfaction en médecin. » Effrayé, Roggerson répliqua : « C'est le médecin que je défie. » En effet j'avais un grand nombre de domestiques à mes ordres. Je lui ai dit alors : « Nous n'allons pas nous battre à l'épée. Nous sommes des médecins : prenons des armes de docteurs. Vous allez avaler deux capsules d'arsenic que je vais vous donner, et j'avalerai, moi, le poison que vous me donnerez, quel qu'il soit. Les hommes passeront condamnation sur celui d'entre nous qui mourra. » »

Roggerson battit en retraite piteusement.

Il est possible que l'impératrice ait elle-même poussé Roggerson à venir défier Cagliostro, car elle chargeait son médecin de missions variées et parfois peu reluisantes. C'était lui, par exemple, qui examinait ses futurs amants pour s'assurer qu'ils n'avaient pas d'affections vénériennes – et qui ultérieurement leur prescrivait des aphrodisiaques si leurs performances se révélaient médiocres. Roggerson est certainement l'un de ceux qui alimentèrent Catherine en racontars sur les activités de Cagliostro. D'après Corberon, il espionnait aussi pour le compte de sir James Harris, l'ambassadeur britannique.

Après avoir humilié le médecin de Catherine, Cagliostro se livra à une action quasi subversive. Dès le début de 1780 il entreprit de soigner gratuitement les pauvres de Saint-Pétersbourg. Ce comportement horrifia Catherine. Elle se méfiait profondément des gestes philanthropiques à l'intention des gens du peuple car ils étaient susceptibles de provoquer des désordres politiques. En se tournant vers l'élément populaire, Cagliostro, sans probablement y prendre garde, se collait l'étiquette de démocrate. Ses exploits maçonniques auprès de la noblesse étaient fâcheux mais sa nouvelle orientation populiste avait de quoi consterner Catherine. On pouvait désormais craindre que Cagliostro ne se métamorphose en un nouveau Pougatchev et que son statut de chaman ne lui permette d'entraîner des foules de partisans déchaînés. C'était plus que n'en pouvait tolérer l'implacable tsarine.

Pourquoi donc Cagliostro s'était-il engagé sur une voie si dangereuse pour son image ? Jusqu'alors, il n'avait jamais esquissé un geste pour se rapprocher de la classe dont il était issu. À l'évidence les rebuffades de l'impératrice le poussèrent à ce comportement provocant destiné à attirer l'attention sur lui, mais il est également possible qu'il ait été authentiquement fasciné par la tradition chamanique russe. Les sorciers traditionnels des régions de l'Oural et de la Sibérie pratiquaient largement ces guérisons populaires qui leur valaient une grande considération des populations. Ces chamans manifestaient les trois dons majeurs d'un Cagliostro : magie, religion et médecine. Compte tenu de sa tendance à se conformer aux us et coutumes locales partout où il allait, pourquoi en effet ne se ferait-il pas chaman ?

Il n'est pas exclu non plus que les pauvres de Saint-Pétersbourg aient éveillé chez notre Sicilien une nostalgie plus secrète. Non loin du quai du palais s'élevaient des marchés en arcades qui rappelaient le Ballaro, si voisin de la via Perciata à Palerme. Quelques minutes de promenade suffisaient pour le mettre en présence d'un monde familier. Kalmouks, Tartares, Turcs et cosaques marchandaient avec des accents gutturaux lentilles, fèves, lard, farine, articles miteux de seconde main, ferblanterie d'occasion, tabac, bière ou icônes de bois à bon marché. Dans une ville d'un urbanisme modèle on voyait affleurer à la surface l'énergie orientale des origines. C'étaient des marchands turcs aux pantalons bouffants, des femmes musulmanes voilées, des paysans barbus en peaux de mouton, des chamans sibériens vendant d'étranges remèdes. Giuseppe Balsamo avait une dette à l'égard de gens pareils à cette foule bigarrée ; le célèbre comte Cagliostro pouvait être tenté de la rembourser…

Nous ne possédons pas de description de la première clinique populaire du guérisseur mais elle devait sans doute ressembler à celle de Strasbourg que nous décrit un disciple, douze mois plus tard.

« Imaginez… une salle immense remplie de malheureuses créatures presque sans ressources qui tendent vers le ciel à grand-peine des mains défaillantes en implorant la charité du comte. Il les écoute les unes après les autres sans oublier un mot de ce qu'on lui a dit, s'éloigne quelques minutes et retourne les bras chargés de remèdes qu'il dispense à ces infortunés – il ne manque pas de répéter à chacun ce que celui-ci lui a dit de ses afflictions et de l'assurer qu'il sera guéri s'il suit fidèlement ses instructions. Toutefois les remèdes seuls seraient insuffisants. Ces malheureux ont aussi besoin d'un bouillon pour les revigorer mais peu d'entre eux ont les moyens de s'en procurer de sorte que les réserves du comte sont partagées avec eux. Ces réserves paraissent inépuisables. Il semble plus heureux de donner que de recevoir ; sa sensibilité témoigne de sa joie. Ces malheureux transportés de gratitude, d'amour et de respect se jettent à ses pieds, embrassent ses genoux et l'appellent leur sauveur, leur père, leur seigneur. »

Catherine nous a laissé une description nettement plus sombre de la clinique russe de Cagliostro dans une pièce écrite plus tard : *Le Chaman de Sibérie*. Son Cagliostro est un chaman et un franc-maçon à demi fou appelé Ambane-Lai qui encourage une « masse de gens de toute sorte » à visiter la clinique gratuite qu'il a installée dans un hôtel aristocratique de la ville. La foule s'engouffre par le portail et s'écrase autour de lui ; elle absorbe avidement ses prédictions confuses et réclame à grands cris ses ordonnances charlatanesques. À la fin une émeute éclate ; on doit appeler la police qui rétablit l'ordre et emmène le chaman pour l'interroger.

Catherine avait des raisons personnelles d'éprouver de l'antipathie pour le visiteur. Le « gros ours » borgne, le prince Potemkine, son coq d'or bien-aimé, ancien amant, conseiller permanent, époux secret, loyal diplomate, général intrépide, proxénète habituel, soutien moral – en bref son « cher Grisha », comme elle l'appelait – s'était toqué de Cagliostro, si surprenante que fût la chose, car il n'avait jamais montré grand intérêt pour la franc-maçonnerie. Sans doute celle-ci le divertissait, mais il ne la prenait pas au sérieux et n'avait jamais manifesté le désir de s'affilier à une loge. Mais le grand cyclope sensuel aimait la nouveauté et, de la nouveauté, Cagliostro en prodiguait sans compter. Potemkine l'avait encouragé à soigner plusieurs de ses amis, y compris un ami à l'hôpital à l'autre bout de la ville et Cagliostro avait guéri cet homme sans bouger de chez lui au quai du palais.

Et puis, la comtesse Seraphina constituait aussi une nouveauté, d'un autre ordre il est vrai. La fréquence des visites du prince à sa maison du quai du palais fit bientôt scandale – au point que Catherine laissa échapper une remarque acide sur le sujet. C'est alors qu'un bruit sensationnel courut dans Pétersbourg : une femme de la noblesse aurait offert trente mille roubles à Seraphina pour qu'elle renonce à Potemkine et quitte la ville. Il semble que Potemkine partit d'un grand rire quand il sut la nouvelle – l'importance de la somme le flattait, mais il aurait conseillé à Seraphina de prendre l'argent et de ne pas bouger.

D'après des commérages l'offre venait de Catherine. Les biographes contemporains n'en croient rien : la tsarine n'avait plus de liens charnels avec Potemkine et, en outre, elle n'était pas jalouse de ses amours. C'est possible, mais en 1779-1780 Catherine traversait une période de graves perturbations. La trahison de Rimski-Korsakov l'avait durement frappée. Dans les moments de crise elle se tournait en général vers son coq d'or et lui demandait de la consoler. Une lettre adressée à l'époque par Catherine à Potemkine et dont il subsiste un fragment suggère que leur liaison avait recommencé et aussi qu'elle n'oubliait pas Cagliostro. Elle plaisante avec « Grisha » de l'effet excitant « de la potion de Cagliostro qui est si douce, si agréable, si commode et qui embaume et donne tant d'élasticité à l'esprit et aux sens – mais assez, assez, *basta, basta, caro amico*, je ne veux pas vous ennuyer trop ». Toutefois, jalouse ou non, Catherine n'avait pas l'habitude de gaspiller de l'argent pour acheter quelqu'un quand elle pouvait facilement jeter ce quelqu'un en prison. Alors serait-ce la comtesse Bruce qui, pour se réhabiliter aux yeux de l'impératrice, aurait tenté d'acheter le départ de Seraphina ?

Catherine avait aussi de bonnes raisons politiques pour désapprouver l'intimité de Potemkine avec les Cagliostro : cette amitié pouvait avoir des conséquences fâcheuses sur les avis de son conseiller en matière de politique étrangère. Si, comme le bruit en courait, le franc-maçon était en réalité un espion à la solde des Prussiens, il risquait d'amener Potemkine à contrecarrer la politique anglophile de la tsarine. Elle aimait son Grisha, mais n'avait pas confiance en lui. Le prince adorait intriguer. Bref, le moment était venu d'agir.

L'hostilité de Catherine à l'égard de Cagliostro prit un caractère public le 24 janvier 1780 quand les *Nouvelles de Saint-Pétersbourg*, journal financé par le gouvernement, annoncèrent la publication d'une œuvre satirique de nature officielle prenant pour cible le visiteur. Cagliostro, qui savait que l'ouvrage jouissait de l'approbation de Catherine, ne se doutait probablement pas qu'elle l'avait écrit elle-même. *Le Secret de la Société Anti-Absurd*e était un virulent pamphlet contre la maçonnerie présentée comme un jeu pour enfants attardés, dont les rites ridicules et puérils étaient empruntés à des contes de nourrice. La Société contre l'Absurde s'affichait au contraire comme l'exacte antithèse de la maçonnerie : c'était un mouvement pour la propagation des lumières dont à l'évidence Catherine aurait volontiers pris la tête. Balayant l'attirail mystique et les croyances occultes, il ne faisait appel qu'aux individus décidés à se consacrer exclusivement aux progrès de la raison.

« Le lieu réservé à l'initiation des nouveaux membres ne doit ressembler en rien à un café ou à la baraque d'un charlatan sur une place publique. Le novice arrive accompagné d'un membre de la société. Ils frappent à la porte. On demande au novice ce qu'il veut. Il répond qu'il veut entrer. Le gardien ouvre la fenêtre et le maître de la loge pose la question : « Pourquoi voulez-vous entrer ? » Réponse : « Parce que le bon sens me guide. » Question : « Vous sentez-vous assez fort pour persévérer sur le chemin de la droite raison ? » Réponse : « Examinez-moi » (alors la porte s'ouvre). Le novice entre avec son compagnon, il n'a pas les yeux bandés et il est vêtu normalement et complètement car on tient généralement pour impoli d'être dévêtu quand on prend part à une honnête conversation. »

En dépit du ton badin, la parodie contenait une accusation des plus sérieuses. On y découvrait l'affirmation explicite que les maçons russes envoyaient de l'argent à l'étranger et surtout qu'ils étaient payés par l'étranger. Or Catherine, on le savait, voyait en de telles pratiques une trahison pure et simple. Quand les amis de Cagliostro lurent le pamphlet, ils furent saisis de panique : ils eurent la conviction que l'accusation le visait très spécifiquement. Ils le pressèrent de renoncer à son projet d'aller à Moscou réformer les loges rosicruciennes, et de quitter la Russie tant qu'il en était encore temps. Seraphina, qui avait cessé d'exciter l'intérêt de Potemkine et aspirait à fuir les grands froids de l'hiver russe, s'associa avec ardeur à leur prière. Cagliostro n'avait-il pas été chaudement invité par de riches nobles maçons à visiter la Pologne ? Le moment était venu de partir.

Plus tard Catherine devait se vanter d'avoir chassé Cagliostro de Russie en 1780, mais en réalité le couple avait devancé ses intentions. En avril 1780, armés de lettres de recommandation du général Melissino et du chevalier de Corberon, les Cagliostro quittèrent Saint-Pétersbourg et prirent la route de Varsovie. Ils étaient ravis de laisser derrière eux l'ombre grandissante de la forteresse de Pierre et Paul.

Pourquoi donc s'étaient-ils débattus si longtemps dans l'environnement hostile de Saint-Pétersbourg quand un accueil aussi chaleureux les attendait dans la Pologne voisine ? C'est la question que ne tardèrent pas à se poser Cagliostro et Seraphina. Varsovie leur parut enchanteur – quinze ans plus tôt Casanova avait porté le même jugement. Avec ses cent mille habitants, la ville avait une dimension idéale et les vieux quartiers dégageaient une impression de beauté et de calme. D'ailleurs, même si la cathédrale et le château nichés sur la haute berge de la Vistule n'égalaient pas les dômes dorés de Saint-Pétersbourg, la capitale polonaise pouvait se vanter de posséder un incomparable souverain en la personne de Stanislas II.

Il est vrai que certains des magnats polonais le décriaient, ne voyant en lui qu'un laquais de la Russie à qui le trône de Pologne était échu en récompense de ses exploits amoureux auprès de Catherine II. On lui reprochait d'avoir capitulé en 1773 devant la tsarine et d'avoir laissé l'impératrice, le roi de Prusse et l'empereur d'Autriche démembrer son pays qui perdit alors un tiers de son territoire et deux tiers de sa population. Mais qu'aurait-il pu faire contre les trois puissances prédatrices qui encerclaient la Pologne ? Celle-ci n'avait pratiquement pas d'armée, ses frontières étaient ouvertes à l'invasion et sa population désunie à cause de clivages ethniques, religieux et sociaux.

De ces détails Cagliostro et Seraphina n'avaient cure. Ce qui comptait à leurs yeux c'est que Stanislas avait une allure et un comportement de monarque idéal et qu'il les recevait à bras ouverts. Encore fort séduisant à quarante-huit ans, Stanislas passait pour l'homme le plus cultivé de la Pologne. Il avait voyagé en France et en Angleterre, connaissait les langues et les littératures des deux pays, était un remarquable savant amateur et un protecteur des arts d'une rare générosité. Il collectionnait tableaux et meubles de prix et avait un sens aigu de l'innovation architecturale. Sa marque distinctive dans ce domaine, la combinaison heureuse de motifs néoclassiques français, italiens et locaux, pouvait être admirée dans la rénovation luxueuse du palais de Varsovie, dans le château d'Ujazdow à la périphérie de la ville, et dans ses somptueux jardins Lazienski qui comprenaient des lacs dans le style anglais, des minarets maures, et des pavillons chinois.

Ce souverain n'avait rien d'un tyran prêt à vous emprisonner par caprice. De fait la position constitutionnelle du roi polonais était si fragile – à la Diète les nobles pouvaient opposer leur veto à toute proposition de loi – que Stanislas n'avait d'autre choix que de se concentrer sur la vie de société. Spirituel et charmant, il était l'hôte le plus complaisant. Il ne montrait aucune des raideurs ni des prétentions du duc de Biron – rien de ce qui avait pu aliéner à celui-ci la sympathie de Cagliostro. Stanislas, qui aimait les femmes, mit immédiatement Seraphina à l'aise. D'autre part, bien que nourri de la pensée des philosophes français au point qu'on le croyait parfois déiste, il était aussi fasciné par l'occultisme. Il adhérait à toutes les versions de la maçonnerie, l'orthodoxe comme la mystique. Trois ans auparavant il s'était secrètement affilié à une Loge de Stricte Observance, de sorte qu'il accueillit avec bienveillance la mission entreprise par Cagliostro pour réformer le rite. Il était même disposé à voir en celui-ci un être surnaturel.

Dans ces circonstances, on ne s'étonnera pas si les visiteurs s'épanouirent. Seraphina rassembla vite autour d'elle une cour de nobles polonais qui comprenait le roi. Ils la couvrirent de bijoux et, le jour de son anniversaire, rivalisèrent de générosité et d'ingéniosité pour lui organiser une fête.

Cagliostro n'avait jamais fait preuve d'une aussi impressionnante maîtrise. Sa dignité et son éloquence plaisaient à peu près à tous. Il ouvrit aussitôt une clinique pour les pauvres et, presque pour la seule fois de sa vie, travailla en étroite coopération avec les docteurs et les hôpitaux. En face de ceux qui émettaient des doutes sur ses compétences il s'abstint de tout éclat, mais sut les désarmer par son charme et par de probantes démonstrations de son pouvoir occulte. Ainsi quand une jeune et impertinente princesse déclara devant le roi que son visiteur maçonnique était un imposteur, il riposta en administrant avec tact à la princesse une leçon de voyance. D'après plusieurs témoins contemporains il sut la « conduire de l'incrédulité à l'admiration » en prouvant qu'il connaissait sa vie dans ses détails les plus intimes. Elle réclama alors une prédiction sur son avenir – et Cagliostro décrivit avec précision une rencontre étrange qui devait avoir lieu dans un proche avenir et aboutirait à un mariage d'amour. La jeune princesse se serait en effet mariée dans des circonstances très proches de celles qu'il évoquait.

Le prince Adam Poninski, à l'origine de l'invitation des Cagliostro à Varsovie, se montra un hôte munificent et insista pour que le couple résidât dans sa luxueuse résidence en ville. Il était un des fondateurs de la Loge de Stricte Observance, *Charles aux Trois Barriques*, à laquelle le roi appartenait aussi, et reçut Cagliostro comme on reçoit un maître de l'ordre. Désireux d'être initié aux mystères égyptiens que Cagliostro avait retrouvés, il le pria instamment de créer une loge à cet effet ; au bout de quelques semaines le voyageur conduisait des séances de rite égyptien et enseignait des expériences de chimie inspirées des formules laissées par Federico Gualdo, l'alchimiste de Cologne, tout en continuant son travail de guérisseur et en donnant des séances spiritualistes devant un groupe enthousiaste d'hommes et de femmes de la noblesse.

Ces maçons polonais n'eurent pas un comportement différent des von Medem à Mitau : ils pressèrent bientôt Cagliostro de leur montrer comment fabriquer de l'argent et de l'or. Poninski manifestait une avidité particulière. Trésorier et ancien majordome du roi, il s'était prodigieusement enrichi en serfs et en domaines, mais voulait maintenant des espèces sonnantes et trébuchantes. Au cours de sa vie d'adulte il avait multiplié, sans succès, les expériences pour trouver la pierre philosophale et opérer la transmutation de vils métaux en argent et en or. Nul doute que les séances spirituelles menées par Cagliostro avec le concours d'une charmante *colombe* de seize ans fissent grande impression sur les assistants, mais elles ne donnaient pas satisfaction aux aspirations de Poninski, qui rêvait des grandioses mutations de l'alchimie.

Il adressa donc au comte et à la comtesse une invitation que ceux-ci n'osèrent pas refuser. Il insista pour qu'ils viennent s'installer dans sa propriété de campagne proche de la ville ; là, disait-il, Cagliostro pourrait travailler à la transmutation dans les meilleures conditions possibles. La résidence de Poninski à Wola était équipée d'un beau laboratoire d'alchimie et Cagliostro aurait tous les matériaux nécessaires ; en outre, Poninski mettrait à sa disposition un assistant compétent. On lui laisserait tout le temps voulu ; on pouvait espérer que, dans ces conditions, Cagliostro, environné de frères maçons affectueux et attentifs, mènerait à bien les transmutations les plus complexes et produirait de l'or.

Poninski brûlait de voir Cagliostro à l'œuvre, car des alchimistes de son calibre étaient extrêmement rares. Lisons ce qu'écrivait en 1781 un des disciples français de notre voyageur, qui détaille les difficultés de l'opération :

« Cette opération qui semble si simple se trouve obscurcie par toute une série de processus qui portent mille noms divers. Quand ils [les alchimistes] constatent que la matière commence à émettre une vapeur qui s'élève du récipient… ils appellent cette opération sublimation ; quand les vapeurs retombent, ils appellent cela distillation ; quand ils voient la chaleur fondre la matière, quand celle-ci devient boueuse et noire, ils appellent cela corruption ou putréfaction ; et quand elle commence à blanchir ils parlent d'incinération. Je mentionne seulement les principales opérations parce qu'il y en a beaucoup d'autres. La matière ne reste pas longtemps sur le feu avant de manifester de considérables changements... Ripleus dit que l'on voit la matière passer par une série infinie de couleurs différentes avant de devenir blanche, et qu'ensuite elle prend une belle teinte citrine et termine par la couleur du coquelicot. »

Cagliostro fut mécontent quand il apprit le nom de l'assistant qu'on lui avait assigné : le comte Mosna-Moczynski, ancien écuyer royal et directeur du théâtre royal, maintenant planificateur des jardins royaux, conservateur des collections royales et l'un des hauts responsables de l'administration de la Lituanie. Très imbu de lui-même, ce noble sarcastique avait une haute idée de ses talents d'alchimiste et il ne lui déplaisait pas de jeter le doute sur les aptitudes de Cagliostro. Moczynski promettait qu'il serait vigilant et qu'aucun signe de tricherie n'échapperait à son œil de faucon.

Cagliostro ne laissa transparaître aucune inquiétude. Il annonça qu'il commencerait par la transmutation relativement rapide du mercure en argent. Le 7 juin 1780 il réunit les maçons au château pour procéder à l'opération sous leurs yeux. Cagliostro et Moczynski étaient en manches de chemise mais portaient de grands tabliers pour se protéger contre les acides. À la demande de Cagliostro, Moczynski avait préparé une livre de vif-argent et de l'extrait de Saturne (du plomb) et avait également distillé une certaine quantité d'eau de pluie pour ne garder que quelques grains de sable, que notre alchimiste appelait « terre vierge » ou *secunda materia*. Ce qui se passa alors nous est rapporté dans le récit de Moczynski :

« Une fois ces préparatifs terminés il entra dans la loge et me confia la tâche d'exécuter moi-même l'expérience du début à la fin en suivant ses instructions. La terre vierge fut mise dans un flacon et la moitié du vif-argent fut étalée par-dessus. Puis j'ajoutai trente gouttes d'extrait de plomb. Quand le flacon eut été secoué, le vif-argent sembla fixé. Je versai alors de l'extrait de plomb sur ce qui restait de vif-argent mais celui-ci ne manifesta aucun changement. Je dus donc verser les deux portions de vif-argent dans un flacon plus important. Quand j'eus secoué le flacon pendant quelque temps, l'ensemble prit une consistance uniforme et le vif-argent tourna au gris sale. Le tout fut versé dans une grande coupe qui se trouva à moitié remplie. Cagliostro me tendit alors un petit morceau de papier qui se révéla être l'enveloppe extérieure de deux autres morceaux de papier. Le dernier contenait une poudre brillante de couleur carmin d'un poids d'environ un dixième de grain. La poudre fut secouée au-dessus de la coupe et Cagliostro avala les trois morceaux de papier. Je recouvris la coupe d'une couche de plâtre de Paris qu'on avait précédemment préparé avec de l'eau chaude. Bien que la coupe fût déjà pleine, Cagliostro me la prit des mains, ajouta encore du plâtre de Paris et exerça une forte pression. Puis il me la rendit pour la faire sécher sur un feu de bois. La coupe fut placée sur un lit de cendres au-dessus du fourneau et le feu fut allumé. Au bout d'une demi-heure, on retira la coupe avec des tenailles et on l'emporta dans la loge. Là, on cassa la coupe et au fond on trouva un lingot d'argent pur du poids de quatorze onces et demie. »

Les maçons, très excités, entourèrent Cagliostro et le félicitèrent de son triomphe tandis que Moczynski ne cachait pas sa fureur. Le Polonais était convaincu qu'il y avait eu tromperie. Il réfléchit aux circonstances de l'opération. Les cendres n'étaient pas assez chaudes pour provoquer la fusion de la matière que les deux hommes avaient préparée. Il devait y avoir eu substitution. Il se souvint alors que la veille Cagliostro avait passé la soirée à Varsovie, en principe pour être en communion avec les esprits. Il observa aussi qu'un large récipient et un peu d'eau distillée avaient disparu. Oui, c'est ainsi que Cagliostro avait dû procéder : il avait préparé un moule en plâtre de Paris – ce qu'on appelait un « œuf hermétique » – identique à l'autre puis, aidé par la lumière très insuffisante, par une étoffe sombre et par son vaste tablier il avait substitué « l'œuf » contenant un lingot d'argent au moule original. Mais comment le prouver ?

Devant l'insistance de Poninski, Cagliostro dut accepter d'entreprendre l'expérience nettement plus complexe et plus longue qui aboutissait en principe à la production d'or. Ce processus, le plus secret de l'alchimie, qui en avait jamais été témoin ? Il fallait d'abord préparer un nouvel œuf hermétique. Cagliostro expliqua que l'œuf allait changer de couleur graduellement au cours des sept étapes successives de la transmutation, qu'il allait d'abord acquérir par degrés une couleur noire et qu'il finirait par avoir la brillante couleur rouge du coquelicot. Il annonça que chacune des étapes durerait de six à huit semaines.

Le temps devint interminable. Chaque jour, Cagliostro examinait l'œuf et ajoutait quelques gouttes d'eau-forte. Après cela, rapporte Moczynski, il instruisait la loge « sur diverses opérations chimiques, telles que la fabrication de la quintessence du vin en le mettant dans du fumier ou l'effectuation de l'essence de l'or en le trempant dans l'esprit-de-vin et en le réduisant avec du mercure. Il nous apprenait la propriété de certaines huiles, comme l'huile de talc... ou le secret de la fabrication des perles ». Plus tard il leur apprit comment préparer le parchemin de façon à obtenir un *pantagone* ou charme capable d'éloigner les mauvais esprits.

Chaque jour il partait pour Varsovie en cabriolet : il allait « voir ses dames malades » et s'occuper de sa clinique de guérisseur ouverte aux pauvres. Moczynski le soupçonnait de préparer un double de l'œuf hermétique. Il se peut mais il n'est pas douteux que Cagliostro guérissait ses malades. Chaque nouveau succès contribuait à propager dans les provinces sa réputation de chaman et attirait de fraîches fournées de suppliants accourus à Varsovie pour le consulter. C'était cette activité de guérisseur et son enseignement à ses disciples maçons qui plaisaient le plus à Cagliostro mais il lui était impossible de se dérober aux sollicitations du cercle de Wola et du maître des lieux.

La lenteur du processus excédait les maçons. Pour lutter contre l'ennui ils passaient leur temps à jouer à toutes sortes de jeux avec Seraphina qui, note Moczynski, « ne perdait pas une occasion pour mettre ses charmes en valeur ». Levés tard, ils consacraient souvent leurs après-midi à courir dans les bois avec elle et à feindre d'y chercher un trésor. De retour au coucher du soleil, ils se précipitaient au laboratoire, récitaient des prières censées éloigner les esprits malveillants et inspectaient minutieusement l'œuf pour voir si la couleur en avait changé.

Pendant ce temps, Moczynski cherchait partout la preuve d'une fourberie. Un jour, il put annoncer triomphalement qu'il avait entendu une conversation entre Cagliostro et Seraphina où les deux complices se félicitaient de la façon dont, de la fenêtre du laboratoire, Seraphina avait jeté dans une fosse d'aisances le flacon et le moule d'origine. Ses frères maçons ne voulurent pas ajouter foi à cette accusation qu'ils crurent dictée par le dépit : ils avaient tout observé avec attention et n'avaient rien vu de tel. Mais la situation allait évoluer en faveur des critiques de Cagliostro. Le 16 juin au soir, la jeune *colombe* qui assistait Cagliostro pendant les séances de spiritisme poussa de grands cris : elle prétendait que Cagliostro lui avait fait des avances indécentes – évidemment Cagliostro aussi voulait s'amuser. Quelques maçons furent choqués mais la majorité d'entre eux se contenta de hausser les épaules : c'étaient des hommes du monde. L'affaire prit un tour plus sérieux quand Moczynski, qui avait interrogé la jeune fille, affirma que les séances étaient truquées. Cagliostro avait donné à la belle colombe des instructions écrites et lui avait appris comment faire entendre des baisers d'ange en embrassant son propre avant-bras.

Cette fois, les plus dévots disciples furent ébranlés mais Cagliostro fit appel à ses dons d'histrion. Il acceptait, s'ils l'exigeaient, d'exécuter ses expériences d'alchimie après qu'on aurait chargé ses pieds des chaînes les plus lourdes et fermé la porte du laboratoire avec des scellés. Quelle meilleure preuve de sa probité ? Mieux : il fit le serment de se plonger son propre poignard dans le cœur s'ils n'étaient pas totalement convaincus de son honnêteté avant le moment où l'œuf en serait à la quatrième étape de la transmutation. L'opinion lui redevenait favorable, quand Moczynski abattit sa carte maîtresse. En fouillant dans le parc il avait trouvé des fragments du flacon brisé lors de la première transmutation. Apparemment, tout n'avait pas pris le chemin de la fosse d'aisances. Le pauvre Cagliostro dut avoir l'impression qu'il était lui-même tombé dedans ! Son éloquence ne lui servait plus à rien.

Finalement il se déchaîna contre tous les assistants. Ces gens étaient indignes du nom de maçons, et leur avarice finirait par causer leur perte. Il ne voulait plus perdre son temps avec ces malheureux idiots qui l'insultaient. Le 26 juin 1780, Seraphina et Cagliostro firent leurs bagages, et retournèrent à Varsovie.

Il n'était pas si facile de se débarrasser de Cagliostro. Il avait encore de nombreux partisans à Varsovie, surtout parmi ceux qu'il avait soignés, au nombre desquels il y avait des femmes influentes de la noblesse. D'ailleurs Cagliostro, respectant l'accord qu'il avait passé, continuait à apporter son concours médical et à fournir des médicaments à l'hôpital de Salerne. En réalité tout se ramenait à cette question : garderait-il la faveur du roi Stanislas ?

Le roi était dans une position embarrassante. D'un côté, quelles que fussent ses sympathies personnelles, il avait besoin du concours politique des grands magnats polonais comme Poninski et Moczynski. Mais le plus important était qu'il avait appris durant l'interlude de Wola que l'impératrice Catherine était fort mal disposée à l'égard de Cagliostro. Cela le décida : les caprices de Catherine étaient sa loi. Il n'avait pas besoin qu'on lui rappelle qu'un considérable corps de troupes russes stationnait en permanence à la frontière polonaise.

Disons toute la vérité : le roi polonais était un être sentimental qui adorait toujours sa Catherine. Il ne pouvait oublier l'impression qu'elle lui avait faite lors de leur première rencontre à Saint-Pétersbourg en 1755.

« Elle en était à ce moment où les femmes qui ont de la beauté sont le plus belles. Elle avait des cheveux noirs, une éblouissante peau blanche, de longs cils noirs, un nez grec, une bouche qui semblait faite pour les baisers. »

Si Stanislas gardait la nostalgie du passé, l'impératrice vivait dans le monde de la *realpolitik*. On disait qu'elle se vantait volontiers de l'avoir placé sur le trône parce que, n'ayant aucun titre pour occuper cette position, il n'en était que plus dépendant de son bon vouloir.

Stanislas ne pouvait être qu'un monarque faible dont Catherine se servait comme d'une marionnette. Par-dessus le marché, Poninski et Moczynski, de retour de Wola, répandaient dans les milieux influents de Varsovie des bruits venimeux sur Cagliostro et sa femme présentés comme un escroc et une putain. Ils offrirent même au couple de l'argent pour partir – et le firent savoir. Cagliostro refusa l'offre avec hauteur mais il ne pouvait compter sur les Polonais qui admiraient en lui un grand guérisseur, car ils appartenaient aux couches les plus humbles de la population. En définitive Stanislas n'avait pas d'autre choix que d'interdire au couple l'accès de la cour et de faire savoir qu'ils étaient invités à quitter le pays. Entre juillet et septembre 1780, le comte et la comtesse s'éclipsèrent discrètement.

La virulence de Catherine contre Cagliostro joua un rôle positif, en définitive, et traça son avenir. Elle avait fait échouer sa mission en Russie et contribué à sa fuite ignominieuse de la Pologne mais, en contrepartie, elle le força à se découvrir un nouveau talent : à son arrivée à Saint-Pétersbourg, il ne savait pas qu'il avait les aptitudes d'un chaman.

Le comte Cagliostro était furieux et amer en quittant les vastes domaines impériaux de Catherine. Traversant l'Allemagne à l'automne de 1780 pour tenter sa chance à Strasbourg, Mecque du mysticisme européen, il passa par Francfort où son insigne maçonnique attira l'attention de deux dignitaires haut placés du Mouvement de Stricte Observance – lesquels, d'après Cagliostro, étaient aussi des membres secrets des Illuminés de Bavière. Ces Illuminés étaient une société secrète d'authentiques conspirateurs fondée en 1776 par Adam Weishaupt, brillant ex-jésuite professeur de droit à l'université d'Ingolstadt, qui haïssait l'Église à laquelle il devait sa formation. Il avait créé une organisation d'inspiration républicaine de gens très déterminés qui se proposaient de renverser la religion et la monarchie. Pour mener à bien leur mission politique les Illuminés infiltraient le mouvement maçonnique allemand. Les dignitaires de Francfort étaient à l'affût de nouvelles recrues et accueillirent avec plaisir le comte Cagliostro, étoile montante du mouvement maçonnique.

On le conduisit dans une maison à quelques kilomètres de Francfort ; là, dans un réduit secret sous le jardin on le reçut solennellement au nombre des Illuminés. Il apposa son nom – Alessandro di Cagliostro – au bas d'un manuscrit dont les signataires s'engageaient par serment à poursuivre la destruction de tous les tyrans. Sa signature, d'après ses dires, était la douzième d'une liste qui comprenait les grands maîtres de l'ordre des Templiers. Cagliostro donnait corps aux fantômes qui obsédaient Catherine...

4

Le copte

Copte : Chrétien de naissance égyptienne appartenant à la secte jacobite des monophysites. (*New English Dictionary*, 1893)

Vers dix heures du matin, le 31 mai 1785, une foule de dix mille personnes s'était massée au bas du grand escalier du Palais de justice à Paris et contre la grille du côté du Pont au Change ; elle débordait jusqu'à la berge de la Seine. Pourquoi ces gens s'écrasaient-ils ainsi ? Parce qu'ils brûlaient d'apprendre le verdict que le Parlement de Paris, dans sa capacité de Chambre haute du roi, allait rendre dans le procès le plus sensationnel du XVIIIe siècle, « l'affaire du collier ».

Venant de tous les quartiers de la ville, la foule se déversait par les divers ponts sur la Seine. Il y avait de tout : des poissonnières, des soldats, des indicateurs, des avocats, des boutiquiers, des financiers, des prêtres, des maquereaux, des prostituées. Ne manquaient pas les plumitifs venus des cafés, les joueurs qui avaient quitté les maisons de jeu du Palais-Royal, et même quelques femmes bien vêtues qui portaient à leur bonnet des rubans aux couleurs du cardinal prince de Rohan. On appelait le *cardinal sur la paille* cette grappe de rubans rouges et jaunes destinée à manifester l'indignation de ces dames devant le traitement réservé à un grand seigneur qu'un caprice du monarque avait fait jeter sur la paille humide d'un cachot de la Bastille.

Pour quatre personnes, le verdict qui devait être rendu ce soir-là avait une importance vitale. La première était le cardinal, naturellement. Qu'un homme de sa condition se trouvât emprisonné à la Bastille semblait presque inconcevable. Ses titres étaient éclatants : il était Louis-René-Édouard de Rohan, cardinal de la Sainte Église apostolique et romaine, prince-évêque de Strasbourg, prince de Hildesheim, landgrave d'Alsace, grand aumônier de France, commandeur de l'ordre du Saint-Esprit, abbé commendataire de Saint-Waast d'Arras, supérieur général de l'Hôpital Royal des Quinze-Vingt, abbé de la Chaise-Dieu. Affichant orgueilleusement l'arrogante devise : « Roi ne puis, Prince ne daigne, Rohan suis », sa famille ne cédait la préséance qu'aux Bourbons et le cardinal était son plus brillant représentant. Surnommé la « Belle Éminence » à cause de ses manières de play-boy, le cardinal, alors âgé de cinquante et un ans, jouissait d'un revenu annuel d'environ un million deux cent mille francs, soit l'équivalent du budget d'une petite nation.

On l'accusait d'avoir acquis (et volé) un collier de diamants sans prix en imitant la signature de « Marie-Antoinette, reine de France ». Pis encore, il avait écrit à la reine une série de brûlantes lettres d'amour et avait lu avec jubilation des réponses torrides sans voir qu'il s'agissait de faux grossiers. Même, un certain soir, il s'était jeté aux pieds d'une prostituée qu'il s'imaginait être la reine. Il avait donc eu la prétention de croire que la reine était disposée à accueillir favorablement ses avances : cette présomption monstrueuse constituait un crime de lèse-majesté, une sorte de sacrilège pour lequel il encourait la peine de mort.

Rohan protestait qu'il était la victime d'une intrigante adroite, la comtesse Jeanne de Valois de la Motte, prétendue intime de la reine. Elle avait fabriqué les fausses lettres, avait persuadé le cardinal d'acheter le collier pour le compte de la souveraine et avait enfin volé et revendu le collier. Par chance pour Rohan, l'accusation ne disposait d'aucune preuve matérielle contre lui. Elle n'avait pas requis la peine de mort ; mais ce qu'elle réclamait – séjour prolongé à la Bastille, excuses publiques, perte de tous ses titres et bannissement hors de France – était peut-être pire que la mort pour le prince déjà éprouvé par son emprisonnement depuis le mois d'août de l'année précédente.

À Versailles, une seconde personne attendait le verdict avec impatience et irritation : c'était la reine Marie-Antoinette dont le nom avait été traîné dans la boue. Le prélat libertin était l'objet de son mépris depuis une bonne dizaine d'années – à partir du jour où, à Vienne, Rohan avait rapporté à sa mère, la sévère impératrice Marie-Thérèse, des propos malveillants à son égard. À l'époque, Rohan était ambassadeur de France dans la capitale autrichienne : joueur effréné, chasseur impénitent et fornicateur sans vergogne, il n'avait guère fait honneur à ses hautes fonctions et Marie-Antoinette avait espéré le priver de tous ses titres quand son mari était devenu roi en 1774. Mais la famille Rohan s'était révélée trop puissante et le roi trop faible. La reine n'avait réussi qu'à obtenir son remplacement à l'ambassade par le baron de Breteuil, rival détesté. Elle avait naturellement écarté Rohan de la cour.

Ainsi, apprenant en août 1784 que Rohan s'était servi de son nom pour acheter un grand collier de diamants (d'ailleurs assez laid) pour la somme colossale de un million six cent mille livres, Marie-Antoinette fut abasourdie. Sa stupeur s'était changée en fureur quand Rohan avait déclaré à son mari qu'elle lui avait écrit des lettres personnelles. Et le dégoûtant personnage, tenu à l'écart si longtemps, avait même eu l'impudence de dire qu'il avait réellement cru que la prostituée dont il avait couvert les pieds de baisers était sa souveraine, Marie-Antoinette.

Du point de vue de la reine, le doute n'était pas permis : le cardinal avait orchestré cette affaire frauduleuse afin de payer ses dettes bien connues. Si les lois françaises n'avaient pas été d'une déplorable mollesse, elle aurait fait exécuter le misérable sur-le-champ. Elle avait dû se contenter, avec l'assistance du baron de Breteuil, de harceler son mari pour faire arrêter Rohan dans des circonstances particulièrement humiliantes (le cardinal en vêtements de cérémonie se préparait à célébrer la messe royale de la Fête de la Vierge, le 15 août 1785). On le conduisit à la Bastille sous les yeux étonnés de la foule, et plus tard il comparut devant le Parlement. « Des vices aussi hideux doivent être démasqués », affirma avec colère Marie-Antoinette devant Mme Campan, sa dame d'honneur. « Quand la pourpre romaine et le titre de prince ne servent que de couverture à un voleur banal prêt à tout pour de l'argent au point d'oser compromettre l'épouse de son souverain, alors toute la France, toute l'Europe doivent en être informées. »

La troisième personne qui misait gros sur l'issue du procès était le comte Alessandro di Cagliostro. Si le cardinal était déclaré coupable, il l'accompagnerait dans sa chute car l'accusation les présentait comme complices. Quelques journaux prétendaient que Cagliostro était le marionnettiste tenant tous les fils de l'intrigue : il aurait envoûté le cardinal, réussissant à le persuader de l'amour imaginaire de la reine, et à le convaincre de voler le collier de diamants.

La principale accusatrice de Cagliostro, la comtesse Jeanne de Valois de la Motte, était la quatrième personne à attendre passionnément le verdict. Elle était emprisonnée, elle aussi. C'était une belle jeune femme de vingt-sept ans d'un caractère sauvage qui se prétendait de sang royal, *via* une ancienne lignée de bâtards des Valois que l'on croyait éteinte depuis longtemps. Marie-Antoinette, dans une lettre à son frère Joseph II, l'empereur d'Autriche, la dépeignait comme « une intrigante de l'espèce la plus vile bien que non dénuée d'un certain attrait et d'un certain ton – une créature qui avait de l'allure ». La reine pensait qu'elle n'avait été qu'un pion du cardinal et de Cagliostro. Si les deux hommes étaient jugés coupables, Jeanne, tenue pour un bouc émissaire, serait probablement acquittée et remise en liberté. Mais si les deux hommes étaient acquittés, le blâme retomberait sur elle.

C'est en effet ce qui se passa. Jeanne était assise dans une salle de la Conciergerie quand elle entendit les acclamations qui saluaient le triomphe du cardinal. Avant de s'évanouir, elle entendit vaguement des gens poser la question : « Que va-t-il arriver à la pauvre Mme de la Motte ? » Hubert, son geôlier, transporta la prisonnière accablée sur un lit puis lui apprit que le cardinal et Cagliostro avaient été complètement acquittés. Connaissant le tempérament sauvage de Jeanne, il essaya de la calmer en lui laissant entendre qu'on se contenterait de l'enfermer dans un couvent pendant quelques années.

Mais Jeanne était désespérée et ne se contrôlait plus. Elle s'ouvrit le front en se frappant violemment avec une tasse en porcelaine ; son sang ruisselait sur son visage et ses vêtements. Le bienveillant geôlier et sa femme durent la maîtriser pour éviter qu'elle ne se fît des blessures plus graves. Fort heureusement Hubert ne connaissait pas le verdict rendu par la cour – lequel stipulait que « Jeanne Valois de Saint Rémy, la corde au cou, serait dévêtue, battue de verges, et marquée aux deux épaules avec un fer rouge qui imprimerait la lettre V [pour voleuse] puis incarcérée pour le restant de ses jours à la Salpêtrière ».

Le cardinal apprit son acquittement vers dix heures du soir. Anéanti par l'épreuve qui avait commencé onze mois plus tôt, l'être hébété qui attendait au greffe du Palais de justice ne ressemblait pas à l'élégant prince de l'Église d'antan. Le comte de Launay, gouverneur de la Bastille, essaya d'empêcher l'avocat de Rohan de pénétrer dans la pièce et ne s'inclina que lorsque celui-ci clama que Rohan était désormais un homme libre. Le cardinal dut quand même passer une dernière nuit en prison.

Dans son boudoir à Versailles la reine était atterrée : ainsi l'odieux cardinal échappait au châtiment qu'il méritait si amplement. Sur un papier trempé de larmes elle griffonna un message à l'adresse de sa dame d'honneur, Juliette de Polignac ; elle conjurait celle-ci de venir la retrouver. « Venez pleurer avec moi et consoler votre amie… le jugement qui vient d'être rendu est aussi scandaleux qu'insultant. Je suis submergée de larmes de douleur et de désespoir. » Une autre lettre, écrite à sa sœur en Autriche la même nuit, est un cri de rage contre l'humiliation infligée à la reine par une décision qui permettait « à un prélat parjure et un intrigant à l'esprit lubrique » de se retrouver libre alors qu'il était coupable de haute trahison à l'égard de la femme de son souverain. Mme Campan, qui était la dame d'honneur de service, entendit Marie-Antoinette proférer de violentes accusations contre le Parlement : ses membres avaient été achetés par la famille Rohan à moins qu'ils n'eussent saisi l'occasion de faire du mal aux Bourbons d'une façon si ostensible. Rétrospectivement Mme Campan s'avisa que cette journée constituait le prélude de la fin de l'ancien régime : ni Marie-Antoinette ni la France ne devaient s'en remettre.

De ces quatre personnes, la seule à sortir triomphalement de l'épreuve fut le comte Alessandro di Cagliostro. Déjà le matin, sur le chemin qui le conduisait au tribunal, il avait amusé la foule par des bouffonneries de bateleur. Vêtu d'un manteau de velours vert enjolivé de dentelle dorée, il levait les bras au-dessus de sa tête et jetait en l'air son chapeau pour faire admirer la curieuse coiffure qu'il avait adoptée : au sommet du crâne une natte serrée de laquelle descendaient en cascade jusqu'aux épaules des vagues de petites boucles. Quand on le relâcha de la Bastille à onze heures du soir le lendemain, la foule l'assiégea et l'acclama. Des marchands à la sauvette firent d'excellentes affaires en vendant son portrait gravé, tandis qu'un infirme, qui peinait pour ne pas se laisser dépasser par son carrosse, distribuait des échantillons gratuits du fameux « vin d'Égypte » et d'autres potions salutaires.

Quand la voiture laquée de noir de Cagliostro parvint enfin dans la cour de sa maison de la rue Saint-Claude, il arriva ceci – que raconte l'intéressé lui-même : « La nuit était noire, le quartier dans lequel je vis est peu fréquenté. Quelle ne fut pas ma surprise de m'entendre acclamer par huit ou dix mille personnes. La porte de la maison fut enfoncée et la cour, les escaliers, les chambres se remplirent de quantité de gens. À ce moment, mon cœur fut incapable de contenir tous les sentiments dont il débordait. Mes genoux cédèrent et je m'affaissai, inconscient. Ma femme poussa un cri et s'évanouit. Nos amis se pressaient autour de nous, se demandant si le plus beau moment de notre vie ne serait pas aussi le dernier… Je revins à moi. Un torrent de larmes ruissela de mes yeux. »

Personne n'a réussi à pénétrer tous les ténébreux replis de l'affaire du collier, mais l'abbé Georgel fut sans doute le contemporain à s'être le plus approché de la vérité. C'était un jésuite, un homme d'affaires et le secrétaire de Rohan pendant plus de vingt ans. Jusqu'au bout il resta convaincu que Cagliostro « plus qu'aucun homme vivant possédait la clé de l'énigme, c'est-à-dire la connaissance des motifs secrets de toute l'affaire ». Selon lui, si le diabolique illusionniste était à l'origine de la séquence fatale d'événements, c'est parce qu'en 1781, à Strasbourg, il avait su envoûter le cardinal. « Je ne sais pas, écrit Georgel avec amertume, quel est le monstre de malfaisance, le parfait ennemi du genre humain qui a vomi sur nos rivages cet éblouissant génie du charlatanisme, ce nouvel apôtre d'une « religion universelle » dont le pouvoir sur ses prosélytes était despotique et qui les subjuguait totalement à ses volontés. » Le maître de Georgel, Rohan, était, nous dit l'abbé, de ceux que Cagliostro « sut entraîner sur les sentiers si traîtres de l'occulte et du surnaturel ».

Georgel était convaincu que l'illusionniste était arrivé à Strasbourg le 19 septembre 1780 – immédiatement après avoir quitté la Pologne – avec l'objectif ultime de duper le cardinal. Il avait été invité par des dignitaires maçons de l'Ordre de Stricte Observance et s'attendait à une réception enthousiaste car, quoique Strasbourg n'eût que cinquante mille habitants, sa position à la frontière franco-allemande et sa population mixte de Français et d'Allemands en faisaient un des centres de la franc-maçonnerie européenne. Vingt-neuf loges avec un total d'environ mille cinq cents membres y étaient en activité à l'époque de la visite de Cagliostro.

Or, en dépit d'une chaleureuse réception due à sa réputation de guérisseur des pauvres, Cagliostro fut déconcerté par la froideur à son égard de la communauté maçonnique de Strasbourg. Même les maçons de Stricte Observance se méfièrent de lui quand ils découvrirent que Cagliostro ne se présentait plus comme un agent de ce rite mais comme le fondateur et le chef de la franc-maçonnerie égyptienne. Au début de sa mission en Russie et en Pologne il déclarait être un émissaire de « Supérieurs inconnus » (au nombre desquels figurait le Grand Copte, grand prêtre doté de l'immortalité, censé avoir créé la maçonnerie égyptienne au pied des Pyramides dans des temps très anciens) mais ultérieurement, sans doute sur la route qui le conduisait à Strasbourg, Cagliostro avait procédé à sa propre promotion. Il n'était plus un disciple du Grand Copte mais le Grand Copte lui-même, et sans aller jusqu'à se déclarer ouvertement immortel, il laissait entendre que sa condition n'était pas celle d'un mortel.

À la vérité, Strasbourg ne lui parut pas d'abord mériter sa réputation de capitale européenne de la maçonnerie. Les maçons y faisaient preuve d'une irritabilité et d'un snobisme inhabituels, reflet sans doute de l'histoire récente et plutôt troublée de la ville. Jadis cité protestante de langue allemande ayant le statut d'un État libre dans le cadre du Saint Empire romain germanique, Strasbourg s'était trouvée annexée au royaume de France, catholique et autocratique. Il en était résulté de profonds clivages sociaux et les loges se chamaillaient sans cesse : catholiques contre protestants, bourgeois contre aristocrates, Français contre Allemands, réformistes contre conservateurs, militaires contre bureaucrates.

Comme à Saint-Pétersbourg, Cagliostro riposta à son exclusion de la société en se tournant vers le peuple. Pendant douze mois, il se consacra à la guérison et à l'aide des pauvres de Strasbourg. Sa clinique était assiégée par les infirmes, les sourds, les aveugles, les indigents ; à toutes les heures du jour et de la nuit l'on remarquait son carrosse devant les taudis des quartiers les plus pauvres de la ville. « Ce qu'il y a de plus intéressant dans cette ville gallo-germaine, observe le fermier-général Jean-Benjamin de La Borde, qui l'a rencontré à Strasbourg, c'est la popularité du comte de Cagliostro… Il est adoré des pauvres et du petit peuple ; il est naturellement détesté, honni et même persécuté par certaines autres personnes. Il ne reçoit ni argent ni cadeaux de ceux qu'il soigne. Il passe sa vie parmi les malades, notamment les pauvres, à qui il distribue gratuitement des remèdes et qu'il nourrit de sa poche. Il mange peu lui-même et c'est en général des pâtes d'Italie, il ne couche jamais dans un lit et dort deux ou trois heures dans un fauteuil. Il est toujours prêt à voler au secours des malheureux à n'importe quelle heure du jour ou de la nuit et n'a pas d'autre plaisir dans la vie que de consoler ses frères. »

Bientôt, des patients plus fortunés réclamèrent ses soins, notamment ceux qui se croyaient atteints de maladies incurables. Cagliostro fit de premiers progrès dans la garnison, secteur influent dans une ville frontière qui occupait une position stratégique sur le Rhin. Quand Cagliostro eut guéri un officier de la gangrène et un autre d'une dépression suicidaire, sa renommée s'étendit rapidement. Encouragés par le maréchal Contades, commandant en chef en Alsace, les officiers l'invitèrent à leur messe et à leurs loges ; leurs épouses et leurs maîtresses suivirent le mouvement. La marquise de la Salle et la baronne Flachsland formèrent le noyau d'un salon qui se rassembla tous les soirs dans la belle demeure des Cagliostro située au coin de la place d'Armes. Dans un silence bienséant Seraphina présidait des réunions qui s'animaient quand Cagliostro, ayant pu enfin s'arracher à sa clinique, faisait irruption au pas de charge, prenait place devant la cheminée et, le torse cambré, se lançait dans des récits de ses voyages en Arabie qui fascinaient la compagnie.

La réputation de ce salon parvint jusqu'aux oreilles du cardinal de Rohan dans son palais de Saverne à la périphérie de Strasbourg. Loin de Paris, Rohan se sentait en exil, surtout dans une ville qu'il trouvait collet monté et ennuyeuse. Il avait hérité de son oncle le titre d'archevêque de Strasbourg et ne se reconnaissait d'autre devoir que d'engranger les riches revenus de ses bénéfices. D'ailleurs, la moitié de la population de la province était luthérienne. Son immense regret était de ne pouvoir jouir de l'atmosphère capiteuse d'amour et de pouvoir de Versailles – dont Marie-Antoinette l'avait banni. Aspirant à une diversion il chargea son grand veneur d'un message pour Cagliostro : il souhaitait lui rendre visite. À sa grande surprise il reçut une réponse arrogante : le Grand Copte ne voulait voir que les malades et les nécessiteux. C'était un coup de maître. L'intérêt de Rohan prit une intensité extrême. Le cardinal eut une crise d'asthme et se présenta à la porte de Cagliostro pour se faire soigner.

Dès ce moment, selon Georgel, Rohan fut fasciné. Il revint de cette première rencontre dans un état de vive excitation ; il expliqua à son sceptique secrétaire que, dans le visage du « Grand Copte », il avait décelé « une dignité si impressionnante qu'il avait été saisi d'une sorte de vénération religieuse ». Pour des raisons toutes différentes il semblait avoir été également excité par la comtesse Cagliostro qui avait flirté avec lui comme s'il était beau et jeune. Sous cette double influence son asthme disparut vite. Le cardinal avait fait bonne impression, lui aussi. « Votre âme, eut la complaisance de lui dire Cagliostro, est digne de la mienne. Vous méritez d'être le confident de mes secrets. » Quel plus grand honneur un homme pouvait-il souhaiter ?

Peut-être fallut-il un de ces secrets en juillet 1781 pour sauver le prince de Soubise, oncle du cardinal, qui se mourait, disait-on, d'une fièvre pernicieuse. Rohan et son gourou se précipitèrent à Paris. L'affaire était délicate car les médecins parisiens prenaient fort mal l'intervention de ce guérisseur arabe. Cagliostro dut se déguiser pour visiter le prince et lui administrer ses gouttes. Il annonça avec précision la date du retour à la santé du patient. Le prince de Soubise se rétablit au jour prédit.

Après quoi, nous dit Georgel, le Copte devint « l'oracle et le guide » de Rohan. Cagliostro raviva chez le cardinal l'intérêt que dans le passé il avait pour les expériences de chimie. Quelques années plus tôt, en effet, Rohan avait rêvé de gagner une fortune en transformant en salpêtre de l'eau salée. Désormais, revêtu d'un manteau de mage et d'un chapeau pointu, il travaillait sous la direction du maître. Assistant de laboratoire de Cagliostro, il l'aidait à produire des diamants et à transmuer le vil métal en or pur.

La baronne Henriette-Louise d'Oberkirch, une fine aristocrate protestante de grande famille alsacienne, visita deux fois le palais de Saverne au cours de l'hiver 1780-1781 et put observer l'ascendant croissant de Cagliostro sur le cardinal. Elle est assez honnête pour reconnaître que le Grand Copte faillit l'ensorceler elle aussi. Bien que décidée à résister à sa fascination, elle se sentit transpercée, dit-elle, « par un regard d'une profondeur presque surnaturelle ». Elle ajoute : « Je ne saurais rendre l'expression de ses yeux ; c'était en même temps de la flamme et de la glace. » Plus tard elle sentit ce regard « entrer dans son sein comme une vrille ». La voix de Cagliostro était caressante, « comme une trompette voilée d'un crêpe ». Cet homme « attirait et repoussait ; il faisait peur et inspirait une curiosité insurmontable ». Il se passa un événement singulier au cours de la première entrevue : soudain, Cagliostro interrompit la conversation et, comme si une vision lui était apparue, il prédit la mort de l'impératrice Marie-Thérèse « à l'heure même où celle-ci rendait le dernier soupir » – cela fut confirmé cinq jours plus tard quand la nouvelle arriva par courrier.

Lors de sa visite suivante, en janvier 1781, Henriette-Louise avait le cœur battant en entrant dans la salle à manger du cardinal. Elle méprisait l'engouement des femmes du monde qui se jetaient à la tête de Cagliostro mais devait se contraindre elle-même pour résister à la tentation de les imiter car elle brûlait d'envie de l'interroger sur son propre destin. Au cours du dîner le cardinal vanta longuement les dons miraculeux de Cagliostro – et finit par montrer à sa voisine un gros solitaire qu'il portait au petit doigt. Il lui expliqua que Cagliostro avait créé ce diamant sous ses yeux dans un creuset. Cette pierre, d'une valeur de plus de vingt mille francs, le Copte l'avait offerte au cardinal en refusant tout paiement. « Il me rendra l'homme le plus riche d'Europe », s'exclama Rohan. Pourquoi se donnait-il tant de peine pour la convaincre des pouvoirs de l'illusionniste ? La baronne devina qu'il agissait à la demande de Cagliostro qui n'ignorait pas les liens d'Henriette-Louise avec la cour impériale de Russie et Catherine : c'est à la tsarine que ces discours étaient destinés. Même si ces calculs la faisaient sourire, elle ne put s'empêcher de reconnaître « la puissance démoniaque » de cet homme, qui « fascinait l'esprit et domptait la réflexion ».

L'abbé Georgel note lui aussi que Rohan était complètement envoûté par Cagliostro. Quand il dut partir à Paris pour ses affaires, le cardinal insista auprès de Cagliostro pour qu'il demeurât dans son palais où il serait l'objet de toutes les attentions du baron de Planta, son homme de confiance. Que la merveilleuse résidence de Salerne fût livrée à cette racaille indignait le pauvre Georgel. Au retour du cardinal il l'informa que les meilleurs vins du palais avaient été abondamment bus en son absence, mais le cardinal sourit avec indulgence et se contenta de dire que Cagliostro méritait bien de prendre un peu de bon temps.

Du très bon temps, en vérité ! Giuseppe Balsamo, qui avait sous ses ordres vingt-cinq laquais et quatorze maîtres d'hôtel dans le vaste palais en grès de Rohan, pouvait se vanter d'avoir fait un long chemin depuis son adolescence dans les bas-fonds de Palerme. Du vaste portail de la résidence dominant la vallée du Rhin il embrassait un immense domaine, deux villes, une cathédrale et un vieux château. On l'imagine invitant allègrement le baron de Planta, d'une noble famille suisse, à vider avec lui force bouteilles de tokay !

Pourquoi donc Georgel était-il convaincu que Cagliostro n'était venu à Strasbourg que pour dépouiller son maître ? Les faits semblaicnt prouver le contraire. L'argent coulait à flots, avec plus d'abondance encore que le tokay. Au cours de l'été 1781, par exemple, Cagliostro effectua une guérison qui se révéla être la plus lucrative de toute sa carrière. Jacques Sarasin, un banquier de Bâle, de surcroît marchand de soie d'une fabuleuse richesse, conduisit sa femme à la clinique que Cagliostro avait ouverte à Strasbourg. Il avait fait appel sans succès à tous les médecins possibles. Cagliostro était son dernier recours.

Gertrude Sarasin, en effet, souffrait d'une mystérieuse fièvre qui lui ôtait ses forces. Elle ne dormait qu'une heure par nuit et parfois des convulsions si terribles la saisissaient qu'il fallait huit personnes pour l'immobiliser. Or le traitement que lui donna Cagliostro produisit un bien-être immédiat. La fièvre tomba et Gertrude se mit à manger et à dormir normalement. Quelques mois après la fin de ce traitement, Sarasin put écrire de Suisse que sa Gertrude bien-aimée était de nouveau enceinte. L'enfant reçut naturellement le prénom de leur sauveur, Alexandre. Dans son euphorie le banquier publia un communiqué dans un journal parisien : « Il me serait difficile d'exprimer convenablement ma profonde gratitude. Je ne trouve pas de mots qui soient à la hauteur de mes sentiments reconnaissants. » À une étape ultérieure de la vie de Cagliostro, Jacques Sarasin viendra à son secours. Pour l'heure il fit ce qu'il était en son pouvoir de faire pour rembourser sa dette à son égard : il lui ouvrit un crédit illimité dans toutes les banques de l'Europe.

Loin de chercher à s'engraisser aux dépens de Rohan, comme le veut Georgel, Cagliostro annonça, en juin 1783, au grand désespoir du cardinal, que trois ans de pratique philanthropique de la médecine lui suffisaient et que l'heure de son départ était venue. À la vérité il lui devenait difficile de continuer à travailler à Strasbourg car il s'était mis à dos un médecin influent dont il avait imprudemment guéri un patient. Cette insolence avait soulevé contre lui toute la communauté médicale de la ville qui lança une campagne pour chasser ce charlatan présomptueux. On soudoya un ancien employé de Cagliostro qui se répandit en propos diffamatoires dans la presse locale. Carlos Saachi était un pharmacien qui prétendait avoir soigné Cagliostro d'une maladie vénérienne en Espagne et n'avoir jamais été payé de ses soins. Il ne mentionnait évidemment pas le fait que son maître l'avait licencié pour avoir vendu en cachette des ordonnances de Cagliostro. La plupart de ses accusations étaient infondées – ce qui n'empêchait pas les médecins strasbourgeois de les écouter avec le plus grand plaisir.

Cagliostro décida de se diriger vers le sud de la France, véritable bastion de la franc-maçonnerie mystique, où Saint-Germain et Swedenborg comptaient de nombreux disciples. Le cardinal de Rohan, navré de son départ et désireux de ne pas perdre entièrement contact avec celui qui était son maître spirituel, chargea un jeune savant, Raymond de Carbonnières, d'accompagner le couple et de veiller sur lui.

En dépit de son antipathie toute particulière à l'égard du Grand Copte, Georgel reconnaît que Cagliostro avait un rival auprès du cardinal. L'autre personnage diabolique qui cherchait à ensorceler Rohan était une femme – Georgel l'appelle Circé, du nom de la sorcière légendaire de l'*Odyssée* qui métamorphosait en pourceaux les marins d'Ulysse – connue comme la comtesse Jeanne de Valois de Saint Rémy de la Motte.

De curieuses affinités existaient entre les deux ensorceleurs. Comme le jeune Giuseppe, Jeanne avait grandi dans la pauvreté et la rue avait été son école. Sa famille, comme celle de Balsamo, parlait avec nostalgie de nobles ancêtres. Dans le cas de la jeune femme, c'était même devenu une obsession. Elle était née en 1756 au château de Fontette à la périphérie de l'ancienne petite ville fortifiée de Bar-sur-Aube en Champagne. Son père, Jacques de Saint-Rémy, avait porté le titre de baron de Luze et Valois – il était en effet le descendant direct d'une lignée bâtarde qui remontait à Henri II. La petite Jeanne avait grandi dans un monde imaginaire : elle se voyait comme une princesse exilée.

En réalité la fillette n'avait connu son père que comme une pauvre épave et un ivrogne marié à la fille d'un garde-chasse qui avait été à son service. Le baron de Valois vivait de braconnage et de vols commis sur les terres qu'il avait dû vendre pour payer ses dettes de jeu. La première demeure de Jeanne avait été une cabane en bois ; une trappe permettait aux gens du pays de déposer des rogatons destinés aux enfants ; en comparaison, le logis de Giuseppe tenait presque du palais. Vers 1760, la famille était allée chercher du travail à Paris mais, moins d'un an plus tard, le père de Jeanne était mort à l'hôpital, à l'Hôtel-Dieu, et celle-ci était tombée sous la coupe du nouvel amant de sa mère, un garde du roi brutal d'origine sarde qui avait commencé par violer sa belle-fille de huit ans puis l'avait envoyée gagner le pain de la famille en mendiant dans les rues de Boulogne.

Si Giuseppe avait acquis son flair de magicien sur les marchés de l'Albergheria, les nouvelles conditions d'existence de Jeanne lui enseignèrent l'art de séduire. Elle apprit à tirer parti de tous les détails de sa triste histoire. C'est ainsi qu'un matin de mars 1764 la marquise de Boulainvilliers arrêta son carrosse juste à la sortie du village de Passy pour adresser la parole à une fillette maigre tremblant de froid qui portait sa petite sœur attachée sur son dos et brandissait une pancarte où l'on lisait : « Ayez pitié d'une pauvre orpheline du sang des Valois. » À partir de cet instant la bienveillante marquise devint à la fois la protectrice et la victime de cette enfant sauvage dont le sourire était charmant et la volonté de fer. Pendant la décennie suivante, la marquise fit apprendre le métier de couturière à Jeanne et à sa sœur, puis elle tenta de les civiliser en les envoyant dans un couvent pour filles pauvres de la noblesse. Entre-temps le marquis de Boulainvilliers s'était chargé d'apprendre d'autres talents à Jeanne en effectuant des visites nocturnes dans sa chambrette.

L'année de ses vingt ans, on voulut l'obliger à prendre le voile. Elle s'enfuit du couvent, retourna à sa ville natale de Bar-sur-Aube et se jeta dans les bras charitables de Mme Surmont, l'épouse bienveillante d'un juge de la ville. Un an plus tard la bienfaitrice de Jeanne se plaignait d'avoir recueilli un véritable « démon » : la jeune fille avait ensorcelé M. Surmont, s'était fait engrosser par l'évêque de Langres et avait pris dans ses filets le neveu de Mme Surmont, un jeune garde du corps débauché nommé Nicolas La Motte. Un mariage précipité avec Nicolas le 6 juin 1780 permit d'occulter les conséquences des ardeurs inconsidérées de l'évêque : des jumeaux qui moururent avec à-propos quelques semaines après leur naissance.

Albert Beugnot, jeune avocat de la région qui tomba amoureux de Jeanne à cette époque, caractérise l'attirance qu'elle exerçait sur les hommes en ces termes : « Mme de la Motte n'avait pas ce qu'on appelle de la beauté ; elle était d'une taille médiocre, mais svelte et bien prise ; elle avait des yeux bleus pleins d'expression sous des sourcils noirs bien arqués ; le visage un peu allongé, la bouche grande mais admirablement garnie ; et ce qui est le propre de ce genre, un sourire enchanteur. Elle avait la main belle, le pied très petit. Surtout elle était d'une blancheur remarquable… Elle était dénuée de toute instruction mais elle avait beaucoup d'esprit, et l'avait vif et pénétrant. » D'après un autre de ses amants, elle s'enflammait aisément, mais pouvait poursuivre ses objectifs avec une froideur calculatrice et une détermination implacable. « J'ai lu des auteurs qui affirment que le courage est la caractéristique du sexe masculin », écrit-elle dans la seconde de ses autobiographies, « ... Je me suis convaincue que c'est une qualité désirable et, bien que je sois femme, je me suis efforcée de la posséder. » Elle aimait s'habiller en homme ; elle possédait une extraordinaire résistance physique et pouvait se battre avec une énergie farouche.

Les deux amants qui eurent avec elle la liaison la plus longue – le grave et brun Albert Beugnot et le blond et exubérant Rétaux de la Villette, garde du corps comme son époux dont il était l'ami – ne croient ni l'un ni l'autre qu'elle ait jamais vraiment aimé personne. Beugnot la considère comme le type même de l'enfant sauvage. « En lutte depuis sa naissance avec l'ordre social, elle en bravait les lois et ne respectait guère mieux celles de la morale. » Giuseppe Balsamo avait trente-cinq ans quand la franc-maçonnerie donna un sens à sa vie et devint sa mission ; Jeanne connaissait la sienne depuis le berceau. La seule chose qui lui permettait d'endurer la souffrance, l'humiliation et la misère, c'était sa détermination à recouvrer les domaines perdus de son père et de sa famille Valois. Cette idée fixe, affirme Beugnot, faisait d'elle « une femme prête à tout pour parvenir à ses fins et qui se croyait tout permis contre un ordre social qui lui avait tout ravi ».

La première rencontre avec le cardinal de Rohan, probablement en septembre 1780, reflète son état d'esprit. Apprenant que Mme de Boulainvilliers faisait une visite à l'opulent cardinal, Jeanne, qui était à la caserne de Lunéville, à une centaine de kilomètres, se précipita à Strasbourg. Elle s'arrangea pour se trouver sur le chemin du cardinal qui se promenait en carrosse. Elle avait tous les atouts en main : une histoire touchante susceptible d'impressionner la sentimentalité de Rohan, des manières hautaines qui devaient flatter son snobisme, une séduction qui devait exciter sa sensualité bien connue. En tant que grand aumônier de France, le cardinal était tenu d'assister une infortunée représentante de la noblesse appauvrie. Il ne manqua pas à son devoir : il tendit à Jeanne une bourse bien remplie en lui recommandant de reprendre contact avec lui si elle était jamais dans le besoin.

Elle était toujours dans le besoin ! Mais son rendez-vous suivant avec le cardinal eut lieu au terme d'une préparation plus savante. D'abord elle s'était installée à Paris dans des chambres meublées au dernier étage d'un hôtel du Marais qui avait l'avantage d'être proche de la magnifique résidence de Rohan. Elle avait aussi pris la précaution de s'approprier le titre de comtesse appartenant à une branche des La Motte qui n'avait aucun lien de parenté avec son mari. Elle avait également chargé le jeune Beugnot – il s'était installé à Paris lui aussi – de rédiger d'innombrables requêtes visant à la rétablir dans la possession de terres de sa famille. C'est alors qu'elle apprit que le cardinal faisait un séjour parisien. Sans hésiter, avec son culot habituel, Jeanne se fit prêter le carrosse et le laquais de Beugnot pour rendre visite à Rohan au palais du cardinal.

Quel lieu pour des rendez-vous galants ! Dans le vestibule en marbre Jeanne passa devant quatre tableaux suggestifs de Boucher qui représentaient Mars reposant aux côtés de Vénus. Un valet la fit ensuite monter à l'étage et entrer dans le salon des singes où le cardinal célébrait une messe privée. Une bien curieuse chapelle en vérité ! Le long des murs Robert Huet avait peint à la laque des nobles rebondis revêtus de sommaires tenues chinoises. Plus choquantes encore les fresques miniatures qui décoraient les panneaux des murs et de l'autel et dont chacune représentait un singe vêtu d'écarlate dans une posture obscène – l'un des singes éteignait d'un pet une bougie en souriant de façon lascive. D'un geste, le cardinal invita Jeanne à prendre place à côté de lui sur un canapé et la pria de lui raconter de nouveau sa désolante histoire. Puis il lui pressa affectueusement la main pour exprimer sa tristesse de voir livrée à un époux aussi déplorable une femme « que la nature avait si évidemment formée pour enchanter les hommes et conquérir leurs cœurs ». Il fit jouer un ressort : une porte s'ouvrit dans l'autel et révéla un boudoir propre aux ébats d'une courtisane plus qu'aux méditations d'un cardinal. Le chevaleresque Rohan lui montra également un escalier secret qui conduisait directement vers les jardins et permettait aux dames de s'esquiver dans la plus totale discrétion.

Le lendemain, Jeanne exultait. Peu de temps après elle signifia à Beugnot qu'elle n'avait plus besoin de ses services ni d'avocat ni d'amant. Grâce au cardinal, son nouveau protecteur, elle allait désormais s'installer à Versailles et multiplier les démarches directes auprès de la cour pour obtenir la restitution des titres et des domaines des Valois. Le pauvre Beugnot ainsi écarté lui conseilla la prudence : Versailles était infesté d'escrocs et d'intrigants professionnels « toujours sur le point de faire fortune, toujours empressés à donner les avis les plus dangereux sur la façon de mener à bien ce qui ne devrait même pas être tenté ».

Le plan de Jeanne paraît chimérique. Comment cette aventurière sans le sou pouvait-elle espérer prendre d'assaut la cour la plus fermée et la plus stricte ? À la vérité Jeanne avait deux atouts en sa faveur. D'abord, Versailles était moins un palais qu'un véritable État courtisan, si démesuré qu'il avait produit une vaste sous-classe de parasites. Une intrigante adroite pouvait s'insinuer parmi les douze mille personnes quotidiennement en service au palais. Elle pouvait circuler tranquillement le long de kilomètres de couloirs mal éclairés en se mêlant au flot de dignitaires variés, de domestiques, et de travailleurs de toute espèce – ou bien se promener avec effronterie dans les jardins autour du palais où les parasites s'entassaient si nombreux que les déjections dont ils étaient responsables incommodaient les hôtes royaux.

Le second atout de Jeanne, c'était qu'aucun intrigant ne pouvait rivaliser avec elle d'ingéniosité, de courage ou de détermination. Mais, en dépit de ses qualités exceptionnelles, ce furent des années éprouvantes et décevantes. S'étant logée à l'auberge de la Belle Image, elle se mit à bombarder ministres et membres de la famille royale de requêtes pour obtenir pensions, titres et propriétés. Pour s'en débarrasser Calonne, le contrôleur général des finances, finit par lui octroyer une augmentation de sa pension. C'était peu. Un jour Jeanne réussit à se glisser dans l'antichambre de l'appartement de la sœur du roi, madame Élisabeth, où elle se roula par terre en feignant un évanouissement spectaculaire. Quand on la releva, elle prétendit que son malaise était dû à la faim et à une fausse couche ; on s'attendrit sur la pauvre femme et la charité royale se fit plus généreuse, mais elle s'aliéna la sympathie de la cour par une répétition maladroite de cette comédie quelques mois plus tard.

Éloignée des appartements intérieurs, Jeanne rôdait aux alentours du palais, écoutait avidement les commérages, se familiarisait avec le jargon des courtisans et flattait certains domestiques, tel Goubert, le portier favori de la reine au Petit Trianon. Quand elle comprenait que Rohan se lassait de ses appels de fonds, elle accordait ses faveurs à des nobles qui venaient la voir dans sa chambre d'hôtel sordide et lui faisaient des cadeaux ou la payaient tout simplement. Jeanne mourait parfois littéralement de faim. De temps à autre Beugnot lui offrait un modeste repas et s'effrayait chaque fois de voir avec quelle avidité elle avalait des douzaines de petits gâteaux ou vidait sa chope de bière.

En dépit de sa pauvreté croissante, Jeanne décida de soigner les apparences : elle retourna à Paris et loua à crédit une élégante maison de trois étages avec des balcons en fer forgé, une loge de portier et une écurie. L'adresse était idéale, au 13 rue Neuve-Saint-Gilles dans le Marais, à cinq minutes du palais du cardinal. Cette maison, comme tant d'autres choses dans la vie de Jeanne, avait un caractère illusoire : la plupart du temps elle vivait avec ses domestiques dans une seule des chambres, tout en haut, et entreposait ses meubles dans la boutique d'un barbier du voisinage pour échapper à ses créanciers. Sa servante Rosalie pouvait attendre des mois le paiement de ses gages et il lui arrivait de régler sur ses économies les dettes les plus pressantes de Jeanne.

Mais si une occasion se présentait, elle ne la laissait pas échapper. Un petit prêtre ingénu, le père Roth, de la chapelle des Minimes voisine, fut tellement ému des malheurs de Jeanne qu'il lui offrit ses services et devint son secrétaire bénévole. Rétaud des Villettes, son ancien amant de Bar-sur-Aube, reparut ; ce fut une addition précieuse au modeste cercle des fidèles de Jeanne, car Rétaux savait imiter une signature à la perfection, il écrivait des vers, savait chanter ; si on l'en croit, il avait la vigueur d'un taureau dans l'amour. De pareils talents pouvaient se révéler utiles.

Enfin, la chance parut sourire à Jeanne. Des commerçants l'approchèrent : ils avaient entendu dire qu'elle était en bons rapports avec des personnages influents de la cour, y compris la reine, et comptaient sur elle pour user de son crédit en leur faveur à Versailles. Il s'agissait de bruits que Jeanne elle-même s'employait à faire courir. Se félicitant de ce premier succès, elle décida d'user de cet appât avec le cardinal de Rohan. La réaction joyeuse du cardinal quand elle lui parla de son amitié imaginaire avec la reine lui parut de bon augure. De fait le cardinal, qui n'ignorait pas la fâcheuse réputation dont il jouissait auprès de Marie-Antoinette, n'aspirait qu'à se racheter aux yeux de la reine dont le veto, pensait-il, était le seul obstacle à sa nomination au poste de Premier ministre. Cette chimère, dit l'abbé Georgel, fut « l'infernale étincelle » qui mit le feu à l'affaire du collier de diamants. Bien entendu, ce fut Jeanne qui frotta l'allumette.

Tout au long de la savante et délicate manœuvre qui devait refermer le terrible piège sur le cardinal, Jeanne ne commit pas le moindre faux pas. Usant des informations que sa position lui procurait et faisant preuve d'une remarquable intuition psychologique, elle sut envelopper Rohan dans une sorte de « nasse de rumeurs », selon l'expression de Beugnot. L'intelligence de Jeanne, la plume adroite du faussaire Rétaux, et un beau papier à lettres doré bordé de fleurs, tels furent les ingrédients qui permirent d'inventer une pseudo-reine.

Elle commença par presser le cardinal d'écrire à Marie-Antoinette pour s'expliquer sur ses fautes passées et demander son pardon. C'était une idée brillante. Rohan mordit à l'hameçon avec enthousiasme. Il écrivit vingt brouillons différents avant de confier sa lettre à Jeanne. Une correspondance s'engagea.

Jeanne procéda avec une savante méthode. Le ton des réponses imaginaires de la souveraine changea peu à peu : d'une froideur glaciale d'abord il devint progressivement celui de l'intimité, comme si la reine ne pouvait résister au verbe séducteur et au langage flatteur du cardinal. Jeanne tirait parti avec intelligence de la vanité de Rohan et de la réputation injustifiée de facilité dont on accablait la reine. De fait il y avait eu au début du règne une longue période de frustration sentimentale de la jeune femme, un problème anatomique mineur ayant empêché le roi de consommer le mariage. C'est alors que Marie-Antoinette s'était attiré, en effet, la réputation d'être une « jolie écervelée », comme l'appelait son frère Joseph II, l'empereur d'Autriche. L'opinion s'exprimait en termes plus sévères et plus crus. On murmurait qu'elle était à la fois une lesbienne pleine d'appétits et une dévoreuse d'hommes. Compte tenu de ces bruits malveillants, le cardinal, dont la vision du monde était déformée par son propre libertinage, trouvait naturel que la reine fût troublée par son élégante prestance.

Mais à mesure que le temps passait, le cardinal était plus impatient de rencontrer la reine. La situation devenait délicate. Nicolas, l'époux balourd de Jeanne, eut l'inspiration de sa vie : un après-midi d'été qu'il flânait dans les jardins du Palais-Royal son œil vigilant tomba sur une jolie fille de vingt-trois ans appelée Nicole Leguay. Les jardins du palais du cousin du roi venaient d'être transformés : des pavillons dont le rez-de-chaussée constituait une suite de galeries en arcades, où s'ouvraient des boutiques, des maisons de jeu, des cafés, des échoppes d'imprimeurs. La police n'y intervenait que discrètement à cause du sang royal du propriétaire. C'était un rendez-vous du vice, très fréquenté et assez mal famé.

Habituée des jardins du Palais-Royal, Nicole était à peu près ce que serait devenue Jeanne sans sa touche de génie et ses prétentions sur l'héritage des Valois. Cette jolie modiste pratiquait la prostitution à ses heures perdues ; presque sans éducation, elle avait un certain vernis dû à sa clientèle de nobles. L'œil observateur de Nicolas avait surtout remarqué un détail essentiel : ses souples cheveux blonds, ses yeux bleu vif, son visage allongé lui prêtaient une remarquable ressemblance avec les portraits de Marie-Antoinette. Il ne perdit pas de temps pour s'insinuer dans les bonnes grâces de la charmante grisette – puis se hâta d'informer son épouse. C'est ainsi que prit naissance un plan : on ferait passer Nicole Leguay pour la reine le temps d'une nuit.

Jeanne fut l'impresario du spectacle. Elle eut l'habileté de tirer d'une idée folle une scène de comédie où la réalité dépassa la fiction. S'inspirant du fameux portrait de Marie-Antoinette par Mme Vigée-Lebrun qu'elle avait au dos d'un écrin à bijoux, elle fit appel à son propre talent de modiste pour déguiser Nicole en reine : « Elle portait une simple robe blanche, sans autre parure sur la tête que ses cheveux coiffés à la mode du temps, avec les deux anglaises qui de chaque côté retombaient sur son cou. »

L'intrigue du *Mariage de Figaro* de Beaumarchais lui suggéra peut-être l'idée de faire jouer à une prostituée le rôle de la reine pour tromper un évêque libertin et amoureux. Son génie dramatique lui permit de réaliser une parfaite mise en scène : le cadre choisi fut le « bosquet de Vénus », une grotte couverte de feuillage dans le jardin favori de la reine au Petit-Trianon. Nicole, que l'on avait parée d'un nom à facettes, baronne d'Oliva (anagramme approximative de Valois), croyait qu'on lui demandait de jouer une petite farce pour le compte de la reine, censée observer la scène à l'abri de l'abondant feuillage. Quant au cardinal de Rohan, vêtu d'une cape et d'un chapeau à large bord, la perspective de cette *liaison dangereuse* le plongeait dans une extrême excitation.

S'il avait eu des doutes, ils fondirent – en même temps que son cœur – quand Nicole murmura

La tentative du comte Cagliostro de fonder une loge maçonnique égyptienne à Londres parodiée par Gillray (© *The British Museum*).

Satire de Cagliostro par Loutherbourg à Bienne (*Université de Bâle*).

Huit études maçonniques par Loutherbourg
pour la Loge maçonnique égyptienne (*Torre Abbey, Torquay, U.K.*).

Autre satire de Cagliostro par Loutherbourg à Bienne (*Université de Bâle*).

Le comte Cagliostro, par Jean-Antoine Houdon (*Collection Samuel H. Kress / © The Board of Trustees, National Gallery of Art, Washington*).

Cagliostro en prisonnier fou et enchaîné (© *The British Museum*).

quelques mots en lui tendant une rose rouge avant de disparaître rapidement dans l'obscurité. Le premier mémoire de Jeanne reproduit une lettre d'un ton extatique qui est en somme plausible et que le cardinal aurait écrite à la reine le lendemain. « Cette rose charmante repose sur mon cœur. Je la garderai jusqu'à mon dernier souffle. Elle me rappellera sans cesse le premier instant de mon bonheur... J'étais si transporté que je me suis trouvé ramené insensiblement au lieu délicieux dont vous aviez fait choix. Après avoir traversé le massif d'arbustes, je désespérais de reconnaître l'endroit où votre esclave plein d'amour s'est jeté à vos pieds... J'ai retrouvé le charmant gazon sur lequel se posaient si délicatement ces jolis petits pieds – je me suis précipité dessus comme si vous y étiez encore, et j'ai embrassé avec autant d'ardeur votre siège de gazon. »

Au début, Jeanne n'avait pas d'autre intention que de soutirer de l'argent au cardinal aussi longtemps que la supercherie pourrait durer. Elle lui en réclama aussitôt au nom de la reine et bien entendu pour des œuvres charitables. Malheureusement le cardinal se trouva obligé d'emprunter cet argent à un usurier juif. Curieusement le train de vie de Jeanne s'améliora soudain. Quant à Nicole Leguay, elle fut rapidement écartée après avoir reçu la moitié seulement de la somme qu'on lui avait promise pour l'unique représentation qu'elle devait donner de sa vie.

Puis en décembre 1784 se produisit un de ces coups de chance qui ne favorisent que les audacieux. Le joaillier de la cour, Bohmer, désireux de vendre un collier de diamants d'un prix fabuleux dont la valeur immobilisait son capital, approcha la comtesse de la Motte pour la prier d'inciter « son amie la reine » à acheter le merveilleux bijou. En un éclair Jeanne comprit l'occasion qui s'offrait. Une lettre sur le papier bordé de fleurettes bleues allait inviter Rohan à financer l'achat du collier pour le compte de la reine – il s'agissait bien entendu d'un prêt temporaire, sa Majesté se trouvant à court d'argent pour le moment et ne souhaitant pas s'attirer les reproches du roi pour son extravagance. Naturellement une discrétion absolue s'imposait, mais la reine n'oublierait pas un pareil service.

La mise au point d'une arnaque de ce genre exigeait des nerfs d'acier et des dons de comédienne hors pair. Bien que la conquête du cœur de la reine transportât le cardinal de joie, il était très nerveux. Le coût éventuel de l'opération était vertigineux, et l'enjeu politique énorme ; si riche et ambitieux que fût Rohan, il y avait de quoi l'inquiéter. Après de longues et intenses négociations, on arriva à un accord le 29 janvier 1785. Le prix était colossal, un million six cent mille livres, payables par versements trimestriels sur deux ans. Le collier serait remis le 1er février.

L'avant-veille de la livraison, Jeanne revint de Versailles en prétendant que la reine était d'accord sur le prix mais ne souhaitait pas que sa signature figurât sur un quelconque document. À la consternation de Jeanne, Rohan se montra moins docile que d'habitude : il insista pour que la reine apposât sa signature. Une seconde salve suivit la première. Il avait persuadé son maître spirituel, le comte Cagliostro, de venir à Paris. En fait le Grand Copte arrivait le soir même à l'hôtel. Rohan comptait le consulter sur la redoutable responsabilité qu'il s'apprêtait à prendre. Les esprits bienfaisants lui feraient savoir s'il convenait de financer l'achat du collier.

Son sang-froid et la chance permirent à Jeanne de se tirer victorieusement de cette situation dangereuse. À son grand soulagement, le cardinal et le joaillier, dans leur excitation, ne songèrent pas à vérifier l'authenticité de la signature « Marie-Antoinette de France » que la plume de Rétaux avait tracée sans grande adresse sur l'une des marges de la facture. Aucun d'eux ne se rendit compte que la reine, patriote autrichienne, n'aurait jamais signé de cette façon. « Personne n'ignore que les reines ne signent que leur nom de baptême », dira plus tard le roi.

Grâce au ciel, également, le Copte était d'excellente humeur quand le cardinal lui parla à cœur ouvert de toute l'affaire le soir même. Il consulta les esprits et déclara les présages favorables : bientôt le cardinal de Rohan jouirait de l'influence et du pouvoir qu'il désirait. Lorsque, rétrospectivement, il reviendra sur la suite des événements, l'abbé Georgel jugera cette circonstance décisive. Une fois que le cardinal eut obtenu de Cagliostro son approbation spirituelle, il n'hésita plus. Le piège de Jeanne allait fonctionner.

Le soir du 1er février, le cardinal, suivant les instructions de Jeanne, se cacha dans une obscure alcôve au premier étage de son appartement de la place Dauphine à Versailles et vit la comtesse tendre solennellement le collier dans un écrin à un « serviteur du palais » de haute taille, en habit noir. C'était en réalité le faussaire et étalon de service, Rétaux de Villette. Dès que Rohan eut pris congé, Jeanne, Nicolas et Rétaux se mirent au travail : ils délogèrent au couteau les diamants du collier et discutèrent de la méthode à suivre pour les vendre.

Vendre tant d'aussi beaux diamants soulevait mille difficultés. Le comte de la Motte dut en emporter la majeure partie en Angleterre où les risques étaient moins grands. D'ailleurs Jeanne se rendait compte que le magicien pouvait encore compromettre ses projets : Rohan se comportait comme un enfant docile et déférent en sa présence. Il avait même passé commande d'un buste en marbre de Cagliostro auprès du célèbre sculpteur Houdon : celui-ci représenta le Copte les yeux levés au ciel, les cheveux flottants. Le socle portait l'inscription suivante : « Ces traits sont ceux d'un ami de l'humanité. Chacune de ses journées est marquée par un acte de bienfaisance. Il prolonge l'existence et assiste les pauvres. Le plaisir d'être utile est sa seule récompense. »

La maison de Cagliostro, au 1 rue Saint-Claude près du boulevard Saint-Antoine, avait une tout autre allure que celle de Jeanne. Rohan l'avait choisie lui-même : il la souhaitait au voisinage de son palais pour s'y rendre à pied quand l'envie lui prenait de consulter son devin ou de flirter avec Seraphina, qu'il appelait la petite comtesse. Les cadeaux coûteux qu'il faisait à celle-ci ne manquèrent pas de donner à Jeanne l'idée que leurs relations devaient être très étroites. Quant à la résidence de Cagliostro, elle était digne d'un prince : un portique élevé, deux cours dallées ombragées d'arbres, un grand escalier en pierre qui conduisait à des pièces spacieuses sur trois étages. Jeanne avait de bonnes raisons de penser que Rohan avait financé l'achat des alambics, des athanors, des creusets et des ballons ou flacons toujours en ébullition sur les fourneaux – ainsi que du riche mobilier oriental de la chambre égyptienne où le Copte organisait ses séances de nécromancien. Un ibis noir embaumé s'y dressait sur des jambes pareilles à des échasses, un alligator empaillé accroché au plafond tournoyait lentement, de curieux hiéroglyphes couvraient les murs.

Jeanne ne put que constater le véritable culte pour Cagliostro qui envahissait Paris. On aurait pu croire que la ville, si éprise de nouveautés, n'attendait que son arrivée. La « cagliostromanie » supplantait l'engouement pour les ballons des dernières années, qui avait poussé Jeanne à s'acheter un cabriolet bleu de trois mètres de haut dont la forme évoquait le célèbre ballon gonflé à l'air chaud de Pilâtre des Roziers. Étant donné que maintenant les aéronautes pouvaient s'élancer vers le ciel et que le docteur Mesmer était capable, avec ses ondes magnétiques, de provoquer l'évanouissement, même les prétentions extravagantes de Cagliostro semblaient plausibles. Après tout la maçonnerie égyptienne dont il se réclamait impliquait non seulement la magie mais la science et la religion.

La princesse de Guéméné, nièce du cardinal, fut une des premières personnalités parisiennes à adhérer à la loge d'Isis que Cagliostro et Seraphina ouvrirent rue Verte le 7 août 1785. Leur récent séjour dans le sud de la France avait consolidé la réputation de son mouvement et lui avait apporté des adhérents influents tels que J.-B. Willermoz, un dirigeant maçonnique, et son intelligent neveu, Rey de Morande, qui aida Cagliostro à formuler de façon systématique le credo égyptien et à rédiger une brochure. Le même cercle maçonnique avait fondé la première loge mère du rite égyptien, dont le nom était la Sagesse Triomphante. La franc-maçonnerie égyptienne pouvait maintenant tenir sa place à côté de ses rivales européennes prestigieuses. Même si Jeanne ne s'en doutait pas, la véritable raison de la venue à Paris de Cagliostro était son désir d'assister à un congrès international de francs-maçons réuni pour conclure une alliance avec son propre mouvement. Ce congrès échoua quand Cagliostro déclara avec hauteur que les autres rites n'avaient d'autre solution que de brûler leurs archives et de fusionner avec le sien sans poser de conditions.

Sa condescendance lui venait du lustre de ses nouveaux disciples parisiens : la noblesse titrée affluait chez lui, par exemple le prince de Montmorency, qui accepta le titre de protecteur parisien du mouvement égyptien et le duc d'Orléans, qui appartenait à la famille royale et était le grand maître de la maçonnerie française depuis 1771. Un petit Conseil Suprême du rite égyptien avait à sa tête le trésorier-payeur général de la Marine, Claude Bodard de Saint-James, l'un des plus vieux et des plus patients créanciers du cardinal.

Une autre admiratrice dévouée, Mme de Flammerans, fit tous les efforts possibles, mais sans succès, pour que son oncle, l'évêque de Bruges, sollicite du pape la reconnaissance du rite de Cagliostro. Ce qui attirait les femmes du monde françaises vers la maçonnerie égyptienne, c'était qu'elle les encourageait à adhérer à des loges mixtes qui offraient un agréable mélange de rhétorique féministe, de rituel spectaculaire et d'effervescence sensuelle. Portant de simples tuniques blanches avec des ceintures de couleur, les initiées se réunissaient dans un temple où elles entendaient Seraphina les inviter à briser leurs chaînes et à refuser leurs faveurs aux hommes si ceux-ci ne les suppliaient pas humblement. Derrière elle se tenaient une douzaine de comtesses et de marquises qui portaient le titre de sibylles. Chacune des nouvelles initiées s'approchait successivement de Seraphina et celle-ci lui soufflait au visage, ce souffle visant à conférer symboliquement un surcroît de détermination et de spiritualité. Plus tard, le Copte lui-même apparaissait dans une tenue somptueuse, un caducée à la main. Il promettait aux femmes l'égalité maçonnique dans le monde des esprits, puis la soirée se terminait en musique tandis que les assistants échangeaient les derniers cancans un verre à la main.

La position sociale de Jeanne ne lui permettait pas de se mêler à ces assemblées augustes mais elle savait qu'elle devait gagner la sympathie du Copte arrogant, l'une des rares personnes à connaître le projet d'achat du collier. Il avait l'oreille du cardinal et, si jamais un mot de lui inspirait des doutes à Rohan, ce pourrait être une catastrophe. Inversement l'approbation de Cagliostro accroîtrait le crédit de Jeanne. Un jour de mars elle lui glissa à l'oreille qu'une femme très haut placée, qui était enceinte, se demandait si Cagliostro consentirait à prédire comment tournerait sa grossesse. À la façon dont Jeanne en parlait, Cagliostro crut deviner que la femme enceinte était Marie-Antoinette. Flatté, il donna aussitôt son accord, tout en ajoutant que l'opération était délicate : il stipula que la *colombe* qui l'assisterait devait satisfaire à certaines conditions. D'après Beugnot, « la jeune personne devait être d'une pureté qui n'eût d'égale que celle des anges, être née sous une constellation donnée, avoir des nerfs délicats, un grand fond de sensibilité, et les yeux bleus ». Par un bonheur indicible, Marie-Jeanne de la Tour, la jolie nièce adolescente de Jeanne, fut déclarée remplir ces conditions : elle fut proclamée voyante.

En présence d'une assemblée choisie d'une quarantaine de personnes réunies au palais du cardinal, les assistants de Cagliostro disposèrent l'attirail de rigueur : bougies en cire, insignes maçonniques, roses rouges, rubans de soie, pentagrammes, épée à double tranchant, globe de cristal, et un paravent – ensuite Cagliostro posa les questions rituelles à la *colombe* : si vous êtes pure et innocente, lui dit-il, les bons anges Michel et Gabriel vous enverront une vision. Si vous êtes impure, vous ne verrez rien d'autre que le verre qui est devant vous. La jeune fille hésita quelques instants. Son silence se prolongeait et Cagliostro allait la déclarer impure, quand elle vit soudain une image distincte de la reine enceinte vêtue de blanc. Les bons esprits s'empressèrent alors de prédire que Marie-Antoinette allait donner naissance à un garçon parfaitement conformé. Ils avaient raison comme à l'accoutumée. Un garçon, Louis-Charles, naquit le 27 mars 1785.

Jeanne ne s'en tint pas là ; elle redoubla d'efforts pour charmer notre Copte. Beugnot décrit un dîner rue Saint-Gilles où elle flirta si outrageusement avec Cagliostro que celui-ci rendit les armes. Beugnot ne cache pas sa répugnance pour « les yeux exorbités et le gros nez retroussé » du mage, mais reconnaît que son vêtement l'impressionna. Il portait un habit à la française gris de fer galonné en or, une veste écarlate en large point d'Espagne, une culotte rouge, un chapeau bordé avec une plume blanche, des chaussures à boucles de pierreries, et des bagues étincelaient à ses doigts. Malgré son scepticisme, Beugnot fut ébranlé par la rhétorique puissante de Cagliostro. « Lorsqu'il entamait un sujet, il semblait transporté ; et le prenait du haut du geste et de la voix... Je n'ai aucun souvenir de ses propos, je n'en recueillis autre chose sinon que le héros avait parlé du ciel, des astres, du grand arcane, de Memphis, de hiérophantes, de chimie transcendante, de géants, d'animaux immenses, d'une ville de l'intérieur de l'Afrique dix fois plus grande que Paris où il avait des correspondants... et il avait entremêlé son discours de fadaises comiques à Mme de la Motte qu'il appelait sa biche, sa gazelle, sa cygne, sa colombe. » Quand, à la fin de cette soirée, Beugnot retourna à pied à son domicile proche du Palais-Royal il ressentit un peu de pitié pour le pauvre cardinal, assiégé par deux prédateurs, qui, croyait l'avocat, étaient déjà d'accord pour le conduire au bord de l'abîme.

Beugnot se méprenait sur la nature des rapports entre Jeanne et Cagliostro. Celui-ci n'avait pas confiance en Jeanne qui elle-même entendait bien le pousser dans l'abîme avec le cardinal. L'idée que Cagliostro pourrait servir de bouc émissaire naquit dans son esprit quand elle observa combien d'histoires couraient sur lui. Beaucoup des plus extravagantes n'étaient que recyclage de détails fabuleux attribués précédemment à d'autres mages – par exemple que l'élixir de Cagliostro avait accidentellement transformé une femme de chambre en bébé, qu'il était la réincarnation du Juif errant dont les déambulations terrestres avaient commencé mille quatre cents ans plus tôt, qu'il avait conversé avec le Christ sur une plage de Galilée ou encore qu'il pouvait doubler la taille des diamants et des perles. Un homme dont on rapportait tant d'invraisemblances ne pouvait pas être vraiment respectable. Il ne serait pas trop difficile de suggérer que c'était un charlatan.

Les gens du monde qui adhéraient à la franc-maçonnerie avaient beau raffoler de Cagliostro, la police ne devait voir en lui qu'un escroc, Jeanne en avait la conviction. Siméon Hardy, patron de la presse de caniveau, note en août 1785 que, selon certaines rumeurs, Cagliostro serait à la fois un escroc et un espion. Des plumitifs dénonçaient le couple Cagliostro et Seraphina comme des organisateurs d'orgies maçonniques. Un pamphlet – attribué au valet de Cagliostro – expliquait que l'on parvenait aux degrés supérieurs de la maçonnerie égyptienne en affrontant une série d'épreuves sexuelles de proportions herculéennes. Ainsi au cours de l'épreuve numéro trois Seraphina, sous les yeux de Cagliostro, faisait l'amour avec un géant de deux mètres de haut aux érections monstrueuses. Le même texte décrivait un curieux spectacle : Cagliostro descendant nu du plafond de la loge d'Isis en serrant dans sa main « un serpent d'une taille honnête et d'une bonne longueur ». Le mage invitait alors les femmes de la loge à retourner à la nature – c'est-à-dire à ôter leurs vêtements et à se livrer à une orgie collective.

En réalité, Jeanne pensait que son rôle dans l'affaire ne serait jamais révélé – pour éviter d'être compromis dans un terrible scandale le cardinal finirait par accepter de payer lui-même le collier de diamants. Le simple fait d'avoir eu la présomption d'écrire des lettres d'amour à la reine de France pouvait entraîner la peine capitale. Dans ces conditions, autant payer et se taire. Et si jamais ce plan échouait, elle avait toujours la ressource de rejeter le blâme sur le douteux magicien.

Par conséquent, elle ne s'inquiéta pas à l'approche de la date fixée pour le premier versement par la reine du prix du collier, le 1er août. Au lieu de partir pour l'étranger, comme devaient le faire son mari et son amant Rétaux de Villette, elle se lança dans une série folle de dépenses. Elle s'acheta une propriété coûteuse dans sa ville natale de Bar-sur-Aube et, pendant la seconde moitié de juillet, la noblesse champenoise put assister là-bas au déchargement de nombreux fourgons remplis de meubles de prix, de tableaux, de livres, de toilettes, de sculptures, de pendules, de chevaux – y compris un canari mécanique, d'une valeur de mille cinq cents livres, dont les ailes incrustées de pierres précieuses battaient en l'air le temps d'une traversée du salon.

Le plan de Jeanne faillit marcher. Le cardinal reconnut plus tard qu'il aurait certainement payé le collier pour étouffer le scandale. Malheureusement quand la date butoir fut dépassée, les joailliers prirent peur et, sans tenir compte des conseils de Jeanne, ils cherchèrent à approcher la reine pour réclamer le paiement.

Jeanne assistait à un dîner chez l'abbé de Clairvaux à Bar-sur-Aube le soir du 17 août, quand un retardataire lâcha une nouvelle qui fit l'effet d'une bombe : le cardinal prince de Rohan venait d'être arrêté à Paris. Il s'agissait, expliqua-t-il, de l'achat ou du vol d'un collier de diamants qui avait à voir avec la reine. Jeanne rentra précipitamment chez elle et demanda à Beugnot de montrer une nouvelle fois son dévouement en l'aidant à brûler des liasses de lettres compromettantes – en majorité du cardinal à la reine. Le contenu en était parfois si torride que Beugnot, qui n'était pas une mauviette, les digéra difficilement. Dans l'odeur de papier brûlé et de cire fondue, il conjura Jeanne de quitter la France aussitôt, mais celle-ci l'assura qu'elle n'avait rien à craindre. Le responsable de toute l'affaire était le sorcier, le mage Cagliostro.

Elle répéta cette version de l'histoire le 20 août après son arrestation, quand on l'eut conduite à la Bastille et qu'elle fut interrogée par la police. Elle déclara alors qu'elle ne savait rien de la reine Marie-Antoinette ou du fabuleux collier de diamants – elle, une Valois sans le sou, comment aurait-elle pu être au courant ? S'il y avait escroquerie, cela ne pouvait être que le fait du charlatan Cagliostro dont l'emprise sur le cardinal était de notoriété publique et dont la femme était la maîtresse. Ne vivait-il pas dans une opulence incroyable ? Que pouvait-il y avoir de plus suspect qu'un homme « qui n'avait jamais amassé de fortune, qui n'avait jamais rien vendu… et qui pourtant possédait tout » ?

La police partagea ce sentiment. Trois jours plus tard, le commissaire Chesnon et huit agents appréhendèrent Cagliostro chez lui, rue Saint-Claude ; peu désireux de ménager sa susceptibilité, ils le conduisirent à pied par le boulevard Saint-Antoine à la Bastille. On le plaça dans une cellule appelée la Calotte dans la tour D, dite Tour du Comte. Il ne savait pas que sa Seraphina chérie avait été arrêtée quelques heures plus tard et se trouvait enfermée dans une autre tour de la forteresse.

Au cours des semaines qui suivirent, Jeanne peaufina sa version des faits avec brio. Dès le début, elle adopta un double rôle, à la fois d'orpheline, de victime, et d'orgueilleuse princesse du sang. En tant que Valois, elle insista pour se faire servir sur des couverts en argent et dormir sur un lit de plumes. Prévoyante, elle fit passer discrètement un message à la « baronne d'Oliva » qui ordonnait à celle-ci de s'enfuir au plus vite si elle tenait à la vie. La pauvre Nicole affolée partit immédiatement pour Bruxelles. Nicolas de la Motte et Rétaux avaient déjà décampé. Une fois ses complices hors d'atteinte, Jeanne put se concentrer sur l'essentiel : rejeter tout le blâme sur le Copte et le cardinal.

Les versions changeantes qu'elle chercha à faire accepter aux enquêteurs avaient au moins un trait commun : une scène haute en couleur, brossée avec un talent d'une exubérance baroque, celle de la séance avec sa nièce. La vierge enfant avait été hypnotisée dans le boudoir du cardinal grâce à des rites de magie noire comprenant des chants en arabe, des épées tournoyantes, des rubans maçonniques, des formules cabalistiques, des martèlements de pieds, des onguents magiques. Cagliostro, disait-elle, avait opéré avec un art diabolique qui avait suscité un état extatique chez le cardinal, lequel en bégayait d'émotion. Les deux hommes échangeaient des regards concupiscents qui suggéraient une intimité avec la reine. Leur complicité s'était manifestée à la fin de la séance : Rohan et le sorcier avaient tendu à son mari, Nicolas de la Motte, un coffret en bois rempli de diamants qu'ils l'avaient chargé de vendre en Angleterre.

La seconde stratégie de Jeanne prit forme dans un mémoire rédigé et publié par son avocat, Me Doillot, devenu amoureux de sa cliente, et dont le principal objectif était de détruire la crédibilité de Cagliostro en tant que mage, guérisseur et alchimiste. D'un coup de baguette magique, Jeanne faisait tomber le masque du Copte et découvrait l'escroc. Il affirmait être surnaturel, vivre depuis les noces de Cana, être « initié dans les arts cabalistiques, en particulier ceux qui étonnent le vulgaire parce qu'ils semblent permettre la communication avec les morts et les êtres absents… Un de ces Rose-Croix extravagants qui connaissent toutes les sciences humaines et sont experts dans l'art de transmuer les métaux et surtout l'or… quelqu'un qui prétend soigner les pauvres gratuitement et vend l'immortalité aux riches ». Mais qu'était-il en réalité ? Rien d'autre qu'un charlatan d'origine incertaine : Juif portugais, Égyptien d'Alexandrie ou aventurier grec. Un homme recherché partout en Europe pour ses crimes. Et ses prétentions mêmes il les avait empruntées à des magiciens du passé.

Le mémoire suivant de Jeanne présentait Rohan comme l'auteur du complot, mais continuait à accabler Cagliostro. Elle reprenait les accusations formulées par Carlo Saachi, le pharmacien de Strasbourg. Elle prétendait qu'il était un ex-valet de chambre, fils d'un barbier syphilitique et né dans les bas-fonds de Naples, dont Thiscio ou Ticho était le vrai nom, et qui n'avait aucune connaissance en médecine ou en magie. Ses origines exotiques étaient de pure invention. La franc-maçonnerie égyptienne lui servait simplement de couverture pour des escroqueries et toutes sortes d'obscénités qui profanaient la Sainte Église catholique apostolique et romaine. En outre le cardinal avait couvert de bijoux Seraphina : il était clair qu'il avait volé le collier pour complaire à sa maîtresse.

Ce second mémoire de Jeanne eut un gros succès auprès du public. Des troupes durent protéger la maison de Doillot pour empêcher les acheteurs impatients de forcer l'entrée de sa maison. On en vendit cinq mille exemplaires au cours de la première semaine et plus de trois mille personnes envoyèrent des lettres pour réclamer l'ouvrage. Circonstance fâcheuse pour Cagliostro, la plus puissante faction politique du royaume vola au secours de Jeanne – cette faction, qui avait à sa tête le baron de Breteuil, l'un des principaux ministres, agissait pour le compte de la reine. Breteuil et la reine haïssaient Rohan et ils étaient bien décidés à « tout lui coller sur le dos », comme devait plus tard le dire Jeanne. Obtenir de surcroît la condamnation de son gourou leur convenait parfaitement. L'abbé Georgel se trouva dans l'incapacité de se mettre à la poursuite des complices de Jeanne, parce que, à l'en croire, Marie-Antoinette ne souhaitait pas que Rohan ni Cagliostro fussent disculpés. La situation était épouvantable.

Mais Jeanne avait affaire à forte partie. Un duel avec Cagliostro, qui avait choisi deux armes auxquelles il excellait, la fabulation et le grand spectacle, demandait un talent à la hauteur du sien. Pendant les neuf mois qui s'écoulèrent entre son arrestation et son acquittement, le combat de Cagliostro se déroula sur le plan moral le plus élevé. Il se présenta comme un homme d'une intense spiritualité, mû par le désir d'être bienfaisant – et de nombreux témoins ne manquèrent pas de l'attester. Où était le dur, l'homme des bas-fonds siciliens ? Un homme sensible plutôt, que l'on vit éclater en sanglots quand on le jeta dans sa cellule. Le choc de l'incarcération provoqua chez lui une telle dépression qu'il fallut lui donner un compagnon, jour et nuit, pour éviter que le désespoir ne le porte à accomplir un geste fatal (du même coup il eut quelqu'un avec qui parler et jouer aux cartes).

Ses lettres à Seraphina, qu'on intercepta, traduisaient sa profonde émotion. Le 14 novembre il écrivit à son « épouse chérie » une lettre à leur domicile, sans savoir qu'elle occupait une cellule dans la tour voisine ; il lui faisait part de son triste état de santé, il se sentait mortellement atteint, disait-il, l'absence de Seraphina était pire que la mort : « C'est un adieu que t'adresse ton époux infortuné qui meurt en t'adorant. » Il expliquait en passant que les pâtés, les perdrix, les noisettes, les oranges que lui envoyaient ses disciples le consolaient un peu, même si les macaronis, son plat favori, lui manquaient cruellement.

Cagliostro s'efforça de donner une certaine consistance à son image d'homme de bien au cours de deux interrogatoires de police qu'il eut à subir en août 1785 et en janvier 1786. Des faits authentiques figuraient dans ses réponses, mais quelque peu altérés, et son imagination s'était autorisé de judicieuses retouches. Il avait trente-neuf ans environ, raconta-t-il, et était né à Médine ; ses nobles parents étaient morts quand il n'était encore qu'un petit enfant. Il avait des titres à exercer la médecine, car pendant dix-huit ans il avait étudié la chimie et la botanique ; ensuite il avait voyagé et enseigné en Turquie, en Asie et en Afrique, avant de débarquer à Rome où il avait épousé Seraphina et s'était lié d'amitié avec le cardinal Orsini et le pape. À Rome déjà, il distribuait gratuitement des remèdes aux pauvres ; il avait poursuivi cette action philanthropique en Russie, où il jouissait de la protection de Potemkine, et à Strasbourg, où le maréchal Contades était son protecteur. Cagliostro montra même une lettre de recommandation signée du ministre des Affaires étrangères, le comte de Vergennes, où celui-ci parlait de sa réputation de bienfaisance dans la ville de Strasbourg.

Cagliostro se garda bien de mentionner deux sujets délicats : la franc-maçonnerie et l'alchimie. Il se dépeignit comme un catholique fervent. Sa mission, dit-il, avait toujours été de confectionner des médicaments et des élixirs destinés à réduire la souffrance, à guérir les malades et à prolonger l'existence humaine. Quant à la diabolique séance dont Jeanne tirait un si redoutable parti, il la présenta de façon convaincante comme une inoffensive expérience de mesmérisme, un simple jeu de société indépendant du vol des diamants... Interrogé sur ses mystérieuses ressources, il répondit la vérité, à savoir que des banquiers suisses et lyonnais, reconnaissants de ses services de guérisseur, mettaient à sa disposition des fonds importants.

Lorsque ses interrogateurs le confrontèrent avec Jeanne, Cagliostro déchaîna contre celle-ci les torrents de son éloquence – au point que Jeanne hors d'elle-même saisit un chandelier et le lui jeta à la tête. D'après le récit que Jeanne nous a laissé de cette séance, Cagliostro riposta par une prophétie qui la foudroya. « Il reviendra, ton Villette, il reviendra et lui, il parlera. » Cette prédiction se révéla étonnamment exacte : ce fut bien le principal complice de Jeanne qui dévoila le pot aux roses. Infatigable détective, l'abbé Georgel finit par retrouver la trace de Rétaux de Villette à Genève où on l'arrêta le 26 mars 1786. Quand Rétaux fut à son tour confronté à Cagliostro, le garde du corps si fanfaron s'effondra complètement. Pendant une heure il subit passivement un cours de morale qui lui rappela ses devoirs envers Dieu et les hommes, puis il fit une nouvelle déposition où il reconnaissait son rôle de faussaire dans l'escroquerie.

Contre Jeanne, Cagliostro reçut une assistance précieuse de la part de gens dont il n'attendait rien. Peu après son incarcération, il se vit offrir l'appui d'une faction politique anti-bourbonienne à la tête de laquelle se trouvait le parlementaire (et avocat) Duval d'Éprémesnil. Derrière lui se dissimulaient deux clans riches et influents, le clan Rohan et le clan Orléans. Les Orléanistes étaient dirigés par Louis-Philippe-Joseph, duc d'Orléans, maître intrigant, esprit séditieux par excellence, qui haïssait la reine pour des raisons personnelles, et le roi, son cousin, pour des raisons dynastiques. Orléans pensait que le trône devait lui revenir.

Comme membre du Parlement, d'Éprémesnil ne pouvait pas assurer personnellement la défense de Cagliostro ; il dut confier la préparation et la rédaction du mémoire en faveur de l'accusé à son jeune frère, Jean Thilorier, étoile naissante du barreau parisien, et de surcroît doué d'un certain talent littéraire. Si Doillot avait su métamorphoser Jeanne en Cendrillon, Thilorier était de taille à transfigurer Cagliostro en Aladdin. La naissance du Copte, reconnut-il dans un premier mémoire, était enveloppée d'obscurité. Il semblait qu'il fût le fils du muphti Selayam de Médine ou bien du chérif de La Mecque, tous deux l'ayant chéri comme leur propre fils. L'enfant avait été élevé comme un prince musulman sous le nom d'Acharat, on lui avait donné comme tuteur un certain Althotas qui avait été chargé de l'instruire des secrets des Pyramides, secrets ensevelis dans « de vastes cavernes souterraines creusées par les Égyptiens pour servir de dépôt au savoir humain ».

Acharat avait ensuite passé quelques années à Rhodes et à Malte sous la tutelle des Chevaliers de Saint-Jean. C'est là qu'il avait commencé à se vêtir à l'européenne, avait adopté le nom de Cagliostro et avait ressenti l'attrait de la religion catholique. Dès lors, il avait été saisi d'un besoin irrésistible d'aider l'humanité souffrante. « J'ai réussi à préserver mon indépendance en donnant toujours et en ne recevant jamais ; mes scrupules étaient si délicats que je refusais toute récompense, même dispensée par des souverains. J'ai assisté les riches de mes remèdes et de mes conseils – aux pauvres j'ai donné à la fois des médicaments et de l'argent... Étranger partout, j'ai rempli les devoirs d'un bon citoyen ; partout j'ai respecté la religion, les lois et le gouvernement. Telle est l'histoire de ma vie. »

Il y avait plus de vingt ans que les avocats désireux de réformes tiraient un parti stratégique de certains procès : le tribunal devenait une scène politique pour l'édification et le divertissement du plus grand nombre. Le public était appelé à trancher les débats. Même si la monarchie bourbonienne ne semblait pas s'en être rendue compte, certains mémoires ou plaidoyers, appelés à une grande diffusion, sapaient son pouvoir absolu et son autorité soi-disant divine. On prétend que Thilorier riait en privé de certains des propos absurdes qu'il prêtait à Acharat. Il partageait l'opinion de Beugnot, lequel soutenait que la publication de ces mémoires, où la fiction tenait tant de place, avait transformé en « cirque » la machine judiciaire française. Braillarde et intimidante, pleurarde et sauvage, apitoyée et cruelle, l'opinion publique se lançait ainsi à l'assaut de l'ancien régime.

L'affaire du collier fut, naturellement, le plus sensationnel de tous ces « cirques ». Dans toute l'Europe les journaux publiaient des détails croustillants sur les acteurs enfermés à la Bastille et se livraient à d'intenses spéculations sur l'identité des marionnettistes qui tiraient les ficelles en coulisse. À Saint-Pétersbourg, Catherine II se plongeait dans la lecture des comptes rendus du mémoire de Cagliostro et se félicitait d'avoir chassé de Russie ce dangereux chaman. À Mitau, Elisa von der Recke commençait à rassembler les notes de son journal pour raconter au monde sa rencontre avec le célèbre nécromant. À Dux, en Bohême, un pauvre vieillard cassé, le comte Casanova, jaloux de voir l'attention de l'Europe concentrée sur l'aventurier sicilien et désireux d'exposer son propre point de vue, se mettait à rédiger son *Soliloque d'un penseur*.

Si la censure royale s'exerçait toujours sur les quotidiens parisiens, des imprimeurs faisaient circuler illégalement des publications à base de cancans, d'insinuations, de propos pornographiques ou satiriques, de caricatures et de chansons populaires. Dans de petites cours sordides, par exemple rue des Fossés-Saint-Bernard, des hommes comme Louis Dupré, assistant d'un barbier, et l'agent de librairie Antoine Chambon, débitaient des feuilles à bon marché où s'étalaient des liaisons scandaleuses entre Coptes, cardinaux, reines et putains.

Que son procès devant une cour française se transformât en spectacle n'était pas pour déplaire à Cagliostro. Il avait trop le sens de la mise en scène pour en être gêné. Une fois qu'il eut réalisé qu'il ne courait pas le risque d'être condamné – son arrivée à Paris était postérieure à la vente du collier – il prit goût à l'intérêt que lui portait la presse. Le *Mémoire pour le comte Cagliostro* rédigé par Thilorier se vendait aussi bien que le mémoire de Jeanne. Une fois de plus il fallut faire appel aux soldats pour empêcher les amateurs de s'écraser à la porte du libraire.

Seraphina publia aussi sa défense. À en croire son avocat, Me Polverit, la comtesse Cagliostro était « un ange qui ignorait le péché », « un modèle de tendresse, de douceur, de résignation » et « un idéal de perfection ». Pourquoi donc un être de cette qualité se trouvait-il dans la terrible prison de la Bastille à côté de Jeanne de la Motte, cette sordide courtisane ?

Cette question, Cagliostro la posa dans la lettre célèbre qu'il adressa, le 24 février 1786, au Parlement de Paris. Il plaidait pour la libération immédiate de Seraphina, qu'il disait gravement malade. « La laisserez-vous mourir sans qu'elle puisse bénéficier des services que dispense l'art pratiqué par son époux ?... La condamnerez-vous à périr avec son mari infortuné, sans qu'il puisse lui apporter de soins ou de consolations ? » Il se gardait de préciser que Seraphina jouissait d'une santé florissante dans la tour dite de la Liberté où ne lui manquaient ni les attentions personnelles du gouverneur de la prison ni celles de sa servante Françoise. Le Parlement ordonna sa mise en liberté le 18 mars. Sur quoi Seraphina découvrit que la bonne société lui faisait fête.

Au fur et à mesure des interrogatoires toujours plus accablants pour Jeanne, son comportement à la Bastille prenait un tour plus extravagant. Elle eut de violentes crises de nerfs, mordit à la main son geôlier, déchira ses vêtements ; elle restait nue sur son lit et refusait de bouger ; elle abreuvait d'injures ceux qui osaient témoigner contre elle. Au cours de ses nombreux interrogatoires, elle usa de toutes sortes de feintes, et se contredit souvent. Au gré de son humeur et des circonstances, elle rejetait le blâme sur à peu près tous les personnages concernés par le scandale, y compris sa sœur, son époux et ses amants. Ses cibles favorites, toutefois, restèrent le Copte et le cardinal.

Quand la situation devint à peu près désespérée, Jeanne s'orienta confusément vers une accusation d'une redoutable gravité. Elle laissa entendre que les contradictions que l'on pouvait relever dans ses dépositions étaient dues à son désir de protéger une personne d'un rang tout à fait éminent. Consciente du risque d'être inculpée de haute trahison, elle n'osa pas prononcer le nom de la reine Marie-Antoinette, mais à la date où le procès s'ouvrit devant le Parlement, le 31 mai, elle se trouvait prête à s'engager prudemment sur ce chemin.

C'est ainsi que, se tenant bien droite sur le siège inconfortable réservé aux criminels, la *sellette*, dans sa robe en satin couleur lavande à parements de velours noir, Jeanne joua le rôle de sa vie. Avec un air de profonde sincérité elle assura que Rohan lui avait montré plus de deux cents lettres du ton le plus intime qui avaient été échangées entre la reine et lui, elle affirma également qu'il avait plusieurs fois rencontré la reine seule, la nuit, au palais de Trianon. Une fois au moins elle refusa de répondre à une question, en disant que son refus était dû à ce que sa réponse aurait pu « offenser la reine ». Elle sentait d'instinct que les ennemis de la famille royale n'avaient qu'un désir : entendre une histoire où les rôles de courtisane et de reine étaient interchangeables.

Des quatre personnes qui, le 31 mai au soir, dans la plus vive anxiété, attendaient le verdict du procès, aucune ne connut de véritable victoire. Marie-Antoinette fut si bouleversée par l'acquittement du cardinal que le roi chercha à la calmer en lui accordant une vengeance mesquine. Il ordonna à Rohan de renoncer à tous les titres qui relevaient de l'autorité royale et en même temps par une lettre de cachet le condamna à un exil définitif dans son abbaye de La Chaise-Dieu. Là-bas dans les monts d'Auvergne, souvent bloqués par la neige, il devrait se contenter de la société de quarante moines bénédictins et ne goûterait plus les plaisirs délicats du passé.

Cagliostro n'eut qu'un jour pour savourer sa popularité. Le lendemain, un messager royal vint frapper à la porte du 1, rue Saint-Claude et lui communiqua un décret le bannissant du royaume. Il avait trois jours pour quitter son agréable résidence parisienne et trois semaines pour s'éloigner de la France. Le couple alla aussitôt s'installer au château du marquis de Boulainvilliers à Passy – ironie du sort, c'était là que Jeanne avait commencé sa carrière d'aventurière. Depuis, le château était devenu le quartier général de la franc-maçonnerie mystique. À pied ou en charrette une foule de leurs partisans accompagnait le carrosse des Cagliostro. Un visiteur bâlois assista à cette procession ; il rapporte que les marchands ambulants qui vendaient des souvenirs du grand homme ne pouvaient suffire à la demande ; les gens achetaient avec enthousiasme tabatières, portraits et même des éventails, comme ceux dont Balsamo faisait commerce jadis, décorés de scènes représentant le grand Copte soignant les pauvres ou endurant stoïquement les rigueurs de la Bastille.

Le 16 juin 1786, Cagliostro embarqua à Boulogne sur un navire à destination de Douvres. Son second mémoire évoque ces instants : « Sur le rivage dont je m'éloignais je pus voir une foule de citoyens de toutes classes ; ils m'adressaient le plus touchant des adieux, des bénédictions et des remerciements pour le bien que j'avais fait à leurs frères. Les vents m'emportèrent vers le large et je n'entendis plus leurs voix. »

La sentence de Jeanne s'exécuta tôt le matin du 21 juin. On la réveilla si brusquement qu'elle eut à peine le temps d'enfiler un jupon et de se jeter un châle sur les épaules avant d'être appréhendée par huit hommes, attachée et conduite devant le greffier qui lui donna lecture de la sentence. Un coup sec dans les mollets, une tape énergique sur la tête la firent tomber à genoux. Sur quoi elle fut traînée dans la cour du Palais de Justice où l'on avait installé des bancs pour le public. Comme il était très tôt, quelques centaines de personnes seulement étaient venues assister au spectacle. Le bourreau n'avait probablement jamais eu devant lui une victime aussi peu consentante : Jeanne se débattit comme une tigresse. On l'attacha à une charrette, la corde au cou, on la cingla de quelques coups de fouet sur la gorge et les épaules, puis Jeanne fit face au bourreau qui tenait le fer rouge avec lequel il allait la marquer. Elle poussa un hurlement.

La scène qui suivit tenait plus du viol que de l'exécution d'une décision de justice. Tandis que Jeanne se débattait, le bourreau et ses assistants déchirèrent son jupon, la plaquèrent au sol et plantèrent la pointe de métal brûlant dans l'épaule. Étendue à terre et à peu près nue sous les regards lascifs de la foule, Jeanne se tortilla comme un ver quand la barre descendit une seconde fois pour imprimer, dans une odeur de chair brûlée, un V sur sa poitrine. Avant de s'évanouir, elle arracha d'un coup de dents un morceau de chair à son bourreau. Des spectateurs soutinrent qu'ils l'avaient entendue hurler des obscénités contre Cagliostro, le cardinal et la reine.

Dans le carrosse, où on l'avait jetée à moitié inconsciente pour la conduire à la sinistre prison pour femmes de la Salpêtrière, elle fit une vaine tentative pour ouvrir la porte et se jeter sous les roues de la voiture. À la prison, les nonnes lavaient ses plaies et essayaient de lui faire avaler un peu d'eau quand elle entendit confusément un comparse admirer ses boucles d'oreilles en or. Aussitôt elle se mit à en marchander le prix avec cet homme – même dans sa détresse, elle savait flairer le gogo.

La vente à un prix excessif des boucles d'oreilles fut le dernier rappel de son brillant passé. Ensuite on rasa ses beaux cheveux châtains, et on l'obligea à endosser le costume des détenues : robe grossière de droguet gris, jupon rêche, bonnet mortifiant, sabots de bois. Des gardiens armés lui firent traverser les deux premières sections de la prison – elles étaient réservées aux prostituées et aux indésirables – pour arriver enfin, après avoir passé par neuf cours verrouillées, à la section destinée aux détenues à vie. Elle découvrit alors le dortoir où elle était censée vivre le reste de son existence, sans espoir d'en sortir jamais. Si coriace qu'elle fût, elle frissonna quand elle vit la troupe de créatures enlaidies qui se précipitait pour examiner la dernière arrivée. Ses futures compagnes brûlaient de lui donner, dans « ce séminaire du vice et de la dépravation », sa première leçon – l'instruire d'une perversion que l'on appelait « le péché de la Salpêtrière ».

Dans les années qui suivirent Jeanne allait accuser Marie-Antoinette précisément de ce vice. C'est l'une des accusations calomnieuses qui devaient précipiter la chute de la reine dans l'opinion. En fin de compte celle-ci paya le prix le plus fort : elle perdit sa dignité et le collier lui-même ; elle allait y perdre sa tête.

5

Le prophète

Prophétiser : parler sous une inspiration divine (ou le feindre) ou encore au nom d'une divinité, parler comme un prophète ; formuler des prédictions, prédire l'avenir (mû en général par une inspiration). (*New English Dictionary*, 1909)

Au début de l'été 1786, les journaux britanniques commencèrent à faire état d'une rumeur : l'arrivée prochaine du comte Cagliostro en terre anglaise. La plupart s'exprimaient en termes chaleureux, citaient ses exploits incroyables, soulignaient son innocence dans l'affaire du collier et se demandaient avec un peu de fièvre ce qu'il avait l'intention de faire en Grande-Bretagne. C'est ainsi que le *Times* faisait l'éloge du comte, présenté comme un « remarquable savant » qui pratiquait la médecine, « sans rechercher le gain mais pour obéir à un principe d'humanité et de bienveillance à l'égard du genre humain ».

Ce climat chaleureux s'expliquait par la publication antérieure en Angleterre d'une traduction du fameux *Mémoire pour le comte Cagliostro* (1786) lequel s'étendait sur les origines exotiques du personnage et réfutait les accusations malveillantes de Jeanne de la Motte. Selon le *Times*, le mémoire était « peut-être la publication la plus extraordinaire qui ait jamais suscité un si vaste public. L'ouvrier le plus humble l'a lu ». L'éditeur et traducteur, Parkyns Macmahon, prêtre irlandais défroqué, aguichait ses lecteurs en prétendant qu'il était en mesure de couper court aux spéculations sur les origines fabuleuses du grand Copte. Cagliostro, tranchait-il, venait d'une noble famille vivant dans la vieille ville de Trébizonde sur les bords de la mer Noire dans l'Empire turc.

Macmahon avait puisé ce renseignement dans les colonnes d'un journal, le *Courrier de l'Europe*, qu'il qualifiait d'« unique critère d'authenticité » en matière de nouvelles sur la France. Ancien rédacteur de cette feuille, Macmahon n'était sans doute pas impartial mais il avait raison : le *Courrier* était indispensable à qui s'intéressait aux affaires franco-anglaises. Publié deux fois par semaine à Londres avec deux éditions, une française et une anglaise, ce journal se vendait à cinq mille exemplaires chaque semaine. Ce qui représentait pour l'époque une diffusion considérable. Comme, des deux côtés de la Manche, chaque exemplaire circulait à travers un circuit de cafés, de tavernes et de salons, le journal touchait au moins quatre fois plus de lecteurs. Brissot, dit de Warville, journaliste français qui avait travaillé pour le *Courrier* (et devait se rendre célèbre sous la Révolution), évaluait ses lecteurs à plus d'un million. Même si c'est une exagération, le *Courrier* atteignait exactement le public sur lequel Cagliostro comptait bien exercer une influence.

S'il ne s'attendait pas à trouver autant de disciples à Londres qu'à Paris, il espérait, en effet, que la Grande-Bretagne manifesterait à son égard un enthousiasme comparable à celui qu'il avait rencontré dans d'autres pays. Après tout il ne se présentait plus comme Giuseppe Balsamo, peintre italien plutôt louche, ou comme le colonel Pellegrini, faux officier de l'Électeur de Brandebourg, il était le comte Alessandro di Cagliostro, guérisseur et savant oriental auréolé d'une légende, de surcroît martyr de la tyrannie française et vedette internationale de la maçonnerie.

L'accueil dépassa son attente. Dès son arrivée à Londres, vers le 20 juin 1786, les francs-maçons les plus prestigieux du pays le fêtèrent. Les fils du souverain régnant, célèbres d'ailleurs par les sentiments peu filiaux qu'ils professaient – George, prince de Galles, Edward, duc de Kent, William, duc de Gloucester –, furent parmi les premiers à se manifester. Tous trois appartenaient à des loges huppées de Londres. La franc-maçonnerie leur offrait une position rêvée pour critiquer sans vergogne leur père, le roi George III.

Celui qui poussa le prince de Galles, héritier du trône, à prendre contact avec Cagliostro fut un autre prince, l'intrigant duc d'Orléans, qui avait visité Londres un mois ou deux plus tôt, alors qu'il était sur les traces du collier de diamants. Il espérait déterrer de nouveaux ragots contre la reine Marie-Antoinette et son époux. Le 5 avril 1786, alors qu'il questionnait un bijoutier de Bond Street qui avait acheté une grande partie des diamants volés, il s'était trouvé nez à nez avec son gros ami anglais, le prince George. Tous deux avaient aussitôt décidé de faire la fête ensemble.

Les deux princes avaient les mêmes goûts : celui d'une existence dissolue et celui de l'intrigue politique. Ils étaient aussi tous deux fascinés par la franc-maçonnerie. Orléans, le grand maître du Grand Orient de Paris, avait récemment reçu le prince de Galles dans sa loge – cela s'était passé à peu près au moment où Cagliostro avait initié le duc d'Orléans et sa maîtresse au rite égyptien. C'est ainsi que, sur le conseil de son ami Orléans, le prince George chargea son mentor dans la maçonnerie de prendre contact avec le Copte.

En Angleterre existaient aussi des maçons pleins de foi qui attendaient avec impatience l'arrivée du grand Copte, tel le général Charles Rainsford. Rainsford appartenait à onze loges mystiques – pas moins – et souhaitait depuis longtemps rencontrer le fameux devin. Le duc de Northumberland, autre visionnaire, lui avait écrit l'année précédente une lettre où on lisait ceci : « ... le fameux comte Cagliostro est à Paris et... son train de vie et les histoires que l'on raconte sur lui sont si étonnants que je désire vivement savoir ce qu'il y a de vrai là-dedans... On dit qu'il a trois cents ans d'âge et il vit, sans moyens apparents d'acquérir une richesse de cet ordre, en faisant une dépense qui excède celle de la première noblesse de Paris. » Rainsford faisait partie de la poignée de délégués britanniques qui avaient assisté à ce sommet mystique tenu à Paris à la fin de janvier 1785, qui avait attiré Cagliostro de Lyon à Paris avec les suites que l'on sait. Comme beaucoup des maçons présents, Rainsford avait déploré que la réunion n'ait pas abouti à un accord avec le rite égyptien.

Des occultistes comme Rainsford étaient nombreux en Grande-Bretagne ; ils fréquentaient un certain nombre de petites loges d'orientation mystique du centre de Londres où des groupuscules d'artisans et d'intellectuels se réunissaient et rêvaient à haute voix ou bien discutaient ou encore menaient certaines expériences. Dans les années 1770, beaucoup d'entre eux trouvaient leur inspiration dans l'enseignement cabaliste dispensé par un mystérieux alchimiste enturbanné venu de Pologne, le docteur Samuel Jacob Falk, que dans certains cercles l'on appelait le « B'aal Shem de Wellclose Square ». D'autres subissaient l'influence des célèbres écrits quasi angéliques d'un ingénieur suédois immigré du nom d'Emmanuel Swedenborg. Quelques-uns avaient pris connaissance des idées théosophiques à la suite de la visite d'Illuminés venus de centres du mysticisme européen comme Avignon, Paris, Stockholm et Berlin.

C'est ce milieu londonien qui a nourri le génie du si brillant poète et graveur William Blake, et de sa femme, Catherine, lesquels vivaient à Lambeth, sur la rive sud de la Tamise. Des artistes étrangers, tels Philippe de Loutherbourg, Lambert de Lintot et Francesco Bartolozzi se sentaient également attirés par la grisante atmosphère de ces réunions. Quelle que fût leur allégeance, les mystiques de Londres, dans leur majorité, aspiraient à pénétrer dans le monde spirituel grâce à des visions, des rêves ou des transes, et à redécouvrir les sources perdues des guérisons magiques et des transmutations alchimiques.

Les amis et admirateurs de Cagliostro attendaient de lui la création à Londres d'un centre de soins sur le modèle de ses cliniques de Russie, d'Alsace et de France. Des mécènes étaient prêts à l'assister dans ses efforts. Grâce à une lettre d'introduction d'un des principaux maçons parisiens d'obédience égyptienne, les Cagliostro furent accueillis avec une hospitalité qui les combla par Samuel Swinton, l'un des plus gros propriétaires de journaux de la capitale. Cet Écossais de bonne famille avait passé ses années d'adolescence dans la marine, puis avait vécu quelques années en France avant de s'installer à Londres où il brassait des affaires considérables. En 1786 il possédait le *Courrier de l'Europe* et avait des participations importantes dans plusieurs autres quotidiens. Il dirigeait aussi un commerce de vins florissant, une pension pour jeunes émigrés, un restaurant français, et, dans son vaste parc de Knightsbridge, une pépinière où il cultivait des plantes exotiques.

L'Écossais se montra amical ; il entraîna les Cagliostro dans plusieurs excursions qui leur donnèrent l'occasion de visiter les sites pittoresques de la ville, dont la sublime vue sur la Tamise que l'on découvre des collines près de Greenwich Hospital et qu'admiraient tant les peintres paysagistes. Il fit mieux encore : en leur louant une grande villa agrémentée de belles pelouses et d'un charmant jardin, il leur offrit la possibilité de jouir de leur propre perspective. Cette villa au 4 Sloane Street à Knightsbridge faisait d'eux les voisins de Swinton, dont la femme française, Félicité, se prit vite d'amitié pour Seraphina. Elle chargea ses cinq enfants d'aider les visiteurs à s'installer dans leur nouvelle demeure. Nulle part on n'avait traité les Cagliostro avec autant d'amabilité.

Des travaux de redécoration s'imposaient naturellement pour que la maison fût au goût de Seraphina. Ce n'était pas un obstacle car celle-ci adorait dépenser et Swinton était tout prêt, grâce à ses contacts, à trouver pour elle les meilleurs produits d'importation. Il ne fallut pas longtemps pour que la villa prît l'allure – comme devait le dire un visiteur venu d'Allemagne – d'un « château enchanté ». On admirait de luxueux tapis persans, des meubles d'acajou d'origine indienne, de la porcelaine italienne, et la cave comprenait les meilleurs vins français. Seraphina engagea un chef italien capable de préparer le macaroni comme l'aimait Cagliostro, un valet de chambre noir en tenue mauresque chargé d'annoncer les invités et, pour son usage personnel, une femme de chambre et une coiffeuse.

Swinton espérait que Cagliostro accepterait d'envisager avec lui l'ouverture d'une importante clinique de soins comme celle de Strasbourg. Toutefois, avant de se lancer dans cette dépense considérable, il suggéra un partenariat sur une échelle plus modeste. Il lui proposa d'engager un apothicaire sérieux et, avec le concours de cet auxiliaire, de procéder à la confection et à la vente des fameuses pilules égyptiennes rouges qui avaient la vertu de rajeunir le corps et l'âme de ceux à qui on les prescrivait.

Quelques jours après l'installation des Cagliostro, Swinton leur rendit visite en voisin, accompagné d'un ami particulièrement désireux de faire leur connaissance, Théveneau de Morande. C'était un Français au regard inquisiteur qui travaillait à Londres depuis de nombreuses années. Rédacteur en chef du *Courrier de l'Europe*, il s'était interrogé, comme la plupart de ses confrères, sur le sens qu'il fallait donner à la visite en Angleterre de Cagliostro. « Cet homme extraordinaire, écrivait-il le 23 juin 1786, vient exercer ses talents à Londres. Un grand théâtre lui est nécessaire. À l'évidence c'est un grand projet qui l'amène ici. » Que voulait-il dire par grand projet ? Ceux qui connaissaient le journaliste devaient se demander ce que signifiaient ces mots ambigus. Voulait-il parler d'une vaste intrigue, d'une escroquerie de grande ampleur ?

Le personnage laissa Cagliostro perplexe. Morande se montra attentionné et charmant avec Seraphina, mais dut inquiéter le couple par son insistance à poser des questions sur leurs visites antérieures à Londres. C'était un homme à surveiller.

Cagliostro avait raison de se méfier. Théveneau de Morande n'était pas un journaliste banal. C'était l'écrivain à gages le plus dangereux d'Europe. La presse à scandales d'aujourd'hui ne saurait donner une idée de la violence de ses attaques. Les contemporains l'ont appelé le « Rousseau du ruisseau ».

C'était le fils d'un avocat d'Arnay-le-Duc en Bourgogne. Né en 1741, il avait à peu près le même âge que Cagliostro et son expérience en malhonnêtetés de toutes sortes était comparable. Il avait fait quelques études de droit avant sa première arrestation à la suite d'un vol dans un bordel. Ensuite, il avait passé un certain temps à l'armée, puis il avait vécu dans l'ombre des bas-fonds parisiens tantôt maquereau, tantôt maître chanteur ou escroc. Beau garçon, l'esprit vif et la parole facile, il s'était attaché ainsi à une série de courtisanes prospères et de femmes du monde légères. Ce qui l'avait conduit à la Bastille ; on l'avait ensuite enfermé pendant plusieurs années dans un couvent à Armentières. Dans une lettre à un collègue, en date du 5 mai 1768, l'inspecteur de police Marais apportait une intéressante précision : « Théveneau a été fortement soupçonné de pratiquer l'homosexualité et de servir de racoleur à des homosexuels. »

L'année suivante, à peu près à l'époque où Giuseppe Balsamo décampait de Palerme avec la police sur ses talons, Charles Théveneau opérait une fuite similaire dans les mêmes conditions et traversait la Manche pour rejoindre les bas-fonds de l'émigration à Londres. Vers le milieu du XVIIIe siècle cette ville était devenue le refuge de Français en difficulté avec les lois de leur pays : banquiers responsables d'escroqueries, officiers partis avec la caisse du régiment ou prêtres aux mœurs dépravées. Le plus gros contingent de ces fugitifs, cependant, était composé d'écrivains désireux de se mettre à l'abri de la censure royale et des procès en diffamation. Un commerce lucratif s'établit à Londres sous la direction d'un libraire genevois nommé Boissière et d'un homme politique tombé en disgrâce, Goezman (alias le baron Thurn). Ils étaient à la tête d'une écurie de plumitifs et d'imprimeurs qui débitaient des libelles, des pamphlets ou des chroniques scandaleuses en français, en anglais ou en hollandais. Cette production était à double fin : on vendait ces livres normalement sur le marché européen ou bien on les retirait de la vente en échange d'un versement extorqué aux personnages pris pour cibles.

Charles Théveneau était là dans son milieu. Il s'inventa un noble lignage, devint Théveneau de Morande et perfectionna l'art de composer des libelles, pamphlets violents où l'auteur ne reculait devant aucune audace. Il épousa la fille de sa logeuse et lui fit une ribambelle d'enfants. Il devait expliquer à l'une des premières victimes de ses méthodes de chantage, le Chevalier d'Éon, célèbre travesti à moitié soldat et à moitié diplomate, qu'il ne travaillait pas pour la gloire ou la fortune mais pour entretenir une femme malade et des enfants affamés.

Bientôt, cependant, il se distingua du lot commun, la meute des publicistes de Grub Street (qui comprenait, par exemple, un Parkyns Macmahon, le futur biographe anglais de Cagliostro). Morande intitula *Le Philosophe cynique* (1771) sa première publication anglaise ; le succès de l'ouvrage fut à l'origine d'un écrit plus ambitieux, *Le Gazettier cuirassé* (1772), qui dévoile les dessous de la cour de Louis XV, et devint une référence en fait de malignité systématique. Grâce à l'esprit de Théveneau et à la violence de sa plume, mais aussi à son large réseau d'informateurs, le journal auquel il collaborait pouvait anéantir n'importe qui. Une gravure anglaise de l'époque représente la plume du rédacteur en chef en train de décapiter une victime tandis que l'on voit des grappes de vipères se tordre parmi les feuilles du journal. Brissot, ex-plumitif lui-même, analyse clairement le mode de travail : « La victime paie pour que son nom ne paraisse pas, son ennemi paie pour que le nom soit rétabli ; la loi étend sa protection sur l'opération et le public se contente de rire. »

Au début, quelques-unes des victimes de son chantage refusèrent de jouer le jeu. Voltaire lui administra une raclée littéraire, le duc de Lauraguais le fit bâtonner et le Chevalier d'Éon, épéiste redouté, le provoqua en duel. Nul pourtant ne contestait son énergie et sa capacité de résistance. En 1774, il trouva un merveilleux filon en menaçant de publier sous le titre *Mémoires secrets d'une fille publique*, une biographie scandaleuse de la du Barry, maîtresse de Louis XV (le fameux collier de diamants avait été commandé pour elle à l'origine). Le roi tenta de le réduire au silence : une équipe de policiers déguisés partit pour Londres avec mission de le kidnapper, mais Morande ameuta la populace qui jeta les policiers dans la Tamise. Louis XV dut négocier : Beaumarchais fut chargé de l'affaire. La transaction finale accordait à Morande la coquette somme de trente-deux mille livres plus une rente viagère de quatre mille livres. En contrepartie le publiciste acceptait de renoncer à la publication de son ouvrage et s'engageait à ne plus écrire contre la couronne de France.

Cela ne devait pas empêcher Morande de calomnier d'autres personnages en vue. Au cours des dernières années de l'Ancien Régime, il sera l'un des cinq auteurs les plus lus en France. Mais il est devenu en 1784 le rédacteur en chef du *Courrier de l'Europe* et sa capacité de nuire s'étend désormais au reste de l'Europe. En Grande-Bretagne même, son talent de flatteur ou de maître chanteur s'exerce sur les niveaux intermédiaires du personnel gouvernemental ou des partis de l'opposition, ce qui en fait l'un des hommes les mieux informés de la politique anglaise. Il traîne également dans le monde des plaisirs, toujours à l'affût de ragots qui pourraient lui servir dans les bordels, les tavernes, les maisons de jeu, ou les champs de courses.

Cet escroc travaille aussi pour la police. Quand il prend la direction éditoriale du *Courrier de l'Europe*, le journal commence à être subventionné par le gouvernement français. Vergennes, ministre des Affaires étrangères, se vante hautement de cette dépense : « Le *Courrier* vaut une bonne centaine d'espions et il coûte bien moins cher. » Trois ans auparavant, Morande était devenu un espion français au sens propre du mot. Il était entré dans la police secrète de la monarchie bourbonienne : il remplaçait un agent que le gouvernement britannique avait fait pendre pour espionnage au cours de la guerre d'indépendance américaine. Il n'est pas sûr qu'il ait vendu son prédécesseur, mais il est indiscutable qu'il se révéla un maître dans son nouveau métier. Pendant plus de dix ans on le paya généreusement pour les informations substantielles qu'il communiquait régulièrement au gouvernement français. Ses rapports détaillés couvraient différents domaines : les inventions commerciales britanniques, les mouvements de troupes ou de vaisseaux anglais, les activités de la communauté des émigrés français vivant à Londres, en particulier ceux qui faisaient commerce de publications pornographiques à destination de la France.

Le comte Cagliostro ignorait la véritable personnalité de Morande. Comme beaucoup d'individus retors, il pouvait se montrer en même temps d'une grande naïveté. D'autre part, comme dans ses précédents séjours et en dépit de l'accueil chaleureux qu'il avait reçu, le Copte continuait à avoir des difficultés à comprendre le monde britannique. Le langage, les mœurs, le système des valeurs le déconcertaient. Il ne pouvait pas concevoir la morale commerciale offensive de l'Angleterre, sa structure sociale si aristocratique et en même temps d'une curieuse fluidité, ses traditions agressivement puritaines ou le kaléidoscope de ses partis politiques. Grisé par sa propre mystique,

Cagliostro acceptait sans discussion sa nouvelle fournée d'admirateurs londoniens : à ses yeux, ils étaient identiques aux disciples que l'adoration précipitait en masse dans ses cliniques de Strasbourg, Lyon ou Paris.

De même Cagliostro réalisa trop tard que son récent emprisonnement à la Bastille avait transformé fondamentalement son image dans le public. Qu'il fût devenu une vedette internationale, qu'il jouât désormais un rôle sur une scène où l'on attendait avidement les célébrités, cela il le devinait et pouvait s'en accommoder. Mais il y avait plus : l'affaire du collier l'emportait dans le flot irrésistible d'une politique de revendications populaires qui allait balayer l'Ancien Régime en France. Quand les avocats d'opposition, Duval d'Éprémesnil et Jean Thilaurier, lui avaient offert de le défendre lors de son emprisonnement à la Bastille, il avait tout naturellement sauté sur l'occasion. Sans doute pressentait-il qu'ils avaient leurs raisons, mais il ne sut pas voir qu'ils se servaient de lui pour lancer une campagne politique dont l'objectif était d'affaiblir le pouvoir royal et de réformer le Parlement. Il s'agissait, dans la phraséologie de d'Éprémesnil, de « débourboniser » la France. Ces avocats cherchaient surtout à ôter toute efficacité au privilège royal d'emprisonner arbitrairement un sujet en recourant à la procédure des lettres de cachet. L'emprisonnement de Cagliostro avait causé une telle sensation qu'il en faisait un instrument idéal pour dénoncer publiquement le caractère despotique de la monarchie française. Sans bien le réaliser, Cagliostro était devenu un pion du jeu politique. Il allait devoir en payer le prix. Désormais sa personnalité et ses actes ne seraient plus examinés qu'à travers un verre grossissant, dans la perspective de la révolution ou de la réaction.

Cagliostro s'était imaginé que son acquittement lui permettrait de jouir de nouveau de sa brillante existence d'antan, mais ses avocats voulaient leur récompense. Le lendemain de son élargissement ils le persuadèrent de poser avec une autre célébrité du jour, Passy la Salmon, une pauvre paysanne de Rouen rescapée de la peine capitale grâce à l'intervention du Parlement. Puis d'Éprémesnil et Thilorier le poussèrent à porter plainte contre le gouverneur de la Bastille, de Launay, et le chef de la police, Chesnon. Ne lui avaient-ils pas volé de précieux élixirs et des formules de remèdes non moins précieuses ? Oui, en effet. Cagliostro ne voyait aucun inconvénient à recevoir une compensation pécuniaire pour ces dommages. Quant aux avocats, ce qui les intéressait, c'était de porter un nouveau coup à l'État monarchique en attaquant deux institutions symboliques de son caractère répressif, la police et la prison royale.

Le 20 juin 1786 – le jour où Cagliostro faisait son entrée à Londres et où Jeanne de la Motte était marquée à l'épaule par le bourreau – les deux avocats déposaient une plainte au civil au nom de Cagliostro. Leur client réclamait de lourds dommages-intérêts – cent cinquante mille livres – pour le préjudice qu'il avait subi du fait de la perte, délibérée ou par négligence, de bijoux précieux, élixirs et formules de remèdes divers ; il réclamait en plus cinquante mille livres en réparation de mauvais traitements infligés par les agents sur le chemin de la prison. Le même jour apparaissait en librairie un pamphlet qui détaillait ces accusations. Cette nouvelle provocation frappa de stupeur Louis XVI et exaspéra le baron de Breteuil qui désormais ne put plus voir le portrait de Cagliostro aux éventaires des libraires sans se mettre à grincer des dents.

Ce n'était pas tout. Une lettre, véritable brûlot, datée du même jour et signée de Cagliostro, apparut une semaine plus tard des deux côtés de la Manche. Elle se présentait comme adressée par lui à un ami ; c'était l'émouvant récit de la façon dont le grand guérisseur avait été trahi par les dirigeants d'un pays auquel il s'était consacré de tout son cœur. Cette lettre, Cagliostro ne l'avait sans doute pas écrite lui-même. Il avait dû en dicter les grandes lignes à ses avocats ; ceux-ci avaient ensuite brodé généreusement sur le thème politique. En dépit de ses regrets ultérieurs, Cagliostro se déclara fier, sur le moment, de l'esprit républicain qui respirait dans sa lettre. Des copies manuscrites en circulèrent pendant des mois dans les cercles hostiles aux Bourbons, puis la lettre fut publiée en France et en Angleterre sous le titre *Lettre du comte Cagliostro au peuple français*.

Ce fut un événement décisif pour le Copte. La lettre le jeta dans les tourbillons de la politique la plus subversive. Il bénéficia du succès commercial des écrits d'anciens détenus de la Bastille : c'était une variante appréciée de la littérature de cauchemar. De l'un ou l'autre côté de la Manche, les lecteurs s'attendaient à y découvrir des descriptions de tortures, des peintures du plus cruel isolement dans les conditions les plus dures. Cagliostro n'y manquait pas. Il déclarait que plutôt que de passer de nouveau six mois dans cet enfer à la Milton, il préférait cent fois la peine de mort.

Au milieu de passages terrifiants il prenait soudain un ton prophétique : « Quelqu'un me demandait si je retournerais en France si l'ordre d'exil était révoqué... Assurément, ai-je répondu, pourvu que la Bastille soit devenue une promenade publique. Plaise à Dieu qu'il en soit ainsi ! » Quand la Bastille tomba aux mains des révolutionnaires le 14 juillet 1789, ces mots parurent témoigner de la prescience de Cagliostro. D'autres prédictions semblèrent aussi se vérifier. « Il est digne de vos parlements de travailler à cette heureuse révolution... Cette révolution si nécessaire sera pacifique… Oui, mon ami, il régnera sur vous un prince qui mettra sa gloire à l'abolition des lettres de cachet, à la convocation des États Généraux et surtout au rétablissement de la vraie religion. Il sentira, ce prince aimé du ciel, que l'abus de pouvoir est destructif à la longue du pouvoir même. »

Plus tard, les lecteurs de Cagliostro oublièrent que sa lettre formulait un programme de réformes qui était à l'époque la banalité même. Ils ne comprirent pas que le mot de « révolution » y avait une signification très affaiblie par rapport au bouleversement complet des institutions qui s'accomplit dans la dernière décennie du siècle. Même le prince réformiste auquel il faisait allusion n'était pas Louis XVI (qui introduisit les premières réformes) mais ce personnage trouble, son cousin franc-maçon, le duc d'Orléans, que Cagliostro avait la naïveté de soutenir. Peu importait d'ailleurs. Avec chaque jour qui passait, les événements parisiens semblaient vouloir donner raison aux prédictions de la lettre et Cagliostro prenait l'allure d'un grand ordonnateur de l'avenir politique.

Dans d'autres passages il tirait à boulets rouges sur ses ennemis. Le baron de Breteuil, Premier ministre, en prenait pour son grade. Cagliostro le dépeignait comme son persécuteur, et affirmait que, dans un esprit de vengeance et par obséquiosité, il avait caché la vérité dans l'affaire du collier de diamants. Il annonçait qu'un jour il le traduirait en justice avec ses complices, de Launay et Chesnon.

La lettre atteignit son but. D'après Chesnon, elle marqua le début de la dégringolade du pays qui devait aboutir à la Révolution. Breteuil fut tellement affecté par son contenu qu'il se traîna à Versailles pour conseiller au roi de rappeler Cagliostro à Paris. Souhaitait-il désarmer la vindicte de Cagliostro ou voulait-il seulement lui tendre un piège et l'enfermer à nouveau à la Bastille ? Quoi qu'il en soit, le 4 juillet 1786, le ministre écrivit au comte d'Adhémar, l'ambassadeur à Londres, pour lui donner instruction d'autoriser le retour à Paris de Cagliostro à l'occasion du procès motivé par sa plainte.

Entre-temps, Cagliostro avait rencontré à Londres un prophète authentiquement subversif. Peu après son installation dans la villa de Sloane Street, Swinton le présenta à un de ses amis écossais, un grand jeune homme pâle à la barbe clairsemée dont l'intempérance verbale était égale à la sienne. En dépit de son apparence délicate, et de son noble lignage – il était le fils cadet du duc d'Atholl – lord George Gordon était un personnage dangereux, à fuir comme la peste. Cagliostro avait, bien sûr, entendu parler de lui comme tout le monde, mais il ne se rendait pas compte que l'homme avait perdu tout crédit en Grande-Bretagne. On le tournait en ridicule, on le surnommait Gordon le fou, l'incendiaire, l'émeutier. Ces surnoms faisaient allusion à son rôle scandaleux en 1780 quand il avait provoqué le déclenchement de terribles émeutes anticatholiques.

Pendant huit jours, du 2 au 10 juin, ces émeutes, les Gordon Riots, avaient causé plus de destructions dans la ville de Londres que Paris n'en verrait au cours d'une décennie de révolutions. L'historien Edward Gibbon, quand il vit les prisons incendiées, les maisons mises au pillage, les cortèges de manifestants en vêtements noirs, eut l'impression de revivre « le sombre fanatisme diabolique » du XVIIe siècle. « Quarante mille puritains comme on en voyait au temps de Cromwell sont sortis de leurs tombeaux », écrivait-il à sa sœur. Un ex-ami de Gordon, l'Irlandais Edmund Burke, le philosophe politique, reconnaissait dans la rhétorique de Gordon un ferment révolutionnaire : le guerrier en kilt alliait à ses déclamations anticatholiques un langage nouveau ; il parlait de droits naturels, de libertés démocratiques et de nationalisme écossais. Burke, qui avait lui-même quelque chose du prophète, voyait en Gordon l'annonce d'un avenir inquiétant pour le monde. On aurait dit que la Grande-Bretagne venait de donner naissance au premier apôtre moderne de la terreur.

De tout cela, Cagliostro n'avait pas conscience. Seuls l'impressionnaient le titre de Gordon et ses références maçonniques. Il ne savait pas que la conduite du jeune lord devenait chaque année plus étrange. Acquitté de justesse après les émeutes, Gordon avait embrassé une série de causes populaires d'un caractère subversif. Au cours de l'année précédant sa rencontre avec Cagliostro il avait déclenché une grande grève des tisserands à Glasgow, provoqué une pétition incendiaire des détenus de la prison de Newgate, et suscité la fureur du gouvernement anglais en protestant contre le traité commercial avec la France. Ceux qui le jugeaient fou mentionnaient sa récente conversion au judaïsme et sa bruyante prise de position en faveur de la femme qui avait tenté d'assassiner George III avec un canif. Il n'y a pas lieu de s'étonner si les gouvernements britannique et français surveillaient de près ce personnage.

Le matin du 20 août, au terme de deux mois d'exil à Londres, Cagliostro eut la surprise de recevoir un message du gouvernement français ; celui-ci lui accordait l'autorisation de revenir à Paris à l'occasion de son procès imminent. On l'invitait à se présenter en personne le lendemain matin à onze heures à l'ambassade ; une lettre officielle lui serait remise par M. François Barthélemy, le chargé d'affaires.

Le hasard voulut que lord George Gordon fût présent au moment où Cagliostro reçut cette convocation. Gordon avait décidé, de son propre chef, de devenir le protecteur et le conseiller du Copte. Il poussa de grands cris, avertit Cagliostro de prendre garde : c'était peut-être un piège. Il n'était pas question qu'il se rendît seul dans l'antre du lion. Gordon et un disciple de passage l'accompagneraient pour empêcher un éventuel enlèvement.

Le lendemain, M. Barthélemy fut déconcerté quand, à côté de Cagliostro, apparut Gordon armé de sa claymore, la grande épée des guerriers écossais. Le ton de l'entretien s'en ressentit : il tourna vite au désastre. Barthélemy donna lecture de la lettre du ministre, mais refusa de la remettre à son destinataire, arguant du caractère provocateur de la présence de Gordon. De son côté Cagliostro était tendu, soupçonneux. Comment, dit-il, le baron de Breteuil, simple ministre, aurait-il le pouvoir d'annuler une lettre de cachet signée par le roi ? Toute autorisation de retourner en France devait porter la signature du roi. Autrement quelle garantie aurait-il qu'on ne lui tendait pas un piège ? Les interjections véhémentes de Gordon et ses gesticulations rendaient encore plus injurieux les propos de Cagliostro. Furieux, le diplomate mit fin à l'entretien.

En dépit de la paranoïa de son conseiller, les soupçons de Cagliostro n'étaient pas déraisonnables. Les journaux français comme les journaux britanniques avaient récemment parlé des tentatives du gouvernement français pour enlever Nicolas de la Motte sur le sol britannique. Les archives de police confirment qu'au cours de l'été 1785 Louis XVI avait approuvé le projet d'une expédition secrète de policiers français chargés d'appréhender le voleur en recourant à la force et de le ramener en France pour qu'il fût interrogé et jugé. On userait de ruse pour attirer la Motte dans une maison isolée près de Newcastle ; quand il serait couché on le maîtriserait, on l'emballerait dans une couverture ; une barque le transporterait à bord d'un navire charbonnier loué pour l'occasion qui mettrait le cap sur Dunkerque. Ce plan n'avait pas abouti et le gouvernement avait finalement décidé de négocier avec la Motte par l'intermédiaire de l'ambassadeur d'Adhémar.

En ce qui concerne Cagliostro, une tentative d'enlèvement était improbable mais lord George ne modéra pas ses emportements. Il écrivit une lettre au *Public Advertizer* qui parut le 22 août. Il y vilipendait l'ambassadeur français et ses collaborateurs. Désormais, déclarait-il, Cagliostro ne négocierait avec la France que par le canal de lord Gordon. Il affirmait : « Le parti de la reine est toujours déchaîné contre le comte Cagliostro, l'ami du genre humain. » Quelques jours plus tard une seconde lettre au journal contenait de nouvelles provocations. Gordon soutenait que le personnel de l'ambassade était de mèche avec une bande d'espions français qui travaillaient pour le « parti des embastilleurs de la reine » afin de prendre au piège Cagliostro – il s'agissait d'une « volonté odieuse de revanche, des perfidies cruelles d'un gouvernement tyrannique ».

En choisissant Gordon comme champion de sa cause, Cagliostro se faisait le plus grand tort. Son amitié avec un homme que les gens respectables tenaient pour un déséquilibré et un incendiaire infréquentable eut pour conséquence de lui aliéner une bonne partie des sympathies dont il jouissait et d'effrayer le gouvernement britannique. Les journaux eurent beau jeu de tourner en dérision l'amitié entre le prophète écossais et le prophète arabe. Le prince de Galles fut un des premiers partisans de Cagliostro à s'éclipser. Provoquer son père en flirtant avec l'opposition lui convenait tout à fait mais il se gardait bien de toute complaisance pour les positions extrêmes. Des personnalités politiques de l'opposition, tels lord Sheridan et la duchesse de Devonshire, qui avaient accueilli Cagliostro dans leurs salons, cessèrent de l'inviter.

L'exode de ses sympathisants les plus honorables obligea Cagliostro à s'appuyer plus que jamais sur Gordon, lequel aggrava leur isolement par sa jalousie : presque tous les visiteurs se trouvèrent écartés de la maison de Sloane Street. L'une des rares personnes tolérées fut Sophie von La Roche. C'était une Allemande qui passa à Londres au printemps de 1786 et remit à Cagliostro des lettres de ses amis suisses, les Sarasin. Elle avait essayé en une ou deux occasions les « merveilleuses gouttes » du guérisseur et parlait avec éloge du ton « si mâle, si noble, si honorable » de son plaidoyer d'embastillé. Sophie avait un désir éperdu de rencontrer le grand Copte.

Elle brûlait d'envie de connaître le lien entre le magicien asiatique et le fanatique anglais. Elle les rencontra en deux occasions et en retira la conviction que tous deux se considéraient comme des prophètes appelés à rénover l'humanité. Elle découvrit aussi très vite que les yeux bleu pâle de Gordon et ses manières courtoises masquaient un tempérament violent. Si elle avait été catholique, lui avoua Cagliostro, Gordon n'aurait pas hésité à la jeter à la porte. Le paradoxe était que les deux hommes condamnaient le catholicisme de façon sectaire, mais manifestaient la plus grande tolérance à l'égard des autres religions, y compris le judaïsme et l'islam. Le puritanisme de lord George, observa Sophie, n'était guère apparent quand il flirtait avec la comtesse Cagliostro. Ce qui confirmait une remarque déjà faite par lady Montagu : « La prostituée de Babylone… est la seule prostituée à l'égard de laquelle le noble lord témoigne une vraie antipathie. »

Un autre lien unissait les deux hommes, selon Sophie : le sentiment très fort d'être persécutés. Le visage de lord George devenait écarlate quand on lui parlait de George III, et il lançait une bordée d'insultes. Cagliostro ne se montrait pas moins amer quand on l'interrogeait sur ses souffrances à la Bastille – Sophie se demanda même si l'expérience n'avait pas développé en lui une morbidité maladive. « Si je n'avais pas ma femme, qui m'est si chère, déclara-t-il à la romancière allemande, je crois que j'irais vivre dans la jungle et que je ferais amitié avec les fauves. » Il s'inquiétait en particulier, lui confia-t-il, des intrigues « d'un ennemi toujours aux aguets, un journaliste ». Cagliostro avait en effet refusé de payer pour que le *Courrier de l'Europe* lui fasse de la publicité et maintenant le journal débitait sur lui quotidiennement « les propos les plus insanes ».

Cagliostro aurait été encore plus inquiet s'il avait su que Théveneau de Morande, le journaliste ennemi auquel il faisait allusion, était un publiciste à la solde de la France. À la fin du mois d'août le gouvernement français décida de passer à l'action contre Cagliostro. Son procès, ses prophéties, son amitié avec Gordon en faisaient un danger public. Il fallait lâcher les chiens. Deux hommes de confiance furent envoyés à Londres : ils avaient mission de conseiller à Morande la tactique à suivre et de lui remettre une somme substantielle. Peu après, un collaborateur de l'ambassade lui donna ses dernières instructions : il fallait museler le dangereux prophète par tous les moyens.

Cagliostro ne devina d'abord pas que Swinton était complice. Il commençait à soupçonner ce voisin si complaisant de s'entendre avec Morande mais il ne savait rien de ses liens étroits avec l'ambassade de France. Quand le *Courrier* attaqua Cagliostro le

22 août 1786 et le qualifia d'imposteur et de charlatan, il était toujours convaincu que Morande essayait de lui extorquer de l'argent. S'il tenta de l'acheter, ce fut sans succès. Le 1er septembre, le journal publia un article inquiétant, le premier d'une série annoncée qui se proposait de raconter en détail : « Les voyages du comte Cagliostro avant son arrivée en France. »

L'article empruntait la plupart de ses assertions aux mémoires publiés par les avocats de Jeanne de la Motte et n'apportait donc à peu près aucune information nouvelle. Néanmoins Cagliostro, furieux, se sentit obligé de riposter, ne fût-ce qu'à cause de l'influence du journal. Il ne manquait pas de ressources : Gordon l'aida à placer sa réponse dans le *Public Advertizer* et, de Paris, Thilorier promit son assistance littéraire.

De façon caractéristique, Cagliostro choisit de se battre sur un terrain inhabituel. L'un des premiers articles de Morande l'avait tourné en ridicule pour avoir soutenu qu'on pouvait tuer des lions en les appâtant avec des animaux vivants nourris à l'arsenic. Convaincu que son ennemi était un lâche, Cagliostro décida de recourir à la tactique qui lui avait permis d'écraser le médecin de Catherine II cinq ans plus tôt. Il lui lança donc un défi d'un genre particulier.

Je me propose, monsieur le bouffon, de rire à vos dépens. En matière de physique et de chimie, les raisonnements prouvent peu, le persiflage ne prouve rien, c'est l'expérience qui est décisive. Permettez-moi donc de vous proposer une petite expérience qui divertira le public à vos dépens ou aux miens. Je vous invite à venir chez moi le 9 novembre à neuf heures du matin pour un repas. Vous fournirez le vin et les garnitures diverses ; je fournirai, moi, un seul plat de ma façon : ce sera un petit cochon de lait engraissé selon ma méthode. Deux heures avant le déjeuner, je vous présenterai l'ani-

mal vivant et en bonne santé et je vous laisserai la responsabilité de le tuer et de le préparer comme vous l'entendez. Je ne m'en approcherai pas avant le moment où on nous le présentera à table. Vous le découperez en quatre parties égales et vous me servirez celle que vous jugerez appropriée. Le lendemain de ce déjeuner, il se produira l'une des quatre éventualités suivantes : ou bien nous serons morts tous les deux, ou bien aucun de nous ne sera mort, ou bien je serai mort et vous ne le serez pas, ou bien vous serez mort et je ne le serai pas. De ces quatre éventualités, je vous en laisse trois et je parie cinq mille guinées que le lendemain du repas vous serez mort et je serai en parfaite santé.

Ce défi apparut dans le *Public Advertizer* du 5 septembre. La réplique de Morande était plutôt faiblarde, contre son habitude. Il refusait le duel sous prétexte qu'il ne voulait pas avoir la mort de Cagliostro sur la conscience. Toutefois, ajoutait-il, si l'expérience de l'arsenic pouvait être pratiquée sur un chat ou un chien, il se déclarait prêt à la tenter. Cagliostro avait marqué très nettement un point contre son adversaire dont la lâcheté était notoire. Il profita de son avantage pour porter un dernier coup. Il répliqua, le 9 septembre, qu'un chat ou un chien valait infiniment mieux qu'un animal comme Morande. « En outre, concluait-il, ce n'est pas votre représentant, c'est vous-même que je souhaite expédier en un monde meilleur. »

Malheureusement pour Cagliostro, Morande était à la fois plus intelligent et avait plus de ressources que le sévère docteur Roggerson. Il était malin comme un singe et disposait de fonds secrets français ; le Copte, lui, n'avait à sa disposition aucun antidote contre le poison de la plume du journaliste. Morande commença par se plonger dans les pamphlets européens qui se multipliaient contre Cagliostro. En plumitif aguerri il savait que, repris avec aplomb, un mensonge valait vérité. Certaines de ses attaques les plus efficaces reposaient sur les mensonges concoctés par Carlo Saachi.

Peu à peu, il rassemblait des témoignages contre son adversaire. Ainsi il prit connaissance d'un article d'Elisa von der Recke à Berlin, dans lequel celle-ci soutenait que Cagliostro était un nécromancien et un escroc. Ce texte portait un coup cruel au Copte. Elisa lui avait écrit plusieurs lettres affectueuses et admiratives après son départ de la Courlande, mais avec les années elle avait passé dans le camp ennemi. Les francs-maçons de Mitau lui avaient ôté ses illusions en lui racontant comment Cagliostro avait acheté la complicité de la *pupille* et lui avait fait jouer la comédie ; le chancelier von Howen avait reconnu avoir prêté à Cagliostro une importante somme d'argent que celui-ci n'avait jamais remboursée. Elisa avait aussi reçu des informations fâcheuses de Pologne et de Russie. Enfin, pour couronner le tout, des intellectuels allemands lui firent une cour pressante pour la mobiliser à leur côté dans le combat de la raison contre la superstition, c'est-à-dire contre la franc-maçonnerie. La gloire littéraire s'offrait ; porter des coups sévères à Cagliostro lui en ouvrait le chemin.

Désireux de reconstituer les déplacements du mage à travers l'Europe, Morande s'adressa à ses correspondants ; de leurs lettres il ressortait que la tsarine avait chassé le charlatan pour cause d'escroquerie et qu'à Varsovie on l'avait convaincu d'avoir truqué une expérience d'alchimie en substituant un creuset à un autre. Par ailleurs Morande tira parti de sa formation d'avocat pour dénicher les divers documents légaux qui jalonnaient le parcours londonien de Cagliostro dix ans auparavant. Ces documents parurent dans des numéros successifs du *Courrier*. Le colonel Pellegrini de l'armée brandebourgeoise refit ainsi surface.

Ce fut loin d'être tout. Morande connaissait bien les quartiers fréquentés par les émigrés. Il mit ainsi la main sur un témoin précieux. Un restaurateur italien de Soho se souvint d'un certain Joseph Balsamo rencontré en 1772. Le refus de Cagliostro d'admettre la réalité de cette première visite n'arrangea rien. Peu à peu les articles du Courrier s'orientèrent vers la collecte d'éléments probants établissant que c'était bien lui qui avait fait les trois visites et que Balsamo, Pellegrini et Cagliostro – ces trois imposteurs – étaient une seule et même personne.

En tacticien consommé, Morande se rendait compte qu'une campagne spéciale s'imposait s'il voulait saper la position de Cagliostro dans la franc-maçonnerie. Il s'agissait de faire obstacle à son intention déclarée d'ouvrir à Londres une loge se réclamant du rite égyptien.

Ce n'était pas une tâche facile car les actions de Cagliostro remontèrent soudain en septembre 1786 quand le bruit courut qu'il avait trouvé un allié de poids dans la maçonnerie. Philippe Jacques de Loutherbourg était un artiste alsacien aussi considéré que le louche Gordon l'était peu. Le célèbre Diderot l'avait qualifié de peintre de génie et ce verdict fut entériné par l'Académie de peinture qui l'élut en 1767 ; Loutherbourg devenait ainsi le plus jeune membre qui eût jamais siégé à l'Académie. Quatre ans plus tard, il émigra à Londres où il conquit une nouvelle renommée au théâtre. Le grand acteur David Garrick, qui dirigeait le théâtre de Drury Lane, lui proposa un contrat substantiel pour transformer la mise en scène en Angleterre et lui donner l'éclat qui lui faisait cruellement défaut. En quatorze ans, en effet, Loutherbourg devint un virtuose du spectacle ; il introduisit de brillantes innovations dans la conception des décors, dans l'éclairage de la scène, dans la recherche d'effets sonores.

Les talents de Loutherbourg s'alliaient à une compétence technique, due à sa formation d'ingénieur, qui lui permit de réaliser des progrès considérables dans le domaine de l'illusion. Au cours des premières années de la décennie, il avait mis au point un spectacle d'images en mouvement, appelé l'Eidophusikon, qui obtint un succès foudroyant dans le monde artistique londonien. Sur une scène en réduction de six pieds sur huit s'opéraient des transformations visuelles qui coupaient le souffle aux spectateurs. Loutherbourg usait d'automates grandeur nature, d'éclairages naturalistes et d'effets sonores. Sa réussite la plus fameuse fut une version dramatique du Pandémonium de Milton. Vomies par le monde souterrain, les hordes diaboliques de Satan (des modèles mécaniques de format miniature) surgissaient environnées d'une lave noire bouillante, et de sulfureuses fumées jaunes où dansaient des lueurs bleues, avec un accompagnement d'effets sonores qui donnaient le frisson.

En 1787, les spectacles à base d'effets spéciaux de caractère spectral allaient recevoir un nom : on les appellerait fantasmagories. Mais, six ans plus tôt, Loutherbourg avait été le pionnier du genre quand le riche et jeune esthète William Beckford lui avait demandé de faire appel à toutes les ressources de « son imagination ardente et sauvage » pour créer un spectacle oriental ayant une dimension occulte qui serait représenté dans sa maison de campagne. Les effets de lumière « nécromantiques », les senteurs voluptueuses, la machinerie aux rouages d'horloge avaient tellement grisé le jeune Beckford qu'il s'était immédiatement mis à composer *Vathek*, son célèbre conte oriental. Sans qu'il le sût, c'était un avant-goût de notre cinéma qui avait exercé une séduction irrésistible sur son imagination.

La presse s'étonna : pourquoi un homme riche et talentueux dont la bonne société raffolait choisissait-il de se lier avec Cagliostro, de surcroît compromis par ses rapports avec Gordon ? Selon le peintre, il n'y avait entre le mage et lui qu'un partenariat d'affaires. Ils s'étaient mis d'accord pour partager les fruits de leur production future, tableaux pour le peintre, remèdes pour Cagliostro.

Morande subodora que leur relation était plus profonde. Pour commencer l'Alsacien avait fait ses études à l'université de Strasbourg, ville où Cagliostro avait exercé ses talents de guérisseur et de franc-maçon pendant trois ans. Le journaliste devinait probablement que les deux hommes s'étaient rencontrés là. Il ne se trompait pas : ils s'étaient rencontrés en 1783 à la loge strasbourgeoise des Amis Réunis.

En outre Loutherbourg, comme d'autres artistes étrangers, était féru des mystères de l'alchimie. Il avait réuni une des plus riches bibliothèques de livres sur les sciences occultes de Grande-Bretagne et il disposait aussi d'un laboratoire fort bien équipé. On racontait qu'il passait tant de temps à se livrer à des expériences, enfermé dans ce laboratoire, que dans un moment d'exaspération, Lucy, sa nouvelle épouse, avait brisé plusieurs creusets. Si les recherches alchimiques le passionnaient, on pouvait comprendre l'attrait exercé par Cagliostro. En 1786 Loutherbourg affirma hautement qu'il avait vu le Copte effectuer la transmutation en argent de pièces de monnaie en cuivre, et qu'il était témoin d'une guérison opérée par celui-ci à Chiswick sur Elizabeth Howard, sa voisine, qui souffrait d'arthritisme. Les talents d'alchimiste de

Cagliostro intéressaient le peintre, cela ne fait pas de doute.

Loutherbourg n'était certainement pas indifférent non plus à une nouvelle forme de médecine en vogue – et, là encore, Cagliostro pouvait se montrer précieux. Quelques années auparavant, les Loutherbourg (et leurs amis Cosway) n'avaient pas hésité à payer très cher pour assister à une série de conférences sur le magnétisme animal données par le docteur Jean Benoît de Mainauduc, qui avait étudié à Paris. Ils avaient alors appris comment les mains d'un disciple de Mesmer pouvaient libérer le corps de certains blocages qui, en s'opposant à l'écoulement normal et sain d'un fluide invisible, étaient source de souffrances physiques ou psychiques. Cagliostro, qui se posait en incomparable génie médical, laissait entendre qu'il avait une connaissance approfondie de cette nouvelle science.

Enfin, le programme de maçonnerie mystique du Copte devait séduire Loutherbourg. Quoique le peintre, pour des raisons de convenance, se fût affilié à la Grande Loge de Londres, loge éminemment respectable, il avait adhéré en secret à plusieurs loges hétérodoxes plus modestes en Angleterre et ailleurs. Pour un mordu de théosophie comme Loutherbourg, Cagliostro était la plus prestigieuse vedette de l'internationale mystique qui eût jamais visité l'Angleterre. D'ailleurs cette visite ne pouvait pas tomber à un meilleur moment. Le Copte pouvait se présenter comme le successeur éventuel de Falk et de Swedenborg, tous deux morts récemment en laissant des disciples éplorés en quête d'un nouveau guide.

Morande n'eut pas à chercher longtemps pourquoi Cagliostro voulait faire alliance avec Loutherbourg. Un pamphlet récent intitulé *Cagliostro démasqué à Varsovie* venait de couvrir de ridicule les tentatives maladroites de l'alchimiste charlatan à Wola en 1781. Son auteur (le comte Moczynski) se permettait une suggestion moqueuse : « Si Cagliostro était versé davantage... dans les arts optique, acoustique et mécanique, s'il était meilleur physicien en général, et s'il avait un peu étudié les tours de magiciens comme Comus et Philadelphus, quel succès n'aurait-il pas eu ? » N'était-il pas clair que Cagliostro avait pris ce conseil très au sérieux ? D'où son association avec l'illusionniste le plus doué au monde.

Et Morande avertissait ses lecteurs que Cagliostro allait bientôt recourir à des tours d'illusionniste pour ensorceler ses disciples londoniens. À Leipzig, un franc-maçon, un certain Johann Georg Schrœpfer, avait déjà recouru à des techniques hallucinatoires ; il est vrai qu'il s'était fait sauter la cervelle quand sa fraude avait été découverte. Des lanternes magiques dissimulées équipées de verres grossissants pouvaient, sur des voiles transparents, faire surgir des images de défunts d'apparence spectrale entourés de nuages colorés. Le virtuose Loutherbourg n'aurait aucune peine à produire des effets de ce genre.

Pour une fois, Morande se trompait. Cagliostro se proposait de faire appel à une forme plus traditionnelle du génie de son partenaire. À l'automne de 1786, il le persuada de peindre une série de tableaux qu'on accrocherait dans les salles destinées aux séances d'initiation de la nouvelle loge d'adoption envisagée à Londres.

Loutherbourg suivit les instructions très précises du Copte et exécuta une série de huit aquarelles sur des thèmes maçonniques. Elles évoquaient les épreuves qu'une initiée au culte d'Isis devait traverser avant d'atteindre au niveau suprême. À son entrée dans la loge, la future initiée se trouvait en face de la première peinture qui représentait à la fois le but final et la lutte qui l'attendait. Une belle jeune femme habillée d'une robe blanche à large ceinture bleue – version idéalisée de Seraphina – contemplait une cité sainte perchée sur un nuage tandis qu'un serpent vert faisait onduler ses anneaux menaçants sur le chemin à parcourir.

Dans le second tableau, la candidate a atteint l'étape suivante que symbolise un temple classique en ruine dont les trésors jonchent le sol. Sa main droite tient l'épée avec laquelle elle a tranché la tête du serpent tandis que sa main gauche est pressée contre sa poitrine.

Le troisième tableau la montre contemplant le nouveau défi qui l'attend. Elle se tient les yeux baissés devant la grande maîtresse, dont le casque est orné d'une chouette comme celui de Pallas Athéna et qui lui désigne une horde de sorcières androgynes. Ces sorcières, à la fois tentatrices et monstres dépravés, la candidate doit les affronter.

Au quatrième tableau l'initiée est au pied du temple, pyramide égyptienne surmontée d'un arc-en-ciel aux vives couleurs. Ce moment est celui d'une sorte de désespoir. Elle est assise sur un rocher, des débris d'armes jonchent le sol, des sorcières aux mamelles pendantes, le sexe hérissé de serpents, font des cabrioles. Mais au premier plan on voit le grand Copte en personne, l'épée à la main, qui l'invite à s'avancer vers le sanctuaire.

La peinture suivante la confronte avec l'épreuve suprême pour l'humanité, la mort. Devant une grotte au-dessous du temple se dresse un géant musclé qui représente le Temps ; il est ailé et barbu, un sablier est posé sur sa tête et il brandit la faux dans sa main droite. Ses intentions sont évidentes.

Au moment où toute ascension spirituelle semble interdite, le Grand Copte vient à la rescousse. Il ressemble à un Cagliostro amaigri et porte une large ceinture rouge. Le Copte saisit une des ailes du Temps et se prépare à en taillader les plumes avec une épée à double tranchant. Au premier plan, par terre, on voit le sablier renversé ; derrière Cagliostro un phénix émerge triomphalement d'un bûcher enflammé. Le Temps ennemi de l'homme est vaincu.

Mais le Copte doit encore combattre un autre adversaire et le tuer. C'est un Hermès aux talons ailés. Il faut sans doute comprendre qu'il ne s'agit pas de l'Hermès Trismégiste qui est à l'origine de la franc-maçonnerie égyptienne, mais d'un faux Mercure, celui que suivent les francs-maçons orthodoxes. Il y a un corps à corps ; Cagliostro plonge son épée dans le cœur de Mercure.

Enfin vient l'heure de la récompense finale après tant d'épreuves. L'initiée est arrivée au pied des marches du temple égyptien. Sa consécration aura lieu dans un instant. Le Copte lui fait signe d'avancer, de gravir les dernières marches. Un voile bleu délicat flotte sur le seuil dans les rayons d'une lumière intense. Sur les murs de pierre des fragments de mots suggèrent les mystères suprêmes : *arcanum magnum ; gematria ; secrets*. À la droite de l'initiée le faux Mercure gît allongé, – est-il mort ou dort-il ? – affalé contre une stèle qui porte les mots pierre brute qui stigmatisent les préoccupations bassement matérielles des rivaux maçons de Cagliostro.

Il est improbable que Morande ait vu ces tableaux, mais il devina les intentions de Cagliostro. Il était trop fin politique pour avoir besoin qu'on lui indique explicitement les ambitions du Copte, à savoir prendre la tête de la maçonnerie égyptienne en Angleterre. En tant qu'honorable maçon du rite dit moderne, il sut persuader ses frères de rejeter les prétentions du dangereux intrigant. Il attaqua la mission égyptienne de Cagliostro sur de multiples fronts. D'abord il le ridiculisa en dépeignant sur le mode burlesque la cérémonie d'initiation qui avait eu lieu dix ans auparavant à la taverne de King's Head. L'idée de l'Italien rondouillard plongeant du plafond pour s'écraser sur le plancher de la taverne avant de baver de terreur quand on avait posé contre sa tempe un pistolet déchargé fit ricaner ses lecteurs des deux côtés de la Manche.

Morande se rendit compte qu'il était essentiel de faire pression sur les Swedenborgiens de Londres, vraisemblablement plus prêts à accueillir avec bienveillance le projet missionnaire de Cagliostro. Le *Courrier* inventa donc de toutes pièces une histoire qui allait entrer dans la légende. Le Copte, selon le journal, aurait autorisé un groupe de Swedenborgiens à se servir de son rituel secret pour évoquer des esprits angéliques. Mais « à la place des séraphins en robes azurées et argentées qu'ils espéraient voir, surgit devant eux une foule terrible d'orangs-outans dont ces chastes idéalistes durent endurer toute la soirée les grimaces, les insultes et le comportement indécent… » L'hilarité des lecteurs du *Courrier* devant l'évocation de ces Swedenborgiens aux principes si élevés dont la séance avait tourné au chaos quand la meute de singes obscènes s'était ruée, obligea le docteur Chastanier, qui en dirigeait la société à Londres, à recommander sévèrement à ses ouailles d'éviter tout contact avec les maçons égyptiens.

Au début de novembre, Cagliostro essuya un nouvel échec très grave. Quelques jours plus tôt le Copte et quelques-uns de ses plus fidèles disciples avaient été accueillis à une réunion de l'Antiquity Lodge à Bloomsbury, dans la maison d'un perruquier nommé Barker. Cagliostro comptait bien faire reconnaître son autorité sur l'assemblée mais, selon Morande, l'opération tourna à la farce. Un artisan nommé « Brother Mash », chargé de la cérémonie de bienvenue, exécuta une parade burlesque violemment satirique où Cagliostro était dépeint comme un charlatan de foire.

En dépit de cette répétition générale peu prometteuse, Cagliostro lança son offensive ; dès le lendemain, il faisait officiellement acte de candidature à la direction du mouvement. Le *Morning Herald* du 2 novembre publia une annonce invitant « les vrais maçons » à s'associer avec les Swedenborgiens pour rénover la franc-maçonnerie britannique. Le texte faisait référence à un code numéral de signification mystique : il appelait à la « construction du nouveau temple de la Nouvelle Jérusalem, 3, 8, 20, 17, 8 ». Une importante réunion se tiendrait à cet effet le 3 novembre à la taverne d'O'Reilly, sur Great Queen Street, où l'on poserait la première pierre de la fondation de la nouvelle loge. Mais le même jour le *Courrier* publiait une description cinglante du fiasco de la veille à Bloomsbury et l'appel de Cagliostro ne rencontra aucun écho.

Une semaine plus tard, une nouvelle humiliation attendait le Copte. Une spirituelle caricature de la parade de Frère Mash fit son apparition dans les rues londoniennes. Elle était l'œuvre d'un graveur, le génial caricaturiste James Gillray, alors à la solde du gouvernement britannique. Intitulée « Extrait des Mémoires du Comte Arabe », elle représentait le corpulent Cagliostro dans sa grande tenue maçonnique essayant de vendre ses gouttes à un groupe sceptique de frères britanniques qui raillent le charlatan et son entourage de disciples étrangers en tenues de dandy. La légende versifiée était mordante.

Né Dieu sait où, vivant Dieu sait comme
Descendant de qui – Va-t'en savoir
Lord Crop le serre sur son cœur
Sottement défend sa réputation.

Ce pseudo-comte il y a peu d'années
Frère Maçon devint sous un nom emprunté
Car des noms il en a à revendre
Et comme Protée mille formes sait prendre.
« Contemplez, dit-il, de Dame Nature le fils
Âme bienveillante, douces manières !
Contemplez l'innocent Acharat
Qui sait faire de l'or, ce mystère.
J'ai le cœur sensible, la conscience pure,
Mon baume guérit tous les maux
Mes pilules et poudres chassent tout malaise
Vous rajeunissent et redonnent la santé. »
L'imposteur excelle à jouer un rôle
Faibles et crédules il séduit.
Mais son histoire est claire aujourd'hui
Le fieffé hypocrite est démasqué.
En Balsamo d'abord il se fit peintre
N'étant que barbouilleur il renonça
Puis charlatan alla par monts et par vaux
De morts il noircit de longues listes
Trois fois il visita les rives anglaises
Chaque fois sous un nom différent.
Les braves Alsaciens il flatta aisément
En leur vantant la vieille Égypte
Il usa du même tour à Bordeaux
À Strasbourg, Lyon et Paris aussi.
Mais à Frère Mash il était réservé
D'arracher son masque à l'imposteur
Que les vrais Maçons écoutent cette histoire !
Et le rire mettra fin à sa tromperie.

Comme Casanova le souligna dans son propre libelle contre Cagliostro publié à Varsovie la même année, le ridicule était la seule arme contre laquelle un magicien était sans défense. Assisté de Thilorier, venu à Londres pour une consultation juridique,

Cagliostro essaya pourtant de riposter aux railleries de Morande en publiant une *Lettre au peuple anglais*. Loin de nier son séjour en Grande-Bretagne en 1776-1777, il expliquait qu'à l'époque il avait été déjà la victime d'une bande d'escrocs du même genre que Swinton et Morande. Ces deux-là, soutenait-il, étaient de sordides maîtres chanteurs qui s'étaient retournés contre lui quand il avait refusé de payer.

Pour étayer ses accusations Cagliostro citait différents épisodes notoires de la carrière du maître chanteur. Ce coquin avait été acheté par le ministère français pour se parjurer. Il était aussi, de notoriété publique, un lâche qui s'était dérobé à plusieurs duels avec ses victimes et avait trahi à tour de rôle tous ses amis. La *Lettre au peuple anglais* célébrait le libéralisme et la générosité du peuple britannique qui avait protégé Cagliostro contre la tyrannie de la monarchie française. En conclusion figurait le rappel habituel du terrible destin qu'avaient rencontré dans le passé tous les adversaires du Copte.

Mais Morande ne disposait pas seulement d'une plume empoisonnée. Derrière lui se dressait la menaçante puissance des lois britannique et française. Durant l'hiver de 1787, il annonça triomphalement qu'on engageait des poursuites contre l'ami de Cagliostro, lord George Gordon. En effet, le 27 janvier, les gouvernements français et britannique intentaient séparément un procès à l'incendiaire, accusé dans un cas de diffamation à l'encontre de la justice britannique et dans l'autre, de diffamation à l'encontre de la reine de France. Gordon disparut.

Morande, ancien avocat, sut tirer parti habilement des ressources d'une autre nature qu'offrait la loi britannique. On ne pouvait intenter un procès en diffamation à Cagliostro, mais rien n'empêchait de le faire interner à Newgate dans la section réservée aux débiteurs récalcitrants. Morande incita une demi-douzaine des créanciers de vieille date du mage à porter plainte. Des huissiers aux aguets dans la maison voisine de Swinton attendirent l'occasion propice pour l'appréhender. Par chance Cagliostro fut averti à temps pour verser une caution et déjouer cette tentative d'enlèvement légal. Cela ne découragea pas Morande ; il fit venir de Strasbourg à ses frais le pharmacien Carlo Saachi prêt à réclamer en justice le paiement des cent cinquante livres de gages que Cagliostro, prétendait-il, lui devait encore.

Puis Morande annonça l'arrivée prochaine d'un gentleman espagnol, un certain M. Silvestre de Cadix, qui depuis des années exigeait le remboursement d'une coûteuse canne à pommeau d'argent dérobée par Cagliostro. Une accusation identique l'avait déjà embarrassé à Saint-Pétersbourg. Sept ans plus tard, ce fut la goutte d'eau qui fit déborder le vase. Se rendant compte que sa liberté et sa somptueuse installation de Knightsbridge étaient en danger, Cagliostro recourut au seul tour de magie qu'il pût encore opérer. Au début d'avril 1787, il disparut de Londres pour reparaître en Suisse. Il prophétisa quand même la mort prochaine de son adversaire impénitent.

Théveneau de Morande riposta à son tour. Le *Courrier de l'Europe* du 6 avril portait ce simple titre : *Il est mort* – et annonçait que non seulement la réputation européenne de Cagliostro était défunte mais que les disciples du Copte en Grande-Bretagne avaient renoncé à leurs projets.

6

Le rajeunisseur

Rajeunir : restaurer la jeunesse, rendre jeune de nouveau. (*New English Dictionary*, 1910)

Le 7 juin 1787, un carrosse anglais lourdement chargé traversa les frontières allemande et française pour entrer dans la ville suisse de Bâle. Une vue plaisante s'offrit aux voyageurs, Seraphina Cagliostro, Philippe et Lucy de Loutherbourg, tandis qu'ils gravissaient la route pavée en forte pente qui conduisait vers les maisons jumelles des frères Sarasin – ces soyeux qui étaient aussi banquiers. Au-dessous d'eux sur la gauche du carrosse s'étendait l'ample courbe du Rhin dont les eaux vert olive emportaient de grosses barges chargées de rubans, de calicot et d'étoffes de soie vers les ports de l'Europe, du Levant et des Indes.

Les conflits religieux du XVIIe siècle avaient poussé des familles huguenotes de travailleurs qualifiés de la soie, tels les Sarasin, à se réfugier dans cette cité paisible dotée d'un port. Un siècle plus tard, l'esprit d'entreprise de ces familles et de judicieux mariages entre elles avaient transformé Bâle, devenue une oligarchie prospère de marchands et de banquiers. La ville comptait quinze mille habitants ; ses larges rues, ses belles maisons, ses églises correspondaient à sa réputation d'opulence, d'ordre et de piété.

La destination des voyageurs était la maison de Jacques Sarasin et de sa femme Gertrude dont, six ans plus tôt à Strasbourg, Cagliostro avait sauvé la vie. Arrivés sur la hauteur ils dépassèrent la façade néoclassique de la maison de Lucas Sarasin, dite la Maison Bleue, et s'arrêtèrent devant son exact pendant, la Maison Blanche, désignation discrète d'une vaste bâtisse qui avait coûté deux cent mille florins et occupait un espace imposant, sorte de palais d'une blancheur d'ivoire que couronnait un toit de tuiles orange. Au-dessus de la porte d'entrée ornée de gros clous se dressaient deux satyres en plâtre dont l'un arborait un sourire lascif tandis que la grimace furieuse de l'autre découvrait ses dents.

Seraphina Cagliostro allait revoir ses plus anciens et ses plus chers amis, les Sarasin, mais elle était très anxieuse : comment allait l'accueillir son mari, le comte Cagliostro, déjà installé dans la maison ?

Elle avait quelque raison d'être nerveuse. Au cours des trois mois qui s'étaient écoulés depuis qu'elle l'avait vu pour la dernière fois à Londres, elle l'avait trahi, elle avait fait des confidences intimes à Théveneau de Morande, son mortel ennemi, lui avait révélé des secrets compromettants. Elle ne voulait pas faire de tort à son époux, mais elle en avait réellement assez de ce mari qui sans doute la chérissait, la couvrait de cadeaux quand il était en fonds et se consolait mal de leurs séparations, mais dont la mauvaise humeur et les accès de colère dans les moments de crise – et ils avaient été nombreux ces derniers temps – lui étaient insupportables.

Au reste, c'était leur mode d'existence entier qui la révoltait, ces oscillations constantes de la fortune, ces départs brusques qui l'arrachaient à ses amants et à ses amis, ces situations humiliantes où elle se trouvait forcée de renvoyer ses domestiques, de mettre en gage ses bijoux, d'affronter la police et les huissiers. Et puis elle détestait la Grande-Bretagne dont elle ne comprenait pas la langue, dont la religion la laissait indifférente, dont le climat la rendait malheureuse. Elle aspirait à retrouver la tiédeur de l'Italie, le style de vie français, les consolations du catholicisme.

Un an auparavant, son mari confiait à un ami des Sarasin que seul l'amour de sa femme le retenait de s'enfuir en Afrique pour vivre dans la jungle avec les bêtes sauvages. Mais c'était lui qui s'était enfui en Suisse et qui l'avait laissée aux prises avec divers animaux : les créanciers qui voulaient saisir leurs meubles, les domestiques qui réclamaient des arriérés de gages, les francs-maçons venus de France qui la bombardaient de questions, lui demandaient si le comte Cagliostro n'était pas l'escroc sicilien Giuseppe Balsamo, et si le réseau de loges égyptiennes en Europe était seulement le fruit de son imagination. Elle avait aussi dû faire face à la colère et à l'amertume du jeune et idéaliste secrétaire de Cagliostro qui avait surpris son maître en train de truquer une expérience juste avant de prendre la fuite en Suisse. Voyant la douleur et l'accablement du jeune homme furieux d'avoir perdu une année de sa vie à étudier auprès d'un charlatan, elle lui avait offert la consolation de ses caresses. Pourquoi pas ? Elle était seule, et lui plein d'ardeur.

À sa grande surprise, Théveneau de Morande ne s'était pas montré moins charmant, en dépit de sa terrible réputation. En apprenant le départ de Cagliostro, il s'était précipité chez elle et lui avait proposé de l'aider. Elle n'avait pas l'intention de se confier à lui mais il était difficile de résister à cet homme ; il s'apitoyait sur sa solitude, comprenait que la vie vagabonde imposée par Cagliostro lui fût à charge, qu'elle aspirât à revenir à la religion et souffrît de l'impiété de son mari. Il n'ignorait pas la façon dont celui-ci l'avait humiliée jadis en l'enfermant dans un couvent en France. D'ailleurs elle ne lui avait rien dit qu'il ne connût déjà, mais avait seulement confirmé quelques-unes de ses conjectures sur la vie passée de son mari.

En outre elle aurait pu trahir Cagliostro d'une manière autrement grave : à Londres on lui avait promis une pension considérable de la part du roi de France si elle affirmait sous serment que les faits avancés par son mari contre Launay et Chesnon étaient controuvés. Elle avait été tentée, naturellement, mais méfiante – s'il s'agissait d'un piège ? On ne pouvait pas faire confiance aux Bourbons, c'était bien connu. En fin de compte c'étaient les Loutherbourg, ses hôtes londoniens, qui l'avaient dissuadée de témoigner contre son mari. Ils lui avaient alors promis de la conduire en Suisse où ils avaient l'intention de continuer à travailler avec Cagliostro. Ils expliqueraient à celui-ci combien Morande s'était montré enjôleur.

Seraphina n'aurait pas dû s'inquiéter. Cagliostro l'accueillit avec une joie sans mélange. Il l'étreignit dans ses bras puissants et lui chuchota à l'oreille les mots tendres habituels. Puis il se tourna vers les Loutherbourg qu'il embrassa à leur tour – les remerciant avec effusion pour leurs attentions à l'égard de sa femme et pour le soin qu'ils avaient pris d'elle au cours du voyage. Il saurait les en récompenser largement.

Seraphina n'avait pas vu Cagliostro d'aussi bonne humeur depuis longtemps : pendant plusieurs semaines il déborda d'énergie et de bienveillance. Elle n'eut même aucune explication à fournir : Cagliostro était convaincu qu'elle avait été la victime de disciples en qui il avait eu confiance. C'était le roi et la reine de

France, qui craignaient Cagliostro plus que personne, qui avaient dû les corrompre.

Sa Seraphina adorée ne devait pas se mettre martel en tête – mademoiselle était trop jolie pour cela. Il lui chuchota des paroles tendres : il savait comment cette meute de coquins l'avait traquée, il savait aussi quelle tristesse elle éprouvait quand on lui enlevait ses meubles, ses bijoux, et ses domestiques. Mais désormais tout irait bien. Il lui demanda seulement de signer une déclaration légale attestant qu'une racaille d'espions et de pornographes l'avaient forcée à raconter un tissu de mensonges sur son époux. Cette déclaration serait faite en présence d'un magistrat local et rassurerait leurs vrais disciples en Suisse et ailleurs.

Seraphina accepta avec soulagement. Une fois de plus, Cagliostro balaya ses dernières inquiétudes dans des flots d'éloquence. Il avait commis une grosse erreur, reconnut-il, en retournant en Angleterre, pays borné où l'on ne pensait qu'à l'argent et dont la franc-maçonnerie n'avait aucune dimension spirituelle. Que Londres grouillât de prédateurs et d'espions n'était certes pas pour les surprendre. Chacun de leurs séjours là-bas avait mal tourné. Oui, ils avaient eu tort de revenir.

C'est en Suisse qu'ils auraient dû s'installer, et depuis longtemps. Il en avait été tenté dès sa première visite à Bâle, en 1781-1782, peu après la guérison de Gertrude Sarasin. Et pourtant, il aurait eu de bonnes raisons d'y rester. Désireux de lui manifester sa gratitude, Jacques Sarasin avait insisté pour lui bâtir un beau pavillon de style chinois dans le village de Rihen, juste à la sortie de Bâle. Construit selon les spécifications détaillées de Cagliostro, ce pavillon se prêtait à la réalisation de l'objectif le plus élevé de la franc-maçonnerie égyptienne : la régénération spirituelle et physique. Jacques n'avait pas regardé à la dépense.

Maintenant, il est vrai, le pavillon avait besoin de quelques réparations, mais Jacques avait promis de s'en occuper. Le pavillon comportait une délicieuse tour miniature que surmontait une girouette en or ; des cloches avec de petits battants dorés suspendues chacune à un coin du toit couvert de tuiles ; une somptueuse chambre de méditation ; une salle de billard et un jardin à la française qui permettait de s'immerger dans la nature. Au moment où il avait été édifié, Cagliostro l'avouait, il était trop absorbé par sa clinique strasbourgeoise pour apprécier le splendide cadeau qu'on lui faisait.

Mais maintenant, tout allait changer. En Suisse il aurait enfin le loisir de perfectionner son système de régénération. Telle serait sa nouvelle mission. Il avait décidé de renoncer aux cliniques gratuites pour les pauvres qui l'exposaient à la jalousie et à l'hostilité des médecins. Il n'essaierait pas non plus de réformer la franc-maçonnerie orthodoxe dont la corruption était incurable. En Suisse d'ailleurs cela ne s'imposait pas. À Bâle, on le traitait comme un personnage quasi divin ; il avait autour de lui un cercle d'admirateurs distingués, tous amis ou parents des Sarasin : les Hasenbach, les Bishoff, un pasteur français, Touchon, un pasteur allemand, Schmidt, les professeurs Haas et Breitlinger, Gingin, le beau-frère de Jacques Sarasin, les riches marchands Jacob Burckhardt et Isaac Iselin, le célèbre poète aveugle Pfeffel, et bien d'autres.

En vérité, disait Cagliostro à Seraphina, le niveau spirituel de ce cercle était si impressionnant qu'il avait déjà décidé d'en faire la loge mère de la franc-maçonnerie égyptienne en Suisse, le noyau d'où le rite rayonnerait sur tout le pays. Les membres du cercle se réunissaient régulièrement à la Maison Blanche dans une pièce d'où était absent le fouillis extravagant des loges parisiennes. La piété de ces Suisses était simple et naturelle : il leur suffisait de contempler un buste de Cagliostro pour parvenir à un état de transcendance spirituelle.

En outre, Cagliostro comptait bien se consacrer à leurs hôtes si chers, Jacques et Gertrude. Quand les Sarasin en trouveraient le temps, il se lancerait avec eux dans une entreprise ardue : quarante jours d'enseignement moral et de méditations indispensables pour les laver de la macule du péché originel et leur permettre d'atteindre un état de pureté complète. Ensuite il les préparerait à affronter l'épreuve suprême qui les conduirait à la régénération physique, ce qui impliquait de nouveau quarante jours de jeûne et d'isolement dans le pavillon chinois. Grâce à ses eaux distillées spéciales et à ses herbes laxatives il chasserait toutes les impuretés de leurs corps et en purgerait les humeurs putrides avec des saignées. Il suffirait alors de doses savamment calculées des grains d'une panacée universelle, dont il gardait la recette secrète, pour que, dans un sursaut final, les Sarasin rejettent la peau qui enveloppait leur ancien moi corrompu et renaissent immortels.

Cagliostro confia à Seraphina qu'il avait entamé les prémices de cette transformation future en dictant à Gertrude quelques prescriptions secrètes ainsi que d'autres qu'exigeait son prochain accouchement. En dépit des formes généreuses de Gertrude, on s'inquiétait pour elle : on craignait un retour des troubles nerveux dont il l'avait guérie en 1781. Heureusement ces prescriptions allaient permettre aux époux de préparer « un élixir en vue de l'accouchement », des « poudres reconstituant l'appétit », une excellente « huile prévenant les accès d'hystérie », des « élixirs pour le cas où l'utérus tendrait à sortir du corps » et des purgatifs comme un « thé d'herbes » et une « eau de vie ». Gertrude d'ailleurs n'était pas moins excitée de disposer des huiles et poudres préparées par Cagliostro pour le rajeunissement de la peau, des dents, des yeux, des cheveux, des mains, des pieds, des lèvres et du nez. Enfin il avait communiqué au couple le secret de sa fameuse « pâte de paradis » et de son « vin d'Égypte » : ainsi leurs appétits sexuels renaîtraient-ils promptement après l'accouchement.

Jacques n'avait pas voulu se montrer moins généreux. Il leur avait trouvé un endroit idéal pour vivre. Son choix s'était fixé sur Bienne, petite ville assez proche de Bâle pour que l'on pût se visiter régulièrement. Bienne, à l'extrémité de son lac aux eaux pures et cristallines, jouissait d'un bon climat du fait de sa position qui l'abritait des pires vents en hiver.

De plus, c'étaient des amis des Sarasin, les Wildermett, qui y faisaient la loi. Sigismund Wildermett, le banneret (ou seigneur), leur avait déniché une résidence idéale, et garantissait qu'ils jouiraient de plus de sécurité et de calme qu'en aucun autre pays d'Europe. La franc-maçonnerie était bien accueillie à Bienne où plusieurs loges opéraient déjà. Le frère de Sigismund, Alexandre, le maire de Bienne, avait également écrit ; il se déclarait enchanté de voir un personnage aussi éminent que Cagliostro honorer sa ville de sa présence. Il comptait sur la réputation de guérisseur du Copte pour remplir les hôtels de Bienne de riches visiteurs venus de toute l'Europe.

Seraphina, assurait Cagliostro, ne manquerait pas d'aimer leur nouvelle résidence, Rockhalt. Un toit rouge en forte pente et une tour blanche ornée d'une simple croix lui donnaient l'allure d'un château à la campagne mais elle était située en bordure de la ville sur la promenade Pasquart. Le bâtiment principal où ils habiteraient comportait huit chambres ; une annexe plus petite, de quatre chambres, serait occupée par Philippe et Lucy de Loutherbourg. Jacques

Sarasin acquitterait le loyer et s'offrait à satisfaire leurs moindres désirs. Le banneret rivalisait de générosité avec lui : il avait fait nettoyer et repeindre entièrement Rockhalt, y avait mis des meubles, avait veillé au linge et à la vaisselle. Seraphina pourrait y exercer ses talents de décoratrice.

Le parc était aussi charmant que la maison, à en croire la description enthousiaste de Cagliostro. À part l'étable abritant une vache qui leur fournirait du lait, il y avait un grand jardin en terrasse qui descendait jusqu'au bord d'une rivière aux flots rapides, et un beau verger où la vigne florissait. Toutes les clôtures avaient été refaites à neuf. Le bon banneret avait pensé à tout. Il avait engagé un jardinier, un cuisinier, une coiffeuse pour Seraphina et un chimiste compétent pour exécuter les recettes de Cagliostro.

Quant à la société de Bienne, elle était plus vivante et attrayante que ne l'imaginait Seraphina. D'après le banneret, la vie sociale était fort gaie. Sans compter qu'ils avaient déjà la bonne fortune d'avoir la compagnie brillante des Loutherbourg. D'ailleurs Cagliostro réservait une surprise à sa femme. La marquise Branconi, l'ancienne maîtresse du prince de Brunswick – oui, la femme qui avait snobé Seraphina sept ans plus tôt à Strasbourg –, implorait de lui être présentée. Il avait fait preuve de magnanimité : il avait accepté à condition que la rencontre eût lieu dans une autre demeure que la sienne. Certainement l'éblouissante marquise serait d'une plaisante compagnie.

Lorsque les Cagliostro arrivèrent enfin à Bienne dans les derniers jours de juin, le banneret donna en effet une fastueuse réception pour leur souhaiter la bienvenue. Les notables du pays étaient présents, y compris la marquise Branconi qu'accompagnaient deux amants qui se regardaient comme chien et chat. L'élégante marquise fut aussi chaleureuse qu'elle s'était montrée hautaine et Cagliostro fit plaisir aux gens de Bienne en déclarant qu'il trouvait chez eux la paix qu'il recherchait depuis si longtemps – ne répétait-il pas à Gertrude Sarasin qu'il aspirait à goûter l'existence tranquille du philosophe, incompatible avec l'agitation du monde ? Les Loutherbourg firent également bonne impression. En dépit de la présence de Lucy, Seraphina « brillant des feux de ses diamants » eut la satisfaction d'être regardée comme la plus belle femme de l'assistance. Est-il besoin de le dire ? Cagliostro fut l'objet de toutes les attentions des femmes invitées, lesquelles réclamaient à grands cris ses traitements pour la peau et pour les nerfs.

Et pourtant, à peine quelques semaines s'étaient-elles écoulées que l'humeur de Cagliostro s'assombrit. En dépit de l'isolement de la petite ville, la fâcheuse nouvelle lui parvint enfin que, partout en Europe, d'anciennes connaissances aboyaient aux chausses du comte, comme des dogues déchaînés. L'affaire du collier se combinant avec les attaques lancées par Théveneau de Morande relançait la campagne contre le célèbre franc-maçon. D'autant plus que Morande prétendait avoir découvert aux archives de la police parisienne des documents prouvant, par la comparaison des écritures, que Cagliostro et Balsamo étaient une seule et même personne. La chasse était rouverte.

Parmi les pamphlets hostiles on pouvait relever un tract anonyme intitulé *Soliloque d'un penseur*, publié à Varsovie en 1786, visiblement de la plume du célèbre aventurier Casanova. Le tribunal de l'Inquisition ayant perdu patience et s'étant dispensé de ses services, celui-ci avait quitté Venise et accepté une situation de bibliothécaire dans un château en Bohême. En tirant parti de ses rencontres avec Giuseppe Balsamo pour lancer une attaque « philosophique » contre la vogue européenne des magiciens guérisseurs, Casanova espérait retrouver un peu de son prestige passé.

Le *Soliloque d'un penseur* lui avait été aussi inspiré par sa rencontre fortuite avec une ex-amie de Cagliostro, Elisa von der Recke. Au cours de l'hiver 1785-1786 Casanova avait par hasard dîné à côté d'elle dans la célèbre station thermale de Teplitz. Elisa était venue prendre les eaux, Casanova avait voulu échapper à l'ennui de son triste château. Le vieux roué et la piétiste convaincue avaient sympathisé : il adorait les jolies femmes, elle admirait les hommes d'âge et d'expérience. Casanova avait beau être un vieillard poudré recrépit du mieux possible, son redoutable charme n'avait pas disparu. Elisa fut sans doute sa dernière conquête, bien que sa formidable sensualité ne se traduisît plus qu'en épîtres fleuries où l'âme parlait à l'âme. En outre, ils avaient un objectif commun.

L'ouvrage d'Elisa, *Rapport sur le fameux C. à Mitau en 1779*, publié à Berlin en 1786, eut un impact bien plus grand que le pamphlet de Casanova – et d'abord parce qu'il venait d'une ancienne disciple et non d'un rival jaloux. C'était son journal de 1779, d'un ton surexcité et fervent, auquel elle avait joint des annotations postérieures censées expliquer comment Cagliostro avait réussi à l'ensorceler. Cette formule eut un succès extraordinaire. Tout le monde voulut le lire. Elisa dut en discuter personnellement avec nombre des intellectuels les plus célèbres d'Allemagne : le philosophe Emmanuel Kant, le musicien Carl-Philip Emmanuel Bach, le poète Friedrich Klopstock, le moraliste Johann Georg Hamann, l'illustre Goethe lui-même. On ne saurait s'étonner, dans ces conditions, si la nouvelle de cette publication parvint jusqu'à la petite ville de Bienne. Les Cagliostro n'étaient arrivés que depuis quelques semaines quand Sigismund Wildermett leur apprit, avec tout le tact désirable, que dans tous les États allemands l'opuscule d'Elisa soulevait l'opinion contre Cagliostro.

Celui-ci dut faire face à un autre flot d'attaques venues d'un Est encore plus lointain. Le comte Moczynski lui avait fait un tort considérable en dénonçant l'opération alchimique ratée de Varsovie, mais il apprit une nouvelle bien plus grave : l'impératrice russe montait une campagne qui le visait personnellement. La visite de Cagliostro à Saint-Pétersbourg avait déjà déterminé chez celle-ci un changement d'attitude à l'égard de la franc-maçonnerie. Ces nouvelles dispositions s'aggravèrent après 1784, date de la proscription des Illuminés de Bavière, accusés de menées révolutionnaires et d'athéisme. Dès lors les vagues soupçons que lui avait inspirés la mission de Cagliostro en Russie se transformèrent en certitudes inébranlables.

En 1785, Catherine, écrivant à l'un des conseillers en qui elle avait le plus confiance, lui expose le plan d'une offensive européenne contre la franc-maçonnerie (la cible choisie étant Cagliostro) :

« Il m'est venu à l'esprit de profiter de la première occasion d'adresser un manifeste à mon peuple pour le mettre en garde contre la séduction d'une invention étrangère, les loges maçonniques... Elles tendent à détruire l'orthodoxie chrétienne et tout gouvernement à la place duquel elles font naître le désordre sous la forme d'une prétendue égalité qui n'existe pas dans la nature. En même temps elles fomentent tous les crimes contre les lois humaines et divines du monde civilisé, renouvelant les cérémonies païennes des évocations d'esprits, la recherche de l'or ou d'une panacée universelle. »

Les premiers fruits de cette offensive furent deux nouvelles pièces satiriques : *Le Trompeur* et *Le Trompé*, écrites l'une et l'autre en 1785. À son agent à l'étranger, le docteur Johann Zimmerman, intellectuel suisse froid et patelin qui vivait en Allemagne, Catherine écrit qu'elles dépeignaient « Cagliostro au naturel... et ses dupes ». La première pièce le représentait sous les traits de Kalifalk-gerston, escroc au langage fleuri qui trompe ses innocentes victimes en leur faisant croire qu'il saura faire grossir leurs perles et leurs diamants. La seconde pièce traite le même sujet du point de vue d'une dupe. Radotov, après son initiation dans la maçonnerie, se met à bredouiller des phrases qui n'ont ni queue ni tête, croit s'entretenir avec les esprits, et essaie de transformer le plomb en or. La femme et la fille de Radotov arrivent à le sauver mais il est devenu irrémédiablement idiot.

Les deux pièces furent jouées sur la scène de l'Ermitage, le théâtre de Catherine II à Saint-Pétersbourg, en janvier et février 1786, puis reprises aussitôt au théâtre national de Saint-Pétersbourg et à Moscou. Catherine ne s'en tint pas là, elle voulait porter le fer dans les foyers de l'infection, à ses yeux l'Allemagne et la France. Pour que les pièces soient montées à Hambourg et à Paris, elle alloua une somme de six cents roubles. De son côté, Zimmerman en envoya des traductions allemandes à un professeur à Göttingen et celui-ci les publia dans plusieurs journaux.

Catherine II écrivit sa plus virulente attaque contre la maçonnerie égyptienne quand Cagliostro était encore à Londres. *Le Chaman de Sibérie* doit beaucoup au *Rapport* d'Elisa von der Recke dont l'impératrice était restée si impressionnée qu'elle le fit traduire en russe et diffuser dans toutes les provinces de l'Empire. Le personnage principal était d'ailleurs inspiré par la figure d'Elisa. Une jeune fille, Prelesta, souffre d'une maladie nerveuse dont on ignore l'origine. Son père, un bonhomme crédule, fait appeler un fameux chaman maçonnique, Amban-Laï, pour la guérir (observons que le public sait déjà que la jeune fille souffre en réalité d'une frustration amoureuse, conséquence d'une querelle avec son fiancé).

Le chaman est un Cagliostro à la fois plus sinistre et plus sincère que dans les deux précédentes pièces. En lisant Elisa, Catherine avait cru découvrir dans le Copte une version moderne des fanatiques religieux de l'Église orthodoxe russe. Son Cagliostro est aussi une incarnation du courant d'opposition à la culture, à la façon de Rousseau. C'est un visionnaire déçu qui veut réformer « les sciences et les mœurs », un « apologiste du silence, de la suspension des sens, un détracteur de la philosophie et de la raison… qui a en aversion les gens instruits, l'esprit de découverte et de recherche et veut ramener le monde à l'état de barbarie, si le gouvernement l'encourage ou le tolère ».

À Bienne, Cagliostro dut aussi faire face à un regain d'intérêt pour l'affaire du collier. En août 1787, les journaux européens publièrent une étonnante nouvelle : Jeanne de la Motte s'était évadée de la Salpêtrière déguisée en homme, et réfugiée à Londres. Elle y concoctait une série de nouveaux libelles accusant Cagliostro, Rohan et la reine de complicité dans la célèbre escroquerie. Les journaux anglais et français faisaient état de ces nouvelles accusations.

Le même mois, une autre bombe éclatait à Bienne. On apprenait que Cagliostro avait perdu son procès à Paris dans des conditions fâcheuses. La cour avait adressé une sévère réprimande aux avocats du comte, coupables de faire perdre son temps au tribunal en lui soumettant une argumentation spécieuse et tracassière qui ne visait qu'à dépouiller les prévenus. Ce coup était le plus humiliant de tous. Loutherbourg écrivit une lettre inquiète au banneret : il le suppliait de faire tout son possible pour consoler le pauvre

Cagliostro, qui était prostré. À Rockhalt on craignait que les méchants triomphants ne lui intentent maintenant un procès en dommages-intérêts.

L'ironie du sort voulut que le méchant, en l'occurrence, soit Loutherbourg. De notoriété publique, le peintre et sa femme étaient grippe-sou. Dès leur arrivée en Suisse ils avaient réclamé le remboursement d'une somme prêtée à Londres à Cagliostro. Les semaines passant, les domestiques informèrent Seraphina que Loutherbourg rageait à propos de cette dette et aussi du retard de Cagliostro à entamer le programme de rajeunissement qu'il avait promis. Pourquoi le Copte allait-il si souvent à des soirées avec son écervelée de femme au lieu d'instruire ses disciples des mystères de l'alchimie et de la maçonnerie égyptienne ?

Selon certains amis du Copte, le vrai problème était la jalousie. Cloîtrés dans un château miniature où ils avaient peu à faire, les deux couples (et leurs domestiques) vivaient dans une tension érotique croissante. En dépit de son physique de tortue grasse et grise, Loutherbourg se prenait pour un libertin. Il avait commencé à regarder Seraphina d'un œil concupiscent quand elle résidait chez eux à Londres, mais elle lui avait préféré le jeune et vigoureux secrétaire de Cagliostro. Piqué, Loutherbourg traitait maintenant la comtesse avec condescendance ; en outre, cet échec avait ravivé son désir maniaque de commencer la cure de rajeunissement de Cagliostro – Lucy était trop jolie femme pour qu'il puisse se permettre de ne pas prendre soin de sa personne.

Lucy précisément, la rusée Anglaise : Seraphina confiait à ses amies qu'elle essayait de vamper tous les hommes qu'elle rencontrait. Ses domestiques lui chuchotaient à l'oreille que Mme de Loutherbourg faisait tous ses efforts pour séduire Cagliostro. Prétendant souffrir des nerfs, elle monopolisait son temps. Exaspérée par l'effronterie de Lucy au moins autant que poussée par la jalousie, Seraphina parla à Louthérbourg de la conduite de sa femme. Loin de lui en être reconnaissant, celui-ci la rabroua grossièrement.

Il y avait une autre source de tension. Seraphina et Cagliostro s'irritaient des prétentions sociales du couple anglais, qui à l'évidence ambitionnait d'ouvrir un salon rival dans la ville. Voyant combien le banneret admirait les Cagliostro, les Loutherbourg cherchèrent à s'insinuer dans les bonnes grâces de son frère, Alexandre Wildermett. Très sensible au charme féminin, le maire était une proie facile pour la rusée Lucy.

La rivalité larvée des deux couples éclata au grand jour lors de la visite du prince Edward à Bienne. Il y eut une réception officielle où Cagliostro prit la parole : il porta un toast en l'honneur du père et de la mère du prince qu'il appela « de braves gens ». L'expression choqua le prince ; les Loutherbourg renchérirent et condamnèrent ce comportement vulgaire. Résultat : le prince fit plus tard une visite aux Loutherbourg à Rockhalt mais ne chercha pas à voir les Cagliostro. Furieux de cet affront, le Copte éclata, Seraphina abonda dans son sens. Des remarques grossières sur le peintre corpulent et sa putain retentirent dans les couloirs de Rockhalt.

Une semaine plus tard, les Loutherbourg déménageaient et s'installaient chez le maire. En même temps le peintre assignait le Copte devant le Conseil de Bienne pour obtenir le remboursement du prêt de cent soixante-dix louis. Cagliostro introduisit aussitôt une demande reconventionnelle. Les bourgeois placides de Bienne se sentirent mal à l'aise. Le banneret Wildermett écrivit à Sarasin pour lui faire part de son désarroi devant cette querelle entre des personnages si distingués aux convictions si proches. Cela ne pouvait être dû, croyait-il, qu'à la tension entretenue par une trop grande proximité physique entre les ménages.

Loutherbourg envoya des lettres aux Sarasin où il invectivait Cagliostro et gémissait sur sa pauvre femme qui souffrait de la bile. Ces lettres n'eurent pas le résultat escompté. Seraphina crut deviner que les Sarasin étaient plutôt satisfaits de la brouille. Ils n'avaient guère apprécié les efforts du couple anglais pour figurer en tête de la liste des candidats à la cure de rajeunissement. Seraphina fit une tentative épistolaire à son tour – tâche difficile car elle avait appris à écrire seulement deux ans auparavant, lors de son séjour à la Bastille. Avec une simplicité touchante elle suppliait ses amis de lui pardonner son style rudimentaire et exprimait sa tristesse devant le comportement si rustre des Loutherbourg. Elle concluait en embrassant Jacques et Gertrude de tout son cœur.

Jacques lui-même éprouvait une vive colère à l'égard du peintre. Sa trahison de leur « cher maître » suggérait que, sous ses manières bienveillantes, Loutherbourg masquait depuis toujours le désir de ruiner la réputation de Cagliostro. Maintenant sa noirceur apparaissait en plein jour. D'ailleurs il se comportait d'une manière délirante. Il essaya de provoquer Cagliostro en duel. Avec un rire dédaigneux, celui-ci répliqua qu'il ne se battait qu'à l'arsenic. Mais les domestiques racontaient que le peintre avait envoyé chercher de la poudre et des balles et qu'il menaçait d'abattre Cagliostro dans la rue comme un chien. Le Copte réclamait la protection de la police et l'expulsion de Bienne des Loutherbourg.

Cagliostro aurait dû s'en tenir là : l'opinion lui était plutôt favorable. Mais son sang sicilien s'était échauffé. Contre l'avis de Seraphina il proféra une série d'accusations inconsidérées ou délirantes : Lucy de Loutherbourg l'avait traité d'empoisonneur, le maire de Bienne complotait de l'assassiner, le peuple suisse était aussi malveillant que perfide. Se rendant compte que l'affaire tournait au scandale et risquait de faire tort à la ville, le banneret appela Jacques Sarasin à l'aide. Le 10 janvier 1788, le banquier se précipita à Bienne pour sauver le « cher maître des griffes de ses ennemis ». Au terme de quatre jours de dures négociations, Sarasin imposa un accord qui, croyait-il, reconnaissait l'avantage moral de Cagliostro tout en réglant le litige financier avec le peintre. Étant donné que Sarasin se chargeait de payer de sa poche la somme due, il avait quelque raison de penser qu'il avait bien servi son maître spirituel. Il fallait maintenant arracher les Cagliostro à la ville de Bienne dont l'atmosphère était devenue irrespirable pour eux. Sarasin les ramena sans tarder à Bâle et pendant deux semaines tout fut oublié ; les enfants et les domestiques étaient aux petits soins pour Seraphina, tandis que le Copte reprenait son enseignement auprès des francs-maçons du pays. Et puis il y eut une séance qui tourna mal. Cagliostro avait décidé de choisir comme *pupille* (ou médium) le plus jeune fils des Sarasin, Félix. Le grand Copte venait de convoquer les bons esprits chargés d'éclairer l'enfant, quand celui-ci signala la présence d'un spectre tout à fait indésirable.

« Je suis dans une pièce sombre et je vois une épée en or suspendue au-dessus de ma tête… Oh ! Voici que je vois arriver Loutherbourg. Il découvre sa poitrine, montre une blessure qu'il a au cœur et me tend un poignard. »

Très secoués, Gertrude et Jacques demandèrent une explication après la séance. Ils se préoccupaient de l'impact de cette vision sanglante sur le petit Félix. Assurément, il s'agissait d'une vision diabolique ? Elle était trop macabre pour venir de Dieu. Cagliostro répliqua que les archanges avaient eu recours à l'enfant pour confirmer le destin qui attendait le perfide peintre, condamné à mourir ou à devenir fou comme il l'avait toujours prédit. Seraphina, qui connaissait mieux que personne ses accès de dépression, se rendit compte que sa haine pour le peintre tournait à l'obsession. Puis de façon inattendue le Copte se mit à déblatérer contre ses bienfaiteurs ; il marmonnait que Jacques Sarasin avait été trop indulgent pour la canaille de peintre. Cela prouvait qu'il n'aimait pas vraiment Cagliostro.

Les Cagliostro retournèrent à Bienne quelques semaines plus tard mais Seraphina était dégoûtée de la Suisse et craignait les conséquences de l'affaire Loutherbourg. Puis elle aspirait à un climat plus chaud ; elle avait pris en haine les vents glacés des montagnes. Quand la rivière gela et que la neige couvrit d'un épais tapis blanc les terrasses de Rockhalt, Cagliostro, malgré sa robuste santé, crut bon de recourir à des saignées et des purges pour lutter contre divers refroidissements. Il avait une forte fièvre et semblait mal en point. Il prétendit qu'il était à l'article de la mort.

S'attendait-il à la nouvelle provocation de Loutherbourg ? Assisté d'un imprimeur, le peintre fit circuler en ville deux petites gravures satiriques qui enflammèrent Cagliostro plus que ses fièvres. Sachant que le Copte avait administré de l'émétique à des patients souffrant d'hystérie, l'artiste dépeignait dans la première une salle remplie de visiteurs qui vomissaient abondamment après avoir bu la fameuse « eau minérale » de Cagliostro.

La seconde caricature était encore plus féroce : on voyait le Copte grassouillet habillé en charlatan de foire appeler à grands gestes les sept esprits qu'il invoquait dans ses séances. Ces esprits, qui avaient une allure de spectres plus que de créatures angéliques, brandissaient chacun un emblème symbolisant les récents exploits de Cagliostro : bijoux dérobés, butin de la maçonnerie égyptienne, crédits de la banque Sarasin, procès intentés à l'esbroufe, réputation perdue. À l'arrière-plan la comtesse Seraphina, la marquise Branconi, et Mme Wildermett cancanaient ensemble, des grelots de bouffon s'entrelaçant dans leurs savantes coiffures, sans remarquer la présence de la sinistre faucheuse dans les buissons à côté.

Le 23 mai 1788, Loutherbourg ayant soudain rejeté l'accord amiable dû à Sarasin et porté plainte contre Cagliostro, le grand conseil de Bienne se prononça en sa faveur. Cette décision humiliante provoqua de terribles scènes : Cagliostro accusa ses avocats et ses partisans de crimes monstrueux. En réalité, il n'avait plus guère de défenseur. Le mois précédent, il s'était querellé avec Jacques Sarasin. Au cours d'une entrevue désastreuse, il avait accusé avec véhémence son disciple et protecteur le plus dévoué d'avoir agi par intérêt lors de la médiation avec Loutherbourg. Rien ne pouvait blesser davantage Sarasin.

Au reste Cagliostro ne s'en tint pas là. Il accabla à son tour celui qui était son plus fidèle partisan à Bienne, le banneret Sigismund Wildermett. Seraphina ne comprenait rien à ces accès de rage qui faisaient tant de tort à son mari. Que lui arrivait-il ? La maladie lui avait-elle dérangé l'esprit ? Le pauvre banneret, cherchant une explication charitable, écrivit à Sarasin : « On doit se rendre compte que l'éducation première qu'il a reçue ne le préparait pas à vivre en Europe. Il a gardé les traces des principes de l'Orient qui sont si différents des nôtres. »

Seraphina était tristement persuadée que Cagliostro venait de couler le radeau qui leur avait permis de surmonter toutes les tempêtes au cours des sept dernières années. Sa seule consolation, c'était que désormais rien ne les retenait plus dans ce morne pays. Tandis qu'il allait et venait dans leur salon en prononçant d'incessantes diatribes contre les assommants paysages de la Suisse et les prêches moralisateurs de ses habitants, elle le harcelait de prières pour qu'il la ramène vers le soleil de l'Italie. En juillet, il décida de la conduire à la station thermale d'Aix-les-Bains dont les eaux seraient bienfaisantes pour ses rhumatismes. Là, en Savoie, ils envisageraient la possibilité de visiter des villes italiennes.

Le mercredi 23 juillet 1788, Cagliostro et Seraphina soupèrent une dernière fois avec leur ami, le patient banneret de Bienne, puis ils partirent à minuit pour la première étape de leur voyage vers le midi. Le lendemain, Wildermett consigna ses réflexions sur la triste conclusion de la haute mission en Suisse du maître : « On voit en lui un homme d'une grande bonté et d'une grande sensibilité qui s'abandonne aux mouvements de son cœur... Je me souviendrai de lui comme d'un être unique en son siècle par ses talents, par son cœur, par ses faiblesses, et par ses désordres, qu'augmentent ses malheurs. »

L'Italie ne fut pas le paradis auquel s'attendait Seraphina. Il paraissait impossible d'échapper à l'avalanche de libelles ou au bras de la monarchie bourbonienne, qui était long. Partout où ils s'arrêtèrent au cours de l'été 1788 – à Turin, Milan, Alessandria, Gênes et Vérone – l'accueil fut identique. D'abord l'empressement du public, avide des soins du fameux Cagliostro, puis, tôt ou tard, le gouverneur de la ville se présentait avec un mandat d'expulsion obtenu par les Bourbons ou par des médecins jaloux. Et ils ne disposaient plus des inépuisables crédits bancaires qu'ils devaient à la bienveillance de Sarasin. Les hôtels de luxe, les carrosses attelés de bons chevaux, le renouvellement quotidien du linge, les domestiques en livrée, les bons vins et la chère raffinée épuisaient leurs finances.

La charmante ville austro-italienne de Roveredo, où ils s'arrêtèrent le 24 septembre 1788, les accueillit bien, naturellement. Ils furent reçus à bras ouverts par le propriétaire du meilleur hôtel de la ville, Giuseppe Festi et son ami Clementino Vannetti, érudit local qui avait grand désir d'écrire une biographie du célèbre guérisseur. Vannetti rapporte que Cagliostro fut aussitôt assiégé par « des malades venus en carrosses, ou portés sur des fauteuils et des civières. La place en fut tellement remplie que la foule s'écrasait devant l'hôtel ». On y voyait pêle-mêle des malades souffrant de la pierre ou atteints de cancers, des femmes victimes de troubles nerveux ou de démence, des soldats qui espéraient se débarrasser de la vérole. Il y avait surtout nombre de gens âgés des deux sexes qui réclamaient les élixirs régénérateurs et les aphrodisiaques du Copte.

Comme d'habitude, Seraphina joua son double rôle d'infirmière et de vivante publicité pour les produits de beauté. Exagérant notablement l'âge de sa femme, Cagliostro la présentait comme la preuve irréfutable de l'efficacité de ses traitements. Son teint si remarquable était dû au fait qu'elle « faisait usage d'une préparation... composée de cinq gouttes... En mélangeant ces gouttes avec une bonne eau de toilette, on donnait au visage la blancheur du lait et la rougeur d'un rubis ».

La vivacité de Seraphina n'était que de façade. Elle projetait un changement complet d'existence. Depuis juin 1787, date à laquelle un visiteur lui avait remis en secret des lettres de sa famille, elle brûlait de retourner à Rome, sa ville natale. Les formules affectueuses de son père lui faisaient venir les larmes aux yeux ; elle revivait son enfance Vicolo delle Cripte. Sa famille avait été horrifiée en apprenant par un article de Morande que Cagliostro l'avait abandonnée seule à Londres. Ses parents priaient tous les jours devant la statue de la Madonna Santissima del Carmine, la conjurant d'assister leur fille repentante, et ne manquaient pas de consulter le prêtre de leur paroisse. Joseph Feliciani écrivait à sa fille : « Le conseil que je te donne en père affectionné est de retourner à la maison la tête haute. Tu sais, ma très chère fille, que l'âme est immortelle et que ce monde n'est que néant. J'ai déjà pris les mesures nécessaires avec nos supérieurs de sorte que, si tu viens à Rome, tu seras protégée et défendue. Si ton époux... veut t'empêcher de remplir les commandements de notre sainte Église catholique, il en sera châtié. »

Tandis qu'elle était ainsi ballottée de ville en ville, Seraphina s'inquiétait du sort de son âme et s'attendrissait sur l'image de sa chère famille. À Roveredo elle prit son courage à deux mains et décida de prendre contact avec un prêtre. Clementino Vannetti a bien perçu l'importance de ce moment :

« La femme de Cagliostro se rendit à l'église avec un aumônier, elle s'agenouilla et assista à la messe avec dévotion. De plus un autre prêtre, de grande piété, lui parlait souvent du royaume de Dieu et de l'Église, en dehors de laquelle il n'y avait pas de salut ; et il lui donna à lire les Actes des Apôtres et les écrits des prophètes. Et il se réjouissait de voir la foi sincère et d'entendre les pieuses paroles de cette femme. Car dans la ferveur de son esprit, elle s'irritait du mal semé par la soi-disant philosophie qui florissait en France ; elle rejetait les œuvres scientifiques des modernes et étudiait avec grande attention les Saintes Écritures. »

Si le retour de sa femme à la foi catholique troublait Cagliostro, il n'en montra rien. En cette période, comme Vannetti l'observe, Seraphina redoublait d'efforts pour être agréable à son époux. Quand le Copte lui lisait les dernières lettres reçues de ses admirateurs, Seraphina, « les cheveux dénoués et flottant autour de son cou, courait dans toute la maison en poussant des cris de joie. Son cœur était ardent comme une flamme, les mots jaillissaient en torrents de sa bouche ». Elle ne s'était pas montrée aussi aimante depuis bien longtemps.

D'ailleurs, quand, le 11 novembre, la jalousie de certains médecins força le couple à quitter Roveredo et à s'installer dans la ville voisine de Trente, les démonstrations de piété de Séraphina se révélèrent précieuses. Une lettre d'introduction remise par leur propriétaire leur procura un accueil chaleureux de la part du prince Pierre-Vigil Thun, l'évêque de Trente, dont l'autorité était souveraine dans la ville. Une attirance réciproque s'établit aussitôt entre Cagliostro et l'évêque : elle rappelait en mineur ce qui s'était passé lors de la première rencontre avec Rohan. Il n'était pas indifférent que Thun comme Rohan fût amateur d'occultisme.

Seraphina, chez qui le désir de retourner à Rome tournait à l'obsession, rappela à son mari une idée lancée par Rohan sept ans plus tôt. Le cardinal s'était demandé si l'Église ne pourrait pas un jour reconnaître dans la franc-maçonnerie égyptienne de Cagliostro une nouvelle espèce d'ordre catholique. N'était-ce pas le moment, maintenant que l'argent commençait à leur manquer et qu'ils avaient des ennemis dans chaque ville, de mettre cette suggestion à l'épreuve ? Dans son excitation, Seraphina soulignait que le pouvoir du pape leur assurerait une protection permanente contre les Bourbons. Marie-Antoinette elle-même n'oserait pas contester l'autorité du Vatican. Ne serait-ce pas fantastique si le Copte se retrouvait fondateur d'un ordre comme les Chevaliers de Malte ?

À la grande surprise de Cagliostro, l'évêque ne rejeta pas l'idée : ce serait une belle occasion de ramener dans le giron de la très sainte Église catholique apostolique et romaine le franc-maçon le plus discrédité au monde... Cela pourrait lui valoir la robe de cardinal. Toutefois, avant de régénérer Cagliostro et d'en faire un bon catholique sinon un fondateur d'ordre, il y avait du chemin à faire. Si entraînante que pût être sa conversation, elle témoignait d'une ignorance profonde des dogmes de base. Il fallait y remédier. Thun en chargea un prêtre d'une trempe à toute épreuve, le père Ghezzi de l'église Santa Maddalena. Bien que plus sceptique que son évêque sur les chances que ce curieux franc-maçon arabe avait de persuader le Vatican, le père reconnut que Cagliostro étudiait consciencieusement le catéchisme et qu'il témoignait d'une louable contrition pour ses péchés.

Enchanté, l'évêque franchit le pas : il écrivit une énergique lettre de recommandation au cardinal secrétaire d'État à Rome. Il ne mentionnait pas les ambitions cléricales de Cagliostro et demandait simplement l'octroi d'un sauf-conduit qui permettrait aux époux de revisiter la ville sainte. Seraphina, disait-il, était originaire de Rome, c'était une femme pieuse qui aspirait à revoir son père octogénaire avant sa mort. Comme elle était une épouse loyale, elle craignait que la notoriété de son époux ne provoque une réaction officielle. Pour faire bonne mesure, il ajoutait que Cagliostro témoignait d'un vif désir de se réconcilier avec l'Église et qu'il s'était pleinement confessé de ses fautes.

Seraphina ne croyait pas à la sincérité du repentir de son mari, mais comme c'était une condition de leur retour à Rome, elle s'en félicitait. Elle déclara plus tard que Cagliostro retournait de ses séances avec le père Ghezzi en se vantant de l'aisance avec laquelle il dupait le naïf prêtre. De son côté Clementino Vannetti relève l'irrévérence des propos de Cagliostro dans certaines conversations. Ainsi Cagliostro aimait raconter qu'il avait un jour poussé un évêque à se guérir de la vérole en la repassant à une vierge. Naturellement, ajoutait ironiquement le Copte, ce n'était pas le désir sensuel qui motivait l'évêque à entreprendre cette cure, mais le souci de se conserver pour ses ouailles.

Le 4 avril 1789, l'évêque Thun reçut une réponse du cardinal secrétaire d'État qui réjouit tout le monde : aucune disposition légale n'interdisait au comte Cagliostro d'entrer dans les États Pontificaux. Personne ne commenta la formulation cryptique, ambiguë de la lettre. Deux semaines plus tard Seraphina apporta une autre bonne nouvelle. Son père lui écrivait que les autorités catholiques de Rome ne causeraient pas d'ennuis aux Cagliostro.

Seraphina grignotait les dernières résistances de Cagliostro en l'assaillant de plaintes lamentables à propos des vents glacés venus des Alpes qui balayaient Trente. N'avaient-ils pas quitté la Suisse pour échapper à ces bourrasques ? Combien de temps sa santé, délabrée par son séjour à la Bastille, allait-elle résister dans une ville traversée par un fleuve dont les eaux formaient un bloc de glace indestructible ? Et puis, leur argent avait presque entièrement filé. Elle prévoyait la vie misérable qui les attendait : une vie de vagabonds chassés de partout par les Bourbons ou de mendiants dans une contrée barbare. Seule Rome pouvait leur offrir la paix et la sécurité.

Sa position se trouva renforcée vers la mi-mai quand l'évêque leur fit part d'une désagréable nouvelle : il venait de recevoir une lettre cinglante de Joseph II. Celui qui était à la fois empereur d'Autriche et frère de Marie-Antoinette le blâmait d'accorder son appui à un homme connu de toute l'Europe comme un escroc et un agitateur. La question était réglée : les Cagliostro devaient partir pour Rome. Thun leur remit des lettres de recommandation pour des cardinaux influents, puis le comte et la comtesse prirent congé le 17 mai 1789. Ils ne s'arrêtèrent à Vicence que le temps de mettre en gage un des précieux bijoux de Seraphina en échange des espèces dont ils avaient besoin, traversèrent Venise en toute hâte et arrivèrent à Rome le 27 mai.

Seraphina pouvait se croire de retour chez elle – ce n'était pas tout à fait le cas. À leur arrivée à l'hôtel Scalinata, piazza di Spagna, renommé pour les étrangers distingués qu'il accueillait, elle se trouva emportée dans un tourbillon de personnalités comme chaque fois qu'ils arrivaient dans une ville nouvelle. Autour de Cagliostro s'attroupèrent des admirateurs : Français expatriés qui rêvaient de retrouver les rites maçonniques parisiens, dames de la noblesse italienne dévorées d'ennui, telles la princesse Lambertini et la marquise Vivaldi, qui se jetèrent avec autant d'empressement sur ses élixirs que sur ses boniments ; il y avait même quelques prêtres catholiques mécontents qui comptaient sur lui pour leur avancement. Cagliostro eut la satisfaction de constater qu'on ne l'avait pas oublié dans les cercles proches des Chevaliers de Malte. Il fut tout de suite abordé par M. de Loras, commandeur de l'ordre, et son ami, le père François-Joseph de Saint-Maurice. Loras tenait Cagliostro pour un franc-maçon qui avait les plus hauts grades, « fondateur d'un ordre qui possédait tous les secrets » – capable aussi d'exercer une influence dont il avait grand besoin sur le cardinal de Rohan, dont la protection était décisive dans les milieux cléricaux parisiens.

Le père François-Joseph de Saint-Maurice était un admirateur de Cagliostro. Né en Suisse, il avait fait ses études à Paris dans un couvent du Marais et avait alors tâté de la philosophie française et de l'occultisme dit scientifique. En 1785-1786, quand on ne parlait que du Copte dans les cafés du Palais-Royal, une prédiction selon la méthode cabalistique avait annoncé qu'il rencontrerait un jour le Copte à Rome. L'apparition de Cagliostro avait donc un caractère providentiel, d'autant plus que sa carrière traversait une passe délicate. Une promotion à l'épiscopat, qu'il attendait depuis longtemps, venait de rencontrer un nouvel échec. Le grand Copte ne pourrait-il pas lui donner un coup de main ? Bien entendu, répondit l'autre, qui lui demanda en retour de devenir son secrétaire.

De son côté, Seraphina trouva vite sa situation insupportable. Elle était de retour à Rome, dans la ville de sa famille et le berceau de sa foi, mais se trouvait toujours liée à Cagliostro, lequel, en tant que son époux légitime, lui interdisait de retourner dans la maison de ses parents Feliciani. C'était une impasse. Cagliostro était trop rusé pour avoir des contacts voyants avec les francs-maçons – qu'elle aurait pu dénoncer aux autorités du Vatican. D'autre part, alors qu'ils étaient confrontés aux réalités de la politique romaine, le grandiose projet de régénération de la franc-maçonnerie égyptienne et sa métamorphose en ordre catholique s'étaient évanouis purement et simplement : Cagliostro n'avait pas pu obtenir le moindre rendez-vous avec le pape. Seraphina était en proie à la plus violente frustration. Un jour, dans son désespoir, elle badigeonna de savon le seuil de leur appartement à l'hôtel : elle espérait que son époux glisserait et se casserait le cou. Mais s'il était corpulent, Giuseppe Balsamo avait conservé son agilité du temps où il se bagarrait dans les rues.

La réduction de leurs ressources finit par lui offrir la chance qu'elle cherchait. D'une part ils durent quitter l'hôtel luxueux de la Scalinata et chercher un logement plus modeste. Seraphina proposa l'humble Casa di Conti place Farnèse et Cagliostro ne put que l'approuver. Désormais Seraphina était près de son quartier du Trastevere, et le propriétaire de leur pension était un ami de la famille et un dévot, bedeau de la paroisse de San Girolamo. D'autre part Seraphina, affichant son esprit de sacrifice, promit de se rabattre sur des domestiques aux prétentions réduites : elle recruta des gens du quartier, Francesca Mazzoni comme femme de chambre et le pieux Gaetano Bossi comme coiffeur. En secret elle leur donna pour consigne d'espionner Cagliostro : ils écouteraient aux portes et prendraient note de tous les propos impies qu'il tiendrait.

Les propos impies ne manquèrent pas – car Seraphina savait comment exciter Cagliostro : après tout elle vivait avec lui depuis vingt ans. Elle n'était d'ailleurs nullement la sotte que ses détracteurs veulent souvent voir en elle. La comtesse avait le génie de la machination. Elle se disait que, si Cagliostro était condamné comme blasphémateur, elle obtiendrait l'annulation de son mariage et pourrait se remarier. Elle n'ignorait pas non plus que si elle priait ostensiblement devant des images de la Vierge au pied du lit conjugal, son époux se mettrait en fureur. Lorsque, en effet, il lui signifia brutalement l'ordre de retirer les saintes images, elle fit part de son émoi à Conti, qui rapporta l'histoire aux Feliciani – elle parvint ainsi aux oreilles du curé de la paroisse et finalement à la connaissance des Inquisiteurs.

C'était un premier pas. Ensuite Seraphina se procura de pieux opuscules rédigés à l'intention des pauvres de Rome, gens à moitié illettrés. Un jour Cagliostro, entrant dans leur chambre à coucher, la trouva penchée sur ces pages malpropres ; elle prononçait à voix haute les formules superstitieuses en se signant avec ferveur. Dans son irritation (qu'elle avait prévue) il se livra à une gesticulation bouffonne d'un caractère obscène. Il bondissait à travers la chambre en pointant son cul du doigt et en s'esclaffant qu'il y avait là plus de saints que dans ses tracts stupides. Puis il avait enrubanné son pénis et lui avait demandé si elle voulait bien s'incliner devant cette relique pour l'adorer. La femme de chambre entra peu après ; elle vit Cagliostro poser un coquetier sur le dit pénis en gloussant : « Voici le vrai évêque que tu dois adorer. »

Seraphina poursuivit ce système de provocations calculées. À force de cajoleries, elle obtint de Cagliostro qu'il rendît visite à ses parents. Elle n'ignorait pas que leur pieuse conversation lui inspirerait des quolibets d'un ton blasphématoire. Cela ne manqua pas. Il se moqua d'eux lourdement : ce Jésus qu'ils adoraient était un gibier de potence, et pourquoi ce qualificatif de vierge appliqué à sa sainte mère ? Cagliostro rit à gorge déployée quand un groupe de petits enfants du quartier chanta un hymne aux paroles naïves en l'honneur de la Vierge. Enfin, au dîner, quand un des invités implora l'aide du Tout-Puissant, le conjurant de préserver Rome des horreurs de la révolution, il observa sèchement que Dieu avait peut-être des soucis plus importants en tête. Ces propos furent soigneusement notés.

Voici peut-être plus grave. À force d'entendre Seraphina se plaindre de leur pauvreté, Cagliostro décida, en dépit de ses convictions passionnées, de tirer un parti financier de la franc-maçonnerie. Il fréquentait assidûment un jeune maçon, Augustin-Louis Belle, peintre parisien qui présidait un cercle de jeunes artistes pensionnaires de la Villa Médicis. Belle avait créé une petite loge maçonnique, « les Amis Sincères » dont les membres se réunissaient le soir dans son atelier. Ce fut dans son sein, en y adjoignant quelques-unes de ses connaissances fortunées de l'hôtel Scalinata, que Cagliostro tenta d'instaurer une loge d'adoption selon le rite égyptien. En l'occurrence ses motivations étaient purement mercenaires : il espérait persuader la marquise Vivaldi d'accepter le titre de grande maîtresse et appâter ainsi d'autres dames de la bonne société.

Un jour de septembre 1789, il réunit secrètement un groupe de candidats virtuels dans sa chambre d'hôtel et leur donna lecture d'un texte qui déroula devant eux de grandioses visions. Son auditoire apprécia son verbe éloquent, mais la majorité des assistants refusa de payer cinquante scudis pour le diplôme d'initié. Il ne put recruter que deux disciples, et deux disciples masculins : un architecte ami des Feliciani, Carlo Antonini, et un avocat du gouvernement, Matteo Berardi. Le dimanche suivant, les deux hommes s'agenouillèrent sur le plancher de sa chambre d'hôtel pour leur affiliation solennelle au rite égyptien. Cela fit entrer un peu d'argent dans la caisse du couple. Cagliostro ne se rendait pas compte qu'on se jouait de lui : Antonini était l'amant et l'espion de Seraphina, l'homme qu'elle espérait épouser un jour. Il n'avait pas entendu non plus les chuchotements des domestiques dissimulés dans le couloir à l'extérieur de sa chambre.

Il était pourtant vaguement conscient des risques. Un ami lui avait signalé que le bruit courait que sa femme essayait de le trahir. En fait elle avait informé le Saint-Office par le canal de sa famille de son désir de faire une déposition « pour le repos de sa conscience ». De son côté, si Cagliostro prit la précaution de demander au père François-Joseph de surveiller sa femme quand il était dehors, il n'était pas réellement inquiet. Il ne pouvait accepter l'idée que Seraphina ne l'aimait plus. Il était habitué à ses plaintes et à ses menaces continuelles et se persuadait que son humeur redeviendrait allègre dès qu'il pourrait lui restituer un bijou favori qu'il avait dû mettre en gage.

Seraphina s'alarma à son tour quand, poussé par ses difficultés financières, Cagliostro forma un nouveau projet plus radical qui risquait d'anéantir ses propres projets. À l'automne de 1789, les journaux ne parlaient que des succès croissants du parti réformateur en France. Apparemment, les ennemis de Cagliostro étaient vaincus : le roi et la reine se trouvaient dans une cage dorée, le gouverneur de Launay avait été mis en pièces lors de la prise de la Bastille, le cardinal de Rohan, au contraire, siégeait maintenant à l'Assemblée Constituante. C'était le moment de revenir en France. Cagliostro et François-Joseph rédigèrent une pétition : « Plein d'admiration et d'affection pour la nation française et de respect pour ses législateurs », Cagliostro sollicitait la permission de retourner dans le pays de son cœur, le pays dont il avait été banni « par un édit royal arbitraire ». Bientôt, expliqua-t-il à Seraphina, ils vivraient dans un pays d'où avaient été chassées la superstition et l'avidité des prêtres. Avec l'aide du cardinal de Rohan, le Copte se retrouverait au pinacle. Le cardinal et lui-même sauraient faire usage de la haute influence morale de la maçonnerie égyptienne pour restaurer l'harmonie entre un roi assagi et un peuple régénéré.

Seraphina comprit qu'elle allait tout perdre faute d'agir vite. Ses parents lui apprirent au début de novembre que Don Giuseppe Tosi, le curé de l'église de Santa Catarina della Ruota, venait enfin de recevoir du Saint-Office l'ordre de recueillir la déposition de Seraphina. Mais comment entrer en contact avec lui ? Cagliostro et le père capucin étaient désormais ses geôliers. Elle décida de recourir à son arme la plus sûre. Un jour elle chuchota au père François-Joseph qu'elle nourrissait pour lui une passion secrète. Ils pourraient vivre ensemble, si Cagliostro n'était pas là, si elle pouvait se débarrasser de cet odieux mari ! Le capucin n'était plus jeune, la déclaration de Seraphina l'électrisa. Sa surveillance changea complètement de sens et de nature. Il flottait dans un rêve et couvrait de cadeaux Seraphina qui lui réservait ses caresses les plus savantes. À situation désespérée, remèdes désespérés.

Le 23 novembre, sachant que Cagliostro serait absent toute la matinée, les domestiques introduisirent Don Giuseppe Tosi dans une petite cour intérieure sous la fenêtre de la chambre à coucher. Seraphina tremblait de peur. D'en bas, Tosi lui cria ses questions ; elle y répondit en bafouillant ; mais bafouillée ou non, c'était une dénonciation de son mari qu'un notaire officiel convoqué par le prêtre nota dûment. Tosi dut prendre congé de façon abrupte car on annonçait le retour imminent de Cagliostro. Le tribunal du Saint-Office jugea pourtant le résultat satisfaisant. On recueillit aussi le témoignage du père de Seraphina et des deux récents disciples francs-maçons. À Noël, le nouveau secrétaire d'État au Vatican, le cardianl Zelada, estima que les preuves réunies étaient suffisantes pour passer à l'action.

Le 27 décembre, après avoir célébré la messe, le pape Pie VI se rendit à la résidence du cardinal Zelada, où se trouvaient déjà réunis plusieurs membres de la Congrégation du Saint-Office. C'était le cabinet de guerre du Vatican : outre Zelada, il y avait le cardinal Antonelli, préfet pour la propagande, le cardinal Pallota et le cardinal Campanelli. Le pape prit la parole et définit un plan d'action qui fut approuvé à l'unanimité. Apparemment, l'affaire devait être jugée d'une extrême gravité pour que le pape s'en occupât personnellement au lieu de la confier à ses collaborateurs. C'est lui qui donna l'ordre au gouverneur de Rome d'appréhender le comte Cagliostro et son secrétaire et de procéder à une perquisition des lieux. Cagliostro devait être conduit au château Saint-Ange et le père François-Joseph au couvent sur le Capitole.

À Trente, l'évêque Thun devait plus tard apprendre avec stupeur de son agent à Rome que Cagliostro était en grande conversation avec des amis quand un détachement de grenadiers du régiment Rossi avait fait irruption dans la pension Conti pour l'arrêter. Devinant d'où venait la trahison, il avait saisi un pistolet chargé, l'avait braqué sur Seraphina et avait tiré. Le coup n'était pas parti. Les gardes l'avaient entraîné malgré ses mugissements de rage et de souffrance. Quant à Seraphina, elle avait eu la surprise d'être escortée elle aussi jusqu'au couvent voisin de Santa Apollonia. C'était bien évidemment pour assurer sa protection et puis il lui serait loisible ainsi de satisfaire l'appétit insatiable de dévotion que le Saint-Office lui connaissait.

La trahison de Seraphina anéantit Cagliostro. Les gardiens qui le surveillèrent dans son étroite cellule crasseuse du château Saint-Ange, les Inquisiteurs, qui l'interrogèrent pendant quinze longs mois, témoignèrent plus tard les uns et les autres que c'était chose pitoyable de voir combien l'obsédait la pensée de sa femme. Il l'appelait parfois à haute voix sur un ton d'angoisse, lui demandait pourquoi elle l'avait abandonné, puis se consolait en concluant que sa *cara figlia* n'avait déposé contre lui que sous la contrainte. Parfois il plaidait avec ses gardiens, les implorait de la laisser partager sa cellule, ou tout au moins de lui permettre de le visiter. Comme on lui refusait du papier et une plume, il ne pouvait épancher sa tendresse dans des lettres comme à la Bastille. Ses interrogateurs remarquent que sans cesse il semblait se tourner vers Seraphina et quêter son approbation, comme s'il l'imaginait présente à côté de lui dans la cellule. La profondeur de son attachement toucha ces êtres dont la sensibilité est rarement la caractéristique.

Bien entendu Seraphina était leur témoin le plus précieux. Même si le tribunal sollicita et entendit les témoignages d'une quantité d'espions et d'informateurs de second ordre – les domestiques fouineurs des deux hôtels où le couple avait résidé, la vertueuse famille Feliciani, les deux récents initiés à la maçonnerie égyptienne, le peintre Augustin Belle – aucun n'eut grand poids. Dans une affaire de cette importance des commérages stupides, des racontars superstitieux ne suffisaient pas. Les Inquisiteurs devaient s'appuyer sur la déposition de Seraphina, la femme qui avait partagé le lit de Cagliostro pendant vingt et un ans et seule pouvait arracher le voile jeté sur ses vies et identités successives. Dom Tosi fut envoyé plusieurs fois au couvent de Santa Apollonia avec la mission d'étoffer les maigres détails enregistrés par le notaire lors de la visite clandestine à Casa di Conti.

La stratégie de Cagliostro était simple. Pour commencer, il niait toute implication de sa part dans la franc-maçonnerie, qu'elle fût orthodoxe ou hérétique. Les Illuminés, ces francs-maçons de tendance révolutionnaire, avaient bien tenté des démarches auprès de lui, dans leur désir éperdu de recruter son concours, mais il avait rejeté toutes leurs offres. En vérité, il était un chrétien observant scrupuleusement les usages religieux de chacun des pays où il résidait. Quant à la maçonnerie égyptienne, elle n'avait rien d'hérétique ou d'irréligieux. C'était un mouvement d'une intense spiritualité, au fond un mouvement catholique romain. Il suffisait d'examiner les hymnes et les prières qu'on entendait dans ses services et la haute moralité qu'il prêchait. Comme beaucoup de prophètes chrétiens avant lui, il obéissait à une inspiration intérieure qui lui commandait de se consacrer à l'œuvre de Dieu : soigner les malades et assister les pauvres. Oui, Dieu l'avait rempli de « visions béatifiques ». Ne savait-on pas que Dieu pouvait « répandre sa grâce sur qui lui plaisait, même sur les pécheurs » ?

Bien différente était l'histoire racontée par Seraphina. Cet homme, disait-elle, s'était comporté en maquereau avec sa femme-enfant ; il lui avait appris à montrer ses chevilles, à pousser ses seins en avant, à tortiller des hanches ; il lui avait demandé de séduire les victimes qu'il désignait tout en lui disant qu'elle ne commettait aucun péché. Et cet homme ne permettait pas à sa femme de pratiquer sa sainte religion. En privé, il tournait en dérision toutes les formes de religion et blasphémait, tandis qu'en public, il manifestait une piété feinte. Il pratiquait la magie noire et faisait un usage sacrilège du nom divin de Jésus. Il lisait des ouvrages athées et collectionnait les pamphlets contre le roi et la reine de France. C'était un imposteur et un coureur de jupons qui séduisait les servantes et les blanchisseuses, composait des sermons délirants, et corrompait les petits médiums dont il utilisait les services au cours de ses séances de nécromancie.

Seraphina ne se rendit pas compte que son témoignage creusait sa propre tombe. Plus elle couvrait de boue son époux, et plus cette boue rejaillissait sur elle. Bien que Cagliostro se refusât à lancer une contre-attaque contre son épouse chérie, les avocats désignés par le Vatican pour assurer sa défense, Bernardini et Constantini, n'avaient pas les mêmes scrupules. Tous deux étaient compétents et consciencieux. Sans doute, dans un procès devant le tribunal de l'Inquisition, la défense n'avait aucune chance de l'emporter, mais au moins étaient-ils décidés à se battre réellement. Tous leurs efforts se concentrèrent sur un point : ébranler le crédit de Seraphina et ruiner sa réputation. Quelle femme devait-elle être pour trahir l'époux plein d'amour qui l'avait fait vivre vingt et un ans dans le luxe ? Et s'il la traitait si mal, pourquoi n'avait-elle pas quitté plus tôt Cagliostro ? Que penser d'une femme qui se lançait avec enthousiasme dans une liaison avec le comte von Howen en Courlande, avec le prince Potemkine en Russie et avec M. Duplessis en France ? Pouvait-on croire en la parole d'une pieuse femme qui acceptait des cadeaux du capucin François-Joseph et le masturbait complaisamment ? Quels étaient donc ses vrais motifs pour essayer de convaincre son époux de blasphème ?

En fin de compte, si fondées fussent-elles, les accusations des deux avocats ne furent pas retenues par le tribunal, parce que celui-ci était décidé à trouver Cagliostro coupable avant même le début du procès. Mais, au cours des audiences successives, il apparut de plus en plus clairement que la femme de Cagliostro gênait considérablement l'accusation. Bien qu'elle ne fût pas présente physiquement dans la salle du tribunal, on aurait pu dire qu'elle passait virtuellement en jugement avec son époux. Tandis que les débats se poursuivaient, le Saint-Office en arriva à la conviction que Seraphina était à la fois trop peu fiable et trop importante pour être remise en liberté. Si bien qu'il se passa ceci : le jour où son époux écouta le verdict qui le condamnait à la prison à perpétuité, un verdict identique mais informulé était rendu contre Seraphina *in absentia*.

Cagliostro fut condamné à vivre le restant de ses jours dans l'enceinte de la forteresse de San Leo. Seraphina, elle, allait rester cloîtrée au couvent de Santa Apollonia, loin des bijoux et du luxe qu'elle adorait. Elle y devint folle. La nuit, dans son austère cellule, lui arriva-t-il de regretter d'avoir trahi l'imposteur qui l'aimait ?

7

L'hérétique

Hérétique : est hérétique celui qui professe et met en circulation des opinions qui lui appartiennent en propre et sont en opposition avec les dogmes reconnus de l'Église. (Samuel Johnson, *Dictionary*)

Le 20 avril 1791, le cardinal Doria prit en charge le prisonnier Giuseppe Balsamo ; à partir de ce jour, le légat ne devait plus connaître de véritable paix. Quatre jours plus tôt, un carrosse escorté de soldats était parti de Rome. Il voyageait de nuit en grand secret car l'on craignait une embuscade tendue par les partisans de Balsamo. À l'arrivée à Pesaro, siège du gouvernement du duché papal d'Urbino, l'adjudant-major Grillo remit les instructions à suivre au cardinal Doria, gouverneur du duché et administrateur de la prison de San Leo, encore distante d'une cinquantaine de kilomètres. Ces instructions venaient du secrétaire d'État du Vatican, le cardinal Francesco Saderi de Zelada.

Elles étaient laconiques et précises. Le cardinal Doria, légat d'Urbino, et Sempronio Semproni, le gouverneur de la prison, étaient personnellement responsables devant Sa Sainteté le pape Pie VI de la personne du prisonnier Giuseppe Balsamo : ils devaient veiller à ce qu'il restât enfermé à San Leo « jusqu'au terme de sa vie naturelle, sans possibilité de pardon et sous stricte surveillance ». Il était interdit à Balsamo de parler à personne à l'intérieur comme à l'extérieur de la prison. En outre, il ne devait disposer d'aucun moyen d'écrire ou de communiquer avec le monde extérieur.

De son prisonnier, Doria savait ce que les journaux racontaient et ce que lui avait appris une lecture attentive d'un abrégé officiel de la vie et du procès de Balsamo dû au père jésuite Marcello, notaire du Vatican, et publié sous le pseudonyme de monsignor Giovanni Barberi. *La Vie de Giuseppe Balsamo* venait juste d'obtenir l'imprimatur de la Chambre Apostolique mais on avait expédié en toute hâte un exemplaire à Doria pour qu'il puisse se préparer à la tâche qui l'attendait. L'ouvrage lui fit comprendre que ce serait une grave erreur de sous-estimer le rusé Sicilien.

Quand il le rencontra, Doria constata que deux années d'emprisonnement au château Saint-Ange n'avaient en rien entamé l'arrogance du condamné. Balsamo se comportait comme si l'escorte lui avait été donnée pour l'honorer et traitait Grilloni avec familiarité. Son regard remarquablement astucieux mis à part, le scandaleux comte Cagliostro ne faisait pas grande impression : c'était un type trapu et gras au teint basané, à moitié chauve. Or ce Balsamo avait commis des crimes si horribles contre l'Église et sa réputation internationale était si grande que le pape avait suivi attentivement les débats et même assisté à plusieurs interrogatoires. En outre, le pape comptait sur les rapports réguliers et détaillés adressés par Doria au secrétaire d'État pour rester informé du prisonnier.

Le cardinal ne put manquer d'être frappé par le caractère exhaustif de l'instruction. Le Saint-Office et l'Inquisition avaient fait appel à toutes leurs ressources. Une commission constituée des avocats Paradisi et Cavazzi avec l'abbé Lelli comme greffier avait procédé aux interrogatoires préliminaires. Cette commission avait envoyé son rapport à un tribunal spécial présidé par le cardinal Zelada, assisté de trois autres cardinaux (Antonelli, Palotta et Campanelli), du gouverneur de Rome, Rinuccini, et de l'expert juridique de l'Inquisition, Roverelli. Avec le concours du Fiscal-général Barberi (le père Marcello), qui faisait fonction de greffier spécial, le groupe avait trié les preuves, formulé les charges et interrogé le prisonnier sur certains points particuliers.

Quarante-trois interrogatoires serrés au cours de quinze mois avaient permis à cette équipe de grande classe de révéler le mal dans toute sa scandaleuse ampleur : Balsamo (alias le comte Cagliostro) avait diffusé la maçonnerie égyptienne dans tous les pays de l'Europe. Des experts en théologie en avaient défini les rituels et les dogmes ; une équipe d'experts médicaux avait analysé les élixirs et les potions diverses de Cagliostro, et cherché à expliquer comment il réussissait à guérir ses malades et à influencer ses médiums. Des enquêteurs avaient été envoyés sur place pour rassembler les preuves des infractions religieuses ou civiles qu'il avait pu commettre. Cet effort collectif avait permis de distinguer trois chefs d'accusation : Balsamo était inculpé comme appartenant à un mouvement illégal, la maçonnerie ; comme transgresseur des lois de plusieurs pays ; comme hérétique au regard des dogmes de l'Église catholique.

Les Inquisiteurs s'étaient efforcés de comprendre l'étonnante séduction exercée par un homme aussi vulgaire et d'une si pauvre éducation. Ils reconnaissaient qu'il avait montré un talent inquiétant pour corrompre les cœurs et les esprits, particulièrement dans les pays où le protestantisme et les idées irréligieuses avaient déjà sapé la moralité. Son personnage de devin oriental et ses connaissances superficielles en médecine avaient conféré un vernis d'autorité aux consultations qu'il donnait comme à ses expériences alchimiques. Quant au rôle de bienfaiteur des pauvres qui lui avait fait une si large réputation de philanthrope, il lui permettait d'escroquer les riches trop crédules.

Le tribunal observait que le caractère secret de l'organisation maçonnique offrait une couverture idéale pour les crimes perpétrés par Balsamo. Des séances dramatiques, à forte charge émotionnelle, permettaient d'exploiter la suggestibilité de femmes seules ou d'enfants imaginatifs aspirant à communiquer avec les anges et les esprits. Des prédictions heureuses, fondées en général sur des informations préalablement obtenues ou sur le simple bon sens, avaient donné à Balsamo la réputation d'un devin. Ses discours grandiloquents et obscurs qui faisaient appel au « génie de ses auditeurs », et qu'il prononçait en un jargon mêlé de sicilien, de français et d'arabe, pouvaient sembler profonds. Son talent à s'exprimer « par paraboles et par énigmes » masquait la pauvreté de ses idées. Sous un vernis de spiritualité païenne, ses promesses de rajeunir les voluptueux et de couvrir d'or les avares avaient sapé la moralité catholique de façon profonde.

Chose plus grave encore, Doria apprit que le tribunal avait eu des preuves irréfutables de la mission politique subversive de Balsamo. Dès le début, ce Sicilien déraciné avait utilisé la franc-maçonnerie égyptienne pour saper les bases du gouvernement et de la religion. Il reconnaissait qu'il avait adhéré à la conspiration universelle animée par les Illuminés de Bavière, encore qu'il affirmât ne s'être jamais intéressé au programme républicain et athée de la société, programme gardé secret. Quand Louis XVI l'avait emprisonné pour escroquerie, il avait su acheter le Parlement et obtenir sa libération. C'est alors que, dans son désir de vengeance, Balsamo avait fomenté la révolution sanglante qui ravageait la France. Il avait prédit puis accueilli avec exultation la chute de la Bastille, l'humiliation du roi, l'abolition du clergé, et la mise au pillage des biens de l'Église.

En lisant l'abrégé de Barberi, Doria observait, partout où cet homme était passé, les effets pernicieux de son action clandestine. L'Europe était au bord d'une guerre générale, ultime tentative pour empêcher les idées révolutionnaires venues de France de balayer le trône et l'autel à travers le continent. La Pologne, l'une des premières cibles de son activité missionnaire, avait déjà succombé à la révolution, tout comme les Pays-Bas où il avait jeté les semences de la sédition maçonnique. La Belgique et la Savoie semblaient menacées par les armées françaises et ce serait bientôt le tour des territoires de la papauté, si mal défendus. Seules l'Autriche et la Prusse essayaient de dresser une solide barrière contre l'épidémie révolutionnaire.

Doria ne fut pas surpris d'apprendre que Balsamo était venu à Rome en 1789 dans l'intention de susciter une rébellion des pauvres et de remuer les éléments criminels nombreux dans la ville. Les enquêteurs avaient découvert dans ses papiers une prophétie qui annonçait que Pie VI serait le dernier pape. Au moment où l'incroyance prenait de telles proportions en France, le Saint Père redoutait sa contagion dans ses propres États. En décembre, on avait signalé une tentative de révolte dans la municipalité de Sininglia et le cardinal Chiaramonte avait parlé d'un soulèvement dans les Marches, au voisinage immédiat de la province qui relevait de l'autorité du cardinal Doria. Le duché d'Urbino était encore à l'abri, mais Doria devait se préparer au pire. Les Inquisiteurs avaient découvert la preuve qu'il existait une correspondance secrète entre Balsamo et d'autres francs-maçons à Rome, Naples et Venise. On disait que ses loges maçonniques comptaient cent quatre-vingt mille membres – certains journaux parlaient de millions d'affiliés. Au cours des interrogatoires, il s'était vanté de disposer de fonds importants fournis par de riches banquiers en Suisse, en Hollande et en France. Barberi formulait l'hypothèse que cet argent devait financer une flotte de cinq mille navires, et préparer l'invasion des États du pape.

Seule l'action rapide et vigilante des autorités romaines et des espions de l'Inquisition avait réussi jusqu'à présent à mettre en échec ces tentatives de subversion. Depuis la condamnation de Balsamo à la peine de mort, ensuite commuée en détention perpétuelle, le Saint-Office avait appréhendé d'autres suspects de menées franc-maçonnes. On avait également renforcé les garnisons des positions stratégiques autour de Rome, et édicté une série de lois répressives visant les réunions et manifestations populaires à Rome. On avait même annulé les festivités du carnaval à cause du risque que représentaient des foules surexcitées par l'atmosphère de liesse. Des espions rapportaient que Balsamo avait ordonné à des disciples fanatiques de mettre le feu au château Saint-Ange afin de le libérer. Selon d'autres rumeurs il existait un complot maçonnique pour organiser un soulèvement simultané dans plusieurs villes importantes des États du pape.

Aussi longtemps que Balsamo resterait à Rome, il provoquerait des désordres et les tentatives pour le faire évader se multiplieraient. C'est pourquoi une semaine après sa condamnation, le Saint-Office avait informé Doria de son intention de l'éloigner de la capitale et de le reléguer dans la forteresse imprenable de San Leo. Telle était donc la situation de Doria : on lui confiait le prisonnier le plus tristement célèbre et le plus dangereux qu'il y eût en Europe.

Doria était un prélat ambitieux. Il comprit que la responsabilité dont on le chargeait était une occasion comme il ne s'en présente pas deux dans une vie. Administrateur d'un petit duché endormi, il se trouvait comme catapulté dans l'intimité du puissant secrétaire d'État, le cardinal Zelada, et indirectement, du pape lui-même. Il y avait là de quoi rêver. Chaque semaine, Doria écrirait à Rome un compte rendu détaillé sur la situation du prisonnier. Peu de cardinaux, sauf ceux appartenant à un cercle étroit de dignitaires du Vatican, pouvaient espérer pareille chance de manifester leur tact, leur efficacité et leur loyauté. Mais il ne fallait pas en mésuser. Doria se félicita de s'être donné la peine d'inspecter la forteresse l'année précédente, peu après sa désignation comme légat. La visite avait représenté une très pénible expérience mais elle lui avait donné une idée des difficultés auxquelles il allait se trouver confronté.

Pour commencer, il devait veiller à ce que l'escorte du prisonnier arrive sans encombre à la forteresse. Il signala au major Grilloni que les cinquante kilomètres qui les séparaient de San Leo seraient de loin la partie la plus éprouvante de leur voyage. La route était escarpée, et favorable aux embuscades. Doria avait déjà envoyé un homme de confiance en éclaireur ; celui-ci devait également prévenir la garnison de l'arrivée du convoi.

Ces précautions n'étaient pas inutiles. Vingt kilomètres après leur départ, à Verucchio, la route cessait d'être carrossable : il fallut avancer à pied et à cheval. Après un parcours en zigzag sur un chemin étroit creusé dans la roche friable, on descendit avec force glissades dans une vallée boisée jonchée de rochers au bas de laquelle le groupe dut affronter un torrent grossi par la fonte des neiges, dont il longea les bords dans une pluie de gouttelettes. Puis, il fallut grimper par un des sentiers à chèvres les plus raides d'Italie. L'éperon auquel s'accrochait le petit village de San Leo s'élevait à six cent quatre-vingt-dix mètres au-dessus de la vallée et dominait un paysage de falaises dentelées, de ravins profonds, de gros rochers et de halliers de sureau. Le groupe parvint enfin au village ; une fois dépassé l'orme où saint François avait prêché en 1213 son fameux sermon, un portique grillagé donnait accès à la grande place que dominait la masse de la forteresse. La prison la plus redoutée du gouvernement papal était construite à l'extrémité d'un ultime escarpement de la roche. Le bâtiment s'avançait en pointe : on aurait dit un aileron fendant les nuages qui venaient refluer autour des quatre tours de soutien.

Ce bâtiment militaire, qui comptait parmi les plus imposants d'Italie, avait été construit sur le site d'une garnison des ducs d'Urbino par le célèbre architecte Francisco di Giorgio Martini au XVe siècle. Machiavel en parlait comme de la forteresse la plus puissante en Europe. On pouvait découvrir sur ses murailles de pierre les cicatrices laissées par une série de sièges voués tous à l'échec. Pourtant, comme Doria ne l'ignorait pas, ce monument médiéval présentait divers inconvénients en l'an de grâce 1791, en dépit de ses murs de sept pieds d'épaisseur et de ses solides tourelles : Rome ne pouvait y entretenir qu'une garnison de vingt soldats, insuffisante pour garder un château dont la circonférence était hypertrophiée. Adéquate peut-être quand les prisonniers n'étaient que sept ou huit des victimes ordinaires de l'Inquisition, elle ne pouvait résister à une attaque de type militaire, d'autant plus qu'une des sections inférieures de la forteresse exigeait d'importants travaux de réfection.

À l'intérieur, la sécurité laissait aussi à désirer. La plupart des cellules étaient délabrées et ne convenaient donc pas à un prisonnier aussi célèbre que Balsamo. En outre la disposition des lieux ne permettait pas d'isoler les prisonniers les uns des autres ou de leurs geôliers, comme Rome le désirait dans son cas. Comment, par exemple, Doria pourrait-il appliquer cette mesure lors de la messe quotidienne qui avait lieu dans l'étroite chapelle centrale de la prison ? Le légat décida que Balsamo serait provisoirement dispensé d'assister aux services religieux. Il savait que cela n'aurait qu'un temps car l'évêque Terzi, chargé par le Saint-Office de pourvoir aux besoins religieux de Balsamo, aurait à cœur de s'acquitter de sa tâche avec le sérieux exemplaire du clergé pastoral.

Terzi reconnut qu'une période de réflexion solitaire ne ferait pas de mal au prisonnier : ainsi « pourrait-il purger son âme du fardeau qui l'écrasait ». Mais Doria vit un excès de zèle dans la décision de l'évêque d'envoyer un confesseur à Balsamo dès le premier jour. En fait on put craindre que ce prêtre ne fût obligé de lui administrer les derniers sacrements car le vigoureux Sicilien se trouva pris de telles convulsions lorsqu'on le conduisit dans sa cellule que les quatre gardiens chargés de le maîtriser crurent qu'il allait mourir dans leurs bras. Instruit par la lecture de l'abrégé de Barberi, Doria se demanda si la crise n'était pas pure comédie. Il écrivit à l'évêque pour lui rappeler avec tout le tact possible que « le prisonnier était un homme impie et irréligieux capable de toutes les iniquités ». Quand plus tard Doria visita la chapelle, il trouva vite une solution au problème de l'assistance de Balsamo aux offices. Il suffirait que Baldini, l'architecte de la prison, construise un *corretto*, une petite cabine, à côté de la chapelle. Ainsi le prisonnier pourrait assister à la messe sans être vu ni entendu des autres assistants.

Des innovations de ce genre étaient parfois délicates, car toutes les dépenses devaient être approuvées par Rome qui tenait les cordons de la bourse et se montrait plutôt parcimonieux. De plus le gouverneur, le castellan ou châtelain de San Leo, Sempronio Semproni, était un homme de la vieille école. Sans doute était-il loyal et consciencieux – il exerçait ses fonctions depuis de nombreuses années sans incident – mais la durée même de sa mission compliquait le problème. Né et élevé à Urbino, la ville voisine, Semproni était un brave homme d'esprit provincial, bienveillant, sans envergure, qui ne se souciait vraiment que du mariage de ses filles. La sévérité du climat à San Leo l'amenait à passer chez lui les trois mois d'hiver ; il laissait alors la prison sous la responsabilité du commandant en second de la place, le lieutenant Pietro Gandini.

Avec Gandini, le problème était différent. C'était un jeune homme prétentieux et capricieux qui prenait plaisir à subvertir les ordres du gouverneur. À cause du milieu aisé dont il venait, Gandini se contentait d'un très modeste salaire, mais son indifférence à l'argent alimentait sa volonté têtue de ne pas s'incliner devant l'autorité de ses supérieurs. Doria avait suggéré à Rome son remplacement mais, comme toujours, seul le coût importait au secrétaire d'État. Le lieutenant Gandini revenait à bon marché, n'était-ce pas suffisant ? Doria avait donc décidé de garder à l'œil le lieutenant : il comptait pour cela sur son commissaire personnel à San Leo, lequel avait ordre strict de surveiller à la fois le village et la prison.

Le hasard voulut que Semproni fût absent de la prison – il était chez lui, malade – le jour de l'arrivée de Balsamo. Gandini fut enchanté de prendre en charge le prisonnier. La lettre d'instructions de Doria lui donnait ordre de l'enfermer au Pozzetto, « la cellule du puits », célèbre pour avoir logé dans le passé quelques-uns des plus coriaces clients de l'Inquisition. Elle mesurait à peu près trois mètres carrés ; à l'origine c'était une citerne d'eau potable creusée dans le dur basalte de la montagne, à laquelle on avait à une date ultérieure ajouté trois murs massifs, un quatrième opérant la jonction avec une tour fortifiée. Sa petite fenêtre à épais barreaux donnait sur une plateforme où deux sentinelles veillaient en permanence. Elle permettait d'entrevoir l'église de San Leo en contrebas : vue édifiante qu'un incroyant comme Balsamo aurait à contempler jusqu'à la fin de ses jours. Le Pozzetto offrait un autre avantage : il n'y avait pas de porte. On y pénétrait par une trappe en fer et en bois qui s'ouvrait au plafond. C'est par là que les gardiens pouvaient faire descendre la nourriture sans être exposés aux manœuvres du prisonnier. De fait dans le Pozzetto les prisonniers étaient enterrés vivants.

Avec une arrogance surprenante Gandini logea Balsamo au Tesoro, la cellule du trésor, à l'autre extrémité de la citadelle. Il s'en expliqua avec effronterie dans une lettre où il affirmait que le Pozzetto avait besoin d'importantes réparations et que, de toute façon, le Tesoro était un lieu plus sûr. Comme le Tesoro était situé au point le plus élevé du bâtiment principal de la forteresse, le prisonnier serait dans un isolement complet : il n'aurait aucun contact visuel ou auditif avec le monde extérieur. Sa petite fenêtre protégée par quatre rangées de barreaux donnait sur des brumes tourbillonnantes. Le Tesoro étant l'ancien coffre-fort du trésor du château, ses murs atteignaient l'épaisseur de onze pieds. Enfin, à la différence du Pozzetto, le Tesoro présentait le grand avantage que Balsamo ne pourrait pas entendre le bavardage des soldats – « des gens dont je ne saurais répondre », concluait Gandini, lequel était si sûr de lui qu'il renvoya les ouvriers venus réparer le Pozzetto. Comble de toupet, Gandini écrivit également une lettre au cardinal Zelada : il argumentait contre la requête de Doria qui réclamait d'urgence huit soldats supplémentaires. Ces soldats étaient inutiles, expliquait-il : ils ne feraient qu'« engraisser des gens déjà gras et sourire d'aise des gens qui veulent vivre sans trop travailler ».

On imagine la fureur du légat. Vivant dans un trou perdu, Gandini n'avait pas conscience de la clameur soulevée par l'arrestation de Balsamo. Il ne comprenait pas non plus que leur univers était en grand danger. Tandis qu'il se livrait à ses petits jeux stupides, la révolution menaçante avançait à grands pas ; elle se rapprochait du petit duché. Depuis la capture de Balsamo, les yeux de l'Europe étaient tournés vers le Vatican. Tous les journalistes réclamaient des nouvelles du fameux Cagliostro. Le pape avait ordonné que Balsamo fût traité « charitablement ». Si le prisonnier attentait à sa vie ou s'il mourait à la suite de mauvais traitements, la réputation du Saint-Office en souffrirait. En ces temps troublés l'Église devait veiller à ne pas paraître prisonnière d'un passé moyenâgeux. Quand Gandini proclamait que le Tesoro ressemblait à « un monastère rigoureux », il passait complètement à côté de la question. La grande affaire c'est que Balsamo était censé être enfermé dans une prison moderne. Doria se souvenait du Tesoro : « une cellule vraiment horrible et malsaine qui ne correspond certainement pas aux vœux exprimés par notre souverain ». Les murs et le plancher ruisselaient d'humidité ; des vents glacés s'engouffraient par la haute fenêtre ; la vermine grouillait sur le sol de pierre. La santé du prisonnier ne résisterait pas longtemps à ces conditions.

Doria ne cassa pas immédiatement la décision du lieutenant. Il se consola en songeant que le gouverneur allait bientôt reprendre sa place au château et serait plus accommodant. De fait, quelques semaines après le retour de Semproni, on reprit les travaux au Pozzetto, on les compléta même par la pose sur la fenêtre d'une nouvelle grille destinée à empêcher Balsamo de communiquer avec les sentinelles. Rome, pour une fois, ne se montra pas trop parcimonieuse. Au début de l'été, Zelada consentit à payer les frais d'un *corretto* et à transférer à San Leo six soldats de la garnison d'Ancône. De son côté Doria fit un gros effort pour éliminer certains abus qui s'étaient introduits à San Leo. Gandini, par exemple, autorisait les prisonniers à acheter leur propre nourriture et même à manger à sa table.

Ce fut un encouragement de constater que ses avertissements à propos de l'astuce redoutable de Balsamo et de la nécessité de maintenir un impénétrable secret sur le personnage semblaient finalement entendus. Il ne cessait de répéter au gouverneur que « la moindre négligence dans la surveillance de Balsamo pouvait entraîner des conséquences incalculables » et que jamais on ne montrerait trop de zèle dans cette affaire. Il fallait, expliquait-il, entrer dans les plus petits détails concernant l'organisation de sa vie. Doria suggéra, par exemple, qu'il ne devait pas disposer d'un rasoir étant donné qu'il pourrait s'en servir pour attenter à sa vie ou à celle des autres. En aucun cas non plus il ne devait disposer de papier, de plume ou d'encre : le récit de Barberi prouvait que l'homme avait un véritable génie de la publicité. Il fallait se méfier également de ses prétentions religieuses : il essaierait sans doute de séduire l'esprit de son confesseur. Il convenait encore de surveiller ses relations avec le médecin de la prison : ne se prétendait-il pas un maître de la science médicale ? On avait vu son talent pour feindre les maladies dès son arrivée à la prison. Maintenant il faisait semblant d'avoir des problèmes pour marcher, sans doute pour que la vigilance de ses gardiens se relâche.

Doria répéta que sous aucun prétexte des étrangers ne devaient être autorisés à pénétrer dans la forteresse. Cette interdiction s'appliquait, insista-t-il, au village de San Leo lui-même. « Éloignez absolument toute personne qui n'a pas de bonne raison pour venir ici », dit-il à Semproni, à qui il donna en outre l'ordre de surveiller en secret son incommode second – mais de procéder avec tact pour éviter que le fâcheux personnage ne proteste auprès du Vatican.

Ainsi à l'approche de l'été 1791, Doria était plutôt content de lui. Grâce à ses efforts, de considérables progrès avaient été accomplis dans l'administration de la prison auparavant si relâchée et si inconsistante. On avait même l'impression que ce régime de fermeté produisait d'heureux effets sur le condamné : Balsamo semblait manifester un certain repentir. Toutefois, comme Doria l'écrivait au secrétaire d'État, « seul le temps nous dira s'il y a chez lui une vraie réforme ». Dans son rapport du 12 mai, le légat témoignait d'une discrète autosatisfaction : « En bref... j'ai la conviction que nulle part dans la forteresse il n'y a lieu de craindre un incident, étant donné que toutes les précautions ont été prises. »

Si le légat avait eu les dons prophétiques attribués à son prisonnier, il se serait montré plus circonspect. Le 29 juin, une lettre courte et glaciale du secrétaire d'État mit fin de façon brutale à son euphorie. Un espion venait d'informer Rome, écrivait Zelada, que plusieurs personnes distinguées de Rimini avaient été autorisées à entrer dans la forteresse et à s'entretenir longuement avec Balsamo. Cette situation était inacceptable. Le cardinal Doria n'avait-il pas compris les instructions, pourtant explicites et réitérées, de Sa Sainteté ? Le Saint Père était furieux et avait l'intention d'ouvrir une enquête pour savoir si cette infraction flagrante à ses ordres était due à la malveillance politique ou à la négligence. Le légat avait tout intérêt à examiner sans délai cette affaire et à adresser son rapport aussitôt que possible.

Irrité et humilié, Doria chargea son agent le plus sûr, Cristoforo Beni, lequel connaissait bien la région, de faire une enquête au village de San Leo. Sous le prétexte qu'il choisirait, par exemple, l'étude d'un problème de compétence juridictionnelle, il avait mission d'apprendre si en effet Balsamo avait réussi à communiquer avec des étrangers et comment il y était parvenu. Surtout il devait vérifier si ces nobles de Rimini étaient des sympathisants de la Révolution française. Existait-il un réseau de conspirateurs dans le village ? Et puis, qu'avaient dit ces hommes à Balsamo ? Qu'est-ce que Balsamo leur avait répondu ? Quant à Doria, il ne perdit pas de temps pour répondre à Zelada en rejetant le blâme sur le gouverneur et son lieutenant, à qui il avait donné instruction maintes fois de ne pas permettre à des étrangers de visiter la prison.

Une semaine plus tard, il rendit compte des résultats de l'enquête : son espion lui confirmait que quatre nobles de Rimini avaient en effet reçu l'autorisation de voir Balsamo, et probablement de lui parler. Son agent ne croyait pas à l'échange de propos dangereux, Beni avait découvert une autre regrettable violation des instructions : l'évêque de Penna et l'évêque d'Urbino avaient également pu visiter le prisonnier ; compte tenu de leur éminente position spirituelle, cette visite était peut-être admissible, mais ce qui ne l'était pas, c'est qu'on leur avait permis de venir accompagnés de membres de leurs familles et d'amis. Un blâme, s'il convenait de leur en adresser un, regardait naturellement le Vatican. Pour sa part, Doria se proposait de réprimander sévèrement le gouverneur et de mettre fin à la mission de son commissaire personnel, lequel s'était montré défaillant et avait désobéi à ses ordres parfaitement explicites : rendre compte « dans les moindres détails de tout ce qui pouvait se passer dans la cité de San Leo ».

Dûment semoncé par le légat, Semproni reconnut son erreur – il avait été sottement imprudent – et implora le pardon. La faiblesse de ses excuses frappa Doria qui eut le sentiment inconfortable que le gouverneur ne comprenait pas ses nouvelles responsabilités et que, de toute façon, il ne serait pas à la hauteur. Cet homme ne saisissait pas que la garde de Balsamo avait complètement transformé la situation de la forteresse dont il avait la charge – et qu'il était maintenant le geôlier non de blasphémateurs ou de criminels mesquins, comme on lui en confiait depuis dix ans, mais du plus célèbre prisonnier du siècle. Avec lassitude, le légat réaffirma les ordres du pape dans leur brutale simplicité : « Balsamo... ne doit jamais parler à personne, ne doit voir personne ni être vu par personne. » Il ne put s'empêcher de penser que, dans le passé, quand le laisser-aller était la règle, on avait pris l'habitude d'autoriser les curieux de la région à s'offrir contre argent le divertissement d'une visite aux prisonniers.

Cette alerte n'était pas encore oubliée quand souffla de nouveau un vent de panique. Le 5 août, le légat reçut un message du gouverneur de Macerata, ville sur l'autre versant des Apennins, qui lui signalait que deux ou trois Français avaient traversé le village de Morrovalle la semaine précédente. Ces Français se dirigeaient apparemment vers San Leo. Même si leur aspect n'avait rien que d'ordinaire – c'étaient des gens d'âge moyen, de taille moyenne, habillés en promeneurs –, leur conversation avait éveillé les soupçons. Après avoir bu quelques verres, ils avaient laissé entendre qu'ils étaient des admirateurs de Cagliostro dont l'emprisonnement les rendait furieux. L'un d'eux avait déclaré d'un ton menaçant que le vin rouge et le tabac français allaient d'ici peu améliorer le régime du comte. Alarmé, Doria avertit précipitamment Semproni de se préparer à une probable tentative de libération de Balsamo par des révolutionnaires français.

La réaction de Semproni confirma que sa perception du monde extérieur se bornait à Urbino et que les convulsions de la société européenne lui échappaient complètement. Il répliqua à Doria d'un ton désinvolte que, si les voyageurs français se présentaient, il les mettrait sous les verrous. Cela ne poserait aucun problème « puisque nous avons affaire à un petit nombre de personnes ». D'ailleurs Balsamo, enfermé au Tesoro, était inaccessible. Exaspéré, Doria essaya d'ébranler l'assurance obtuse de son interlocuteur en lui communiquant la copie d'une lettre anonyme qu'il venait de recevoir de Lombardie. Elle avertissait le légat qu'il devait s'attendre à une opération surprise de révolutionnaires français. Transportés par des ballons gonflés à l'air chaud, ces hommes ne seraient pas arrêtés par les murailles de la forteresse et atterriraient dans l'enceinte. Après tout, soulignait son informateur, les Français n'étaient-ils pas les inventeurs de ce stupéfiant mode de locomotion ? Doria y avait joint une note d'un ton acide : Semproni avait-il songé un instant que ces voyageurs français dont il parlait si légèrement étaient peut-être les éclaireurs chargés de préparer une invasion par les airs ? La lettre du légat aurait été plus énergique encore s'il avait su que Balsamo et plusieurs de ses disciples se considéraient comme des experts en navigation aérienne.

Le pauvre Semproni n'avait pas la moindre idée de l'existence des montgolfières. À ses yeux, ce dont on lui parlait relevait du domaine du fantastique ou de la sorcellerie. Encore mal remis de l'affaire des nobles de Rimini, il répondit par une lettre dont le ton hésitait entre l'incrédulité et le désespoir. « Il se peut qu'aucun de ces personnages suspects ne se manifeste jamais, mais s'ils mettaient en œuvre leur projet de ballons volants, je ne sais pas quelles murailles ou quelles ressources pourraient me protéger contre une pareille tentative. Mais comme je crois ce projet inexécutable, je ne peux pas réfléchir aux moyens de défendre la forteresse contre une armada volante. Je doute que les règles concernant la navigation par aérostats soient publiées de notre vivant. » En désespoir de cause, Semproni prêta une consistance inattendue aux spéculations ironiques du légat. Pendant plusieurs semaines la garnison scruta le ciel dans l'attente angoissée de la flotte aérienne annoncée. La rumeur s'en répandit d'abord à San Leo, puis circula dans le vaste monde et fut saisie avidement par des journalistes en quête de sensationnel. Il ne fallut pas longtemps pour que l'histoire d'une tentative d'aéronautes jacobins pour faire évader Cagliostro parvienne à Paris, Londres et Saint-Pétersbourg.

À San Leo, Semproni prit la seule mesure qui lui parût adéquate pour faire échec à la menace. Il transféra Balsamo au Pozzetto où les travaux étaient terminés. Là, dans les profondeurs du château, aucun aéronaute ne pourrait arriver jusqu'à lui. Au cours des préparatifs de ce transfert, une fouille des vêtements du prisonnier révéla qu'il avait réussi à tourner la règle absolue édictée par le pape : qu'il n'eût jamais de quoi écrire. On trouva caché dans ses effets un almanach minuscule. Balsamo avait ingénieusement confectionné une plume avec la paille de son matelas qu'il avait effilée en la roulant contre le montant de la fenêtre. « Quant à l'encre, écrivait Doria, il en a obtenu en se servant de bouts de mèche de chandelle tombés dans la cellule... qu'il a malaxés à la main avec son urine. » Dans les marges de l'almanach on pouvait lire une menace d'un ton prophétique : « Pour complaire à la reine de France Pie VI me fait souffrir et fait souffrir l'innocence. Malheur à la France, à Rome et à ses partisans ! »

La fouille de sa cellule du Tesoro révéla une plume en bois cachée dans le cadre de la fenêtre à côté d'un fragment d'os taillé en pointe qui permettait au condamné d'extraire les quelques gouttes de sang dont il avait besoin pour écrire. Doria ne manqua pas d'écrire à Zelada qu'il espérait que cela servirait de leçon au gouverneur : il comprendra, disait-il, « avec quelle prudence il faut surveiller cet homme véritablement astucieux. Si l'on ne veut pas se laisser surprendre, il faut montrer une vigilance sans défaillance ».

Conscient qu'il avait besoin de rehausser son image auprès du Saint-Office, Doria voulut donner la mesure de ses capacités administratives. Il élabora un ensemble de règles visant à éradiquer l'inefficacité et la corruption dans la prison et à y faire régner une rationalité jusque-là inconnue. Pour commencer, il fallait dresser l'inventaire des faiblesses du système précédent ; Doria demanda donc au gouverneur de répondre par écrit à un questionnaire détaillé. Sur la base de ses réponses, il formula de nouvelles directives concernant l'entraînement et la paie des soldats, la discipline militaire, les devoirs des sentinelles, la surveillance et la rééducation des prisonniers, le coût et les modalités des repas, plus toute une série de questions mineures de cet ordre. Ce nouveau régime, promit-il à Rome, « nous permettra de vivre dans la tranquillité et la paix ».

Le légat était aussi convaincu d'avoir déniché, dans le caporal Marini, le geôlier idéal, capable de mettre au pas Balsamo. Marini tenait de la brute ou du voyou, mais ce dur à cuire était un soldat consciencieux, d'une obéissance intransigeante, qui manifestait une antipathie profonde pour les prisonniers dont il avait la charge. On disait que même Balsamo en avait peur. Pour dompter l'hérétique dont il était responsable, Doria donna instruction à Marini de procéder sans crier gare à des inspections fréquentes et poussées du prisonnier et de sa cellule. Jusqu'alors, les fouilles avaient lieu toujours à la même heure le matin et le soir – ce qui permettait à Balsamo de cacher l'outil ou l'arme sur laquelle il travaillait éventuellement. À la grande satisfaction de Doria, Marini adopta avec enthousiasme une autre suggestion du légat : percer un trou dans la trappe qui donnait accès au Pozzetto et ainsi épier le prisonnier à n'importe quelle heure du jour et de la nuit. Marini n'était que trop heureux apparemment de consacrer de longues heures à ce travail de surveillance.

Le nouveau régime instauré par Doria confirma vite que Balsamo était à la fois malin et dangereux. Moins de dix jours après son transfert au Pozzetto, Marini découvrit plusieurs cachettes qu'il avait réussi à creuser dans les solides murailles de pierre. Dans l'une de ces caches on trouva une coquille d'œuf pleine à ras bord d'un mystérieux liquide doré. Le 30 octobre, Doria signala le dernier tour que leur a joué Balsamo : « Récemment il a réussi à soulever une section des planches formant son lit – ce qu'aucun prisonnier n'a fait avant lui – afin d'en extraire une longue et large cheville qu'il a cachée dans une fente de l'architrave de pierre qui maintient la grille en fer à l'entrée de sa cellule. Il a ensuite réassemblé les planches avec adresse afin que l'on ne s'aperçoive de rien. » De son judas secret Marini vit Balsamo aiguiser la cheville en la frottant contre le montant de sa fenêtre – « de manière à la rendre encore plus pointue ». Entre les mains d'un homme vigoureux comme Balsamo, c'était une arme qui pouvait être mortelle.

Il fallut transférer de nouveau Balsamo au Tesoro pour remplacer le lit de planches par une nouvelle structure en bois qui ne comporterait pas de clous. Des briques la scelleraient à la muraille. On devait aussi boucher avec de la pierre et de la chaux les caches creusées par Balsamo. Tout cela coûtait de l'argent et Doria recevait déjà de Rome des semonces hebdomadaires sur le coût excessif de la gestion de sa prison. Irrité, il ordonna de cimenter dans le mur du Pozzetto à côté du lit de lourdes chaînes qui permettraient d'entraver Balsamo en permanence. Cette punition barbare était désormais proscrite dans les prisons papales, mais Rome autorisa le gouverneur à enchaîner l'hérétique s'il persistait à préparer son évasion. Doria espérait que la menace suffirait pour effrayer Balsamo et le ramener à l'obéissance.

Moins de deux mois après le retour de Balsamo dans sa cellule du Pozzetto équipée de chaînes, les gardiens signalèrent la découverte d'une vis en pointe extrêmement affinée dans le conduit des cabinets. Naturellement Doria fut aussitôt blâmé par Rome qui s'étonnait de son manque de diligence : ces menaces auraient dû prendre fin. Perdant son calme, Doria envoya une série de lettres furieuses au gouverneur. Les gardiens devaient renforcer leur surveillance, les fouilles devaient être deux fois plus fréquentes. Un maçon fut chargé d'inspecter chaque centimètre de la cellule, et si nécessaire, de gratter le plâtre et de faire des vérifications minutieuses sous le revêtement.

D'ailleurs tout devait être inspecté : le corps du condamné, son lit, ses souliers, ses habits, son cabinet, les barres de fer, la grille – tout. Doria recommanda d'envisager de murer les cabinets, ou tout au moins d'en bloquer le conduit d'évacuation en y introduisant une grosse pièce de bois.

À n'en pas douter les nerfs du cardinal étaient à vif. Dans ses lettres à Semproni, cela tourne à l'obsession. Il répète comme un leitmotiv que la garnison ne doit sous aucun prétexte sous-estimer « la malice, la perfidie et l'astuce exceptionnelles » de ce détestable prisonnier.

Dans ses moments de dépression, Doria soupçonnait Balsamo de mener délibérément une guerre psychologique contre les geôliers, l'administration d'Urbino, et le Saint Père lui-même. Dès le début Balsamo avait choisi de se présenter comme un catholique dévot tombé dans l'hérésie par excès de scrupule. Ancien novice, il savait fort bien que l'Église se sentirait tenue de lui faire reconnaître ses erreurs dogmatiques et de le conduire sur le chemin d'un authentique repentir, d'autant plus qu'il se déclarait officiellement schismatique. Bien entendu Doria avouait que la régénération spirituelle était, en théorie, un objectif hautement estimable mais Balsamo tirait parti de la compassion de l'Église pour semer le trouble. L'évêque de Montefeltro et le prêtre de sa paroisse, le chanoine Tardioli, sous-estimaient dangereusement la dépravation du personnage et lui, devinant leur naïveté, élaborait de multiples stratégies à seule fin de créer du désordre et de se faire de la publicité.

Dès son arrivée à San Leo, Balsamo avait entamé la comédie de la pénitence en feignant la plus abjecte contrition : son but était de bombarder son confesseur et le gouverneur de demandes extravagantes. Doria avait averti Semproni qu'il fallait s'attendre à une tactique de cette nature : « Comme il est plein d'astuce, il souhaitera sans doute être souvent entendu en confession, ce qui lui donnera la possibilité de sortir fréquemment de sa cellule. » Les guides spirituels de Balsamo étaient évidemment enchantés de voir le prisonnier remplir avec ardeur ses devoirs religieux, mais Doria les mettait en garde : « Nous ne devrions pas lui faire confiance si vite, car nous avons affaire à un homme très astucieux qui sait mieux que personne jouer la comédie et tromper les autres. »

Balsamo était un acteur infatigable. Semproni était déconcerté par ce prisonnier qui réclamait toujours de nouveaux accessoires apparemment indispensables, pour sa mortification. Il lui fallut un prie-Dieu en bois pour que ses genoux ne souffrent pas de l'humidité de sa cellule. Il demanda qu'on remplace l'indigne crucifix de papier mâché qu'on lui avait fourni par un grand crucifix en bois, puis, comme il n'aimait pas le visage du Christ sur le crucifix, il désira qu'on le change, afin disait-il, qu'il pût approfondir ses sentiments de repentir. « Accordez donc moins d'attention aux caprices de cet homme », disait Doria avec irritation au gouverneur. Même un aveugle pouvait se rendre compte que cette affectation de piété visait à leur faire baisser la garde.

Puis, Balsamo entreprit une série de jeûnes édifiants. L'homme qui s'était d'abord tellement empiffré de chocolat, de pigeons, qui vidait tant de bouteilles que Rome avait réduit d'office sa ration alimentaire, se mit à une diète totale et ne but plus que de l'eau. Ses gardiens se demandèrent cyniquement s'il ne préparait pas son évasion en cherchant à perdre du poids (le ballon de ses sauveteurs l'emporterait plus aisément). De leur côté, ses confesseurs y voyaient un authentique signe de la contrition d'un homme animé par la vraie foi. Doria, lui, ne parvenait pas à deviner le véritable motif de Balsamo mais répétait ses avertissements : de cet homme on ne pouvait attendre que belle et bonne hypocrisie. « Plus il affecte la dévotion, plus on doit être méfiant. » La perte de poids s'accentuant, l'évêque Terzi formula une suggestion préoccupante : peut-être Balsamo se laissait-il mourir de faim ?

Inquiet, Doria décida de faire appel à un théologien dominicain, le frère Bussi, lequel obtint d'abord des résultats prometteurs : Balsamo se confessa et renonça à poursuivre la grève de la faim. Mais une semaine plus tard une lettre irritée de Rome informa Doria que le prisonnier s'était arrangé pour confier à Bussi une lettre où il se plaignait de la brutalité de Marini – lettre écrite sur un bout d'étoffe arrachée à la doublure de sa veste. Cette histoire avait, bien entendu, fait le tour du Vatican. Doria, furieux, fit redoubler la surveillance au judas et les fouilles opérées dans la cellule, ce qui entraîna des protestations pour excessive sévérité de la part des guides spirituels de Balsamo. Doria, qui était dans une situation impossible, rappela aux gardiens que, en dépit de la perversité du prisonnier, ils ne devaient pas ménager leurs efforts pour essayer d'obtenir son amendement.

Dans cette guérilla, l'une des armes les plus efficaces de Balsamo était la peinture, son premier talent : il peignait des emblèmes maçonniques et bibliques ou écrivait des prophéties sur les murs de sa cellule. Pour ces fresques il se servait d'un mélange de son urine avec la rouille des barreaux, ou utilisait même ses excréments. Il s'était fabriqué un pinceau en arrachant avec ses dents des fragments du bois de son lit ; il eut ainsi un manche auquel il fixa une pointe en paille et coton. Il travaillait avec ce pinceau improvisé à une vitesse incroyable : il suffisait à Marini de quitter le judas une heure seulement pour que « d'odieux dessins » couvrent un pan de mur entier.

Balsamo se plaisait aussi à tourmenter ses confesseurs en leur proposant des problèmes théologiques que ceux-ci prenaient au sérieux. Marini affirmait l'avoir entendu exulter quand il avait bien embarrassé les dignes ecclésiastiques. Par exemple il soutenait que le Vatican devait le punir de mort s'il était un hérétique avéré ou le remettre en liberté s'il le jugeait bon catholique. De plus le coquin goûtait un malicieux plaisir à faire perdre leur temps à ses visiteurs : il se lançait dans d'interminables confessions générales puis, au moment où il allait recevoir l'absolution, il anéantissait les espérances de ses confesseurs en déclarant qu'il ne croyait pas aux dogmes de l'Église catholique. Même le patient chanoine Tardioli finissait par se demander si Balsamo n'était pas un « incroyant endurci ». Mais en même temps Balsamo accablait l'évêque de Montefeltro de ses récriminations contre l'insuffisance intellectuelle du bon prêtre : son âme qui avait besoin d'être instruite souffrait cruellement de cette incapacité. De fait il réclamait de nouveaux confesseurs vraiment qualifiés.

Au début de 1793, Balsamo conçut une nouvelle stratégie. Il créa un profond malaise chez ses gardiens en se mettant à prophétiser. Il proclama qu'il avait accès à des secrets de nature divine qui étaient capitaux pour la survie de la papauté et de l'univers. Or l'exécution en France du roi et de la reine et l'imminence d'une guerre européenne causaient une vive inquiétude dans la garnison, et le bruit circulait que Balsamo avait des dons étonnants pour prédire l'avenir. Doria lui-même crut de son devoir de se faire communiquer ces prédictions. Mais une fois transcrits les propos de Balsamo, il était bien difficile de se prononcer : ces phrases énigmatiques, ces symboles inintelligibles et ces récits incohérents provenaient-ils d'un esprit dérangé ou malveillant ?

À Zelada, Doria assurait que, pour sa part, il était trop persuadé de l'histrionisme de Balsamo pour se laisser mystifier. Néanmoins il transmettait les prédictions à Rome. L'une d'entre elles, datée de novembre 1793, annonçait que le pape serait assassiné dans sa chambre par une femme déguisée en homme. Pure ineptie, jugea Doria, qui pourtant la communiqua à Rome. Nul ne pouvait dire si le prisonnier délirait ou se moquait du monde. À la vérité, même si la prédiction était ridicule, elle comportait certains aspects préoccupants. Était-elle inspirée par le récent assassinat de Marat par Charlotte Corday ? Mais alors comment Balsamo en avait-il eu connaissance ? Comment d'ailleurs était-il si parfaitement informé des progrès de la Révolution française ? Étant donné son isolement absolu, où avait-il appris l'exécution des souverains français qu'il exécrait et la diffusion des idées révolutionnaires en Europe par les armées françaises ?

Doria soupçonnait Balsamo d'avoir des informations en corrompant ses gardiens. Barberi ne signalait-il pas que l'homme avait une exceptionnelle aptitude à exploiter les faiblesses humaines ? Doria pressentait que Balsamo tirait parti de son génie pour semer la dissension entre ses gardiens. Malgré le régime de strict isolement auquel il était soumis, il avait réussi à attiser la sourde animosité qui existait entre le caporal Marini et le lieutenant Gandini. Au cours de l'hiver 1791-1792, leur mésentente avait éclaté en de véritables querelles dont l'effet avait été désastreux sur le moral de la garnison. Comme toujours Rome fut mis au courant. En janvier 1792, Zelada écrivit sur un ton agacé qu'il venait de recevoir une pétition des prisonniers de San Leo qui se plaignaient de la brutalité du caporal Marini. De quoi s'agissait-il ? Le souverain pontife lui-même ne condamnait-il pas pareil comportement ? Doria essaya de convaincre le secrétaire d'État que la « fourberie du prisonnier Balsamo » était à l'origine de cette pétition. Bien qu'il ne pût en apporter la preuve, il était certain que Balsamo avait incité Gandini à aider les prisonniers à organiser leur campagne contre le caporal détesté.

En juillet 1793, on se préoccupa de nouveau de liens éventuels entre Gandini et Balsamo quand Doria découvrit que le lieutenant avait autorisé en secret sa femme et son enfant à voir le prisonnier durant la messe. Ne s'agissait-il pas là d'une transgression caractéristique des ordres ? Le légat accabla Semproni de ses récriminations : « Sur trois officiers, lui écrivit-il, je n'en vois pas un qui soit capable d'appliquer strictement les ordres donnés par le souverain pontife. » Deux mois plus tard, il dut demander au nouveau commissaire qu'il avait envoyé à San Leo de faire une enquête pour savoir comment Rome avait pu recevoir une nouvelle pétition contre Marini, « encore pire que la précédente ». Constatant les conséquences fâcheuses de la querelle entre Gandini et Marini sur la bonne marche de la prison, Doria écrivit au début de 1794 pour conjurer le secrétaire d'État de séparer les deux hommes en transférant Gandini dans la nouvelle armée du pape : « C'est la seule façon de mettre fin à ces désordres ; ainsi votre Éminence n'aurait plus à se préoccuper de cette affaire. » Sa requête fut ignorée.

C'est à peu près à cette époque que Balsamo adopta, apparemment, une nouvelle stratégie : jouer la folie. Observons que beaucoup des gardiens crurent que sa folie était authentique (à la différence de Doria, trop malin pour être dupe). Le médecin de la prison lui-même croyait que Balsamo perdait la tête. S'agissait-il des effets secondaires de la syphilis qu'il avait peut-être contractée en Espagne, bien des années auparavant ? Ou bien Balsamo, comme d'autres avant lui, était-il rendu fou par les terribles conditions de son internement dans la fosse sombre et puante du Pozzetto ? Déjà, en 1792, Balsamo semblait croire, par moments, que sa Seraphina bien-aimée était enfermée dans une cellule voisine et, l'année suivante, il s'était mis à l'appeler d'une voix lamentable et à supplier les gardiens de la traiter avec égards. Ne faites pas de mal à la petite comtesse, ma *cara figlia*. Elle est aussi délicate qu'une fleur. Balsamo ne savait pas qu'on disait de Seraphina qu'elle était devenue folle dans son couvent romain.

Par intervalles Balsamo poussait des hurlements, comme un animal torturé ; il courait à la fenêtre du Pozzetto et en secouait les barreaux, ou se mettait à grincer des dents et maudissait les gardiens. Il voulait être appelé « Giuseppe le pécheur » et suppliait qu'on lui procure un cilice comme un moine qui fait pénitence. Pas un seul instant Doria ne crut en la folie de Balsamo : c'était un exemple supplémentaire de la ruse infernale du personnage. En vérité le légat lui-même, toujours plus obsédé par son prisonnier, donnait parfois l'impression de n'être plus tout à fait sain d'esprit. D'ailleurs, fou ou non, Balsamo devenait de plus en plus difficile à contrôler. Un jour, il jeta à la tête des gardiens un pot de chambre plein d'urine ; il mordait Marini ; il hurlait de rage si on lui tendait une serviette malpropre ; il gardait dans sa cellule du poisson pourri pour que la puanteur incommode ses confesseurs.

Pour le maîtriser, Doria recourut aux bonnes vieilles méthodes de l'Inquisition. Il ordonna à Semproni d'enchaîner Balsamo au mur, et d'user le cas échéant de châtiments corporels. Le gouverneur s'inclina. Bientôt il signala au légat qu'en une occasion un gardien avait calmé Balsamo en le giflant et qu'en une autre occasion un groupe de gardiens l'avait roué de coups de bâton. À la suite de ce traitement de choc le prisonnier se comporta mieux pendant quelque temps, mais il ne tarda pas à trouver une riposte efficace. Semproni rapporta au légat que maintenant, quand il y avait menace de coups, Balsamo courait à la fenêtre et hurlait à travers les barreaux qu'on le torturait et qu'on l'assassinait. La puissance extraordinaire de sa voix ameutait tout le village. Ses gardiens durent le transférer de nouveau au Tesoro où ses terribles cris n'étaient entendus de personne.

Doria était toujours plus déprimé par les succès des armées révolutionnaires françaises contre la Prusse, l'Autriche et l'Italie. En septembre 1792, les canons français avaient anéanti les soldats prussiens à Valmy ; la Savoie venait d'être prise et l'Italie du Nord était menacée. Doria, assurément, faisait de son mieux pour renforcer la citadelle et la prémunir contre un assaut. Il avait persuadé l'avare Zelada de financer la construction d'une troisième grille à l'entrée du village et d'accroître la garnison en transférant d'Ancône à San Leo une douzaine de soldats. Mais ces soldats se plaignirent des bises glacées de l'hiver et exigèrent de rentrer chez eux. Puis, au grand mécontentement de Rome, la garnison locale réclama alors une augmentation de la paie en arguant des obligations supplémentaires imposées par le système de surveillance de Doria. Enfin, les villageois adressèrent une pétition à Rome pour protester contre les restrictions à la circulation dues au contrôle rigoureux de l'usage des clés des portes.

Portes ou grilles ne suffiraient pas, Doria le savait, à arrêter les fléaux en marche : la démocratie et la guerre européenne. Deux ans après l'arrivée de l'encombrant Balsamo, il se débattait toujours avec l'insoluble problème du renforcement des défenses de la forteresse. Malgré son aspect formidable, San Leo, comme le révélait l'inventaire de ses magasins, manquait d'artillerie et de munitions. La volonté de réformes de Doria se heurtait toujours aux mêmes obstacles : la parcimonie du Vatican et l'apathie de la garnison. Doria avait beau rappeler que la présence de Balsamo à San Leo en faisait un objectif probable des armées françaises, personne ne semblait s'en soucier. En mars 1793, la vulnérabilité du fort inquiéta tellement Doria qu'il plaida auprès de Zelada pour obtenir l'envoi d'un officier expérimenté capable d'instruire la garnison – même si celui-ci devait remplacer le précieux caporal Marini.

La Providence semblait être contre lui. Le 17 juin 1793, un énorme pan de rocher déboula le long de la montagne et emporta deux des ouvrages de la forteresse. Une grande partie des nouvelles constructions se trouvèrent dangereusement exposées. Balsamo, naturellement, prétendit que c'était une intervention divine due à son entremise. N'était-ce pas plutôt le diable qui volait au secours de son fils favori ?

Tandis que les armées révolutionnaires se rapprochaient, balayant tout sur leur passage, la lassitude de Doria allait croissant. Le ton de ses lettres oscille entre l'hystérie et un sentiment d'impuissance et de désespoir nourri par l'interminable litanie des problèmes de la forteresse. Son plan de gestion rationnelle de la prison reçut-il jamais l'approbation du pape, c'est ce qui n'est pas clair. À la fin de 1792, ce n'était pas le cas assurément car il observe : « Le Saint Père est trop absorbé par de multiples questions d'importance qui ont rapport avec le gouvernement. » À quoi bon d'ailleurs ? Tous ses efforts pour améliorer la discipline échouaient devant l'obstination de Balsamo. En fin de compte, par son choix ou par la volonté de ses supérieurs, au début du printemps 1794 le cardinal Doria cessa soudain d'exercer les fonctions de légat du pape à Urbino. Un diplomate professionnel le remplaça.

Le départ de Doria est un aveu de défaite : la papauté n'a pu mener à bien son œuvre de régénération de Balsamo ; elle a même renoncé à contrôler le prisonnier. Le 27 mai 1794, le nouveau légat écrit à Semproni : « Je suis vraiment attristé d'apprendre que le prisonnier s'entête dans ses erreurs et... qu'il se montre plus insolent que jamais. » L'une après l'autre, les innovations disciplinaires de Doria sont abandonnées comme difficiles, trop coûteuses ou simplement inefficaces. Désormais le confesseur de Balsamo refuse de lui administrer les sacrements en arguant de son impiété. Les gardiens constatent que les coups ne parviennent plus à le calmer quand il est saisi d'une de ses rages véhémentes, ou à interrompre les cris frénétiques qui troublent la tranquillité du village. Si choquantes soient-elles, ils renoncent à l'empêcher de peindre sur les murs de sa cellule des images qui témoignent d'une « incroyance provocante » et d'une « irreligion totale ». On ne sait s'il est fou ou méchant, incorrigible ou dément, mais une chose est certaine : les prophéties anti-papales de Balsamo prennent un tour apocalyptique toujours plus marqué au fur et à mesure de la progression des armées françaises à travers l'Europe.

C'est le 26 août 1795 que Balsamo remporta la victoire finale dans son combat contre le Vatican. Le matin il eut une première attaque ; on expédia des prêtres pour lui administrer l'extrême-onction et tenter de sauver cette âme plongée dans les ténèbres –

mais « il refusa constamment leurs exhortations salutaires et ne manifesta aucune intention de se confesser ». À quatre heures de l'après-midi il eut une seconde attaque et mourut dans la soirée « dans l'impénitence finale ». Il avait cinquante-deux ans, un corps horriblement émacié, des habits crasseux ; avec sa barbe hirsute, il ressemblait à un animalfut enterré. Son cadavre attestait l'échec de Doria et de son plan rationnel : c'était celui d'un être sauvage gisant dans une caverne souterraine au milieu de ses excréments. Le gouverneur se méfiait tellement de son prisonnier qu'il promena un roseau enflammé le long de la plante des pieds pour s'assurer qu'il ne faisait pas semblant d'être mort.

Hérétique impénitent, Balsamo dans une fosse anonyme tout au bout du terrain de la forteresse, entre deux abris de sentinelles. Il aurait été probablement fier du portrait que fit de lui l'archiprêtre de San Leo dans son rapport : « Un hérétique fameux par sa malice qui, après avoir diffusé en maint pays d'Europe les doctrines impies de la franc-maçonnerie égyptienne auxquelles il convertit une infinité de gens par sa fourbe subtile, connut de nombreuses vicissitudes dont il réussit à se tirer sans dommage grâce à sa ruse et à son habileté. »

Les armées révolutionnaires, que Doria craignit si longtemps, atteignirent enfin la *fortezza* de San Leo en 1797. Le général Dombrowski ne perdit pas de temps pour demander où était le fameux comte Cagliostro. D'après la légende, quand les officiers de la légion polonaise apprirent que le prisonnier était mort, ils ordonnèrent qu'on exhumât ses ossements. Quand ils virent le crâne blanchi de Cagliostro, ils le ramassèrent, le remplirent de vin et burent à sa mémoire.

Épilogue

L'immortel

Immortel : Préservé de la mort, qui ne meurt jamais. Qui n'a jamais de fin, perpétuel. (Samuel Johnson, *A Dictionary of the English Language*, Londres 1756)

Comme l'avait prédit Cagliostro, la mort l'a rendu immortel. Il avait souvent dit à ses disciples de ne pas s'affliger en apprenant son décès. Cela signifierait que, parvenu au plus haut degré de la franc-maçonnerie égyptienne, il était devenu un des douze immortels qui décident de la destinée de l'humanité jusqu'à la fin des temps. Comme le prophète Élie, il serait transporté au ciel sur un chariot tiré par des anges ou encore il renaîtrait de ses cendres comme le phénix.

Certains de ses disciples prirent cette prophétie à la lettre. Jacques Sarasin, toujours prêt à pardonner les offenses, fut l'un de ceux-là. Quatre ans avant la mort de Cagliostro, il refusa de financer une tentative pour l'enlever de sa prison, en déclarant que le maître y serait opposé : comme le Christ, il s'était laissé emprisonner dans le but de convertir ses ennemis. D'autre part, une histoire complètement différente circula parmi les disciples : selon cette version Cagliostro aurait étranglé son confesseur et se serait évadé de

San Leo en empruntant les vêtements du prêtre. Cagliostro vivait et reparaîtrait bientôt. On avait enterré à San Leo un individu quelconque sous son nom parce que l'Inquisition n'osait pas avouer que son pire fléau était en liberté.

Pourtant, le corps émacié qui gisait dans la tombe anonyme de San Leo était bien celui de Cagliostro : le gouverneur Semproni s'en était assuré avec toutes les précautions requises. Cagliostro ne s'est donc pas joué de la mort : il n'est pas un trompe-la-mort. La vérité est autre : la mort lui a conféré un statut symbolique et une influence plus grande encore. Débarrassé des détails triviaux de son existence, il s'est mis à flotter dans le temps et l'espace avec la liberté qu'il avait prédite. Il est caractéristique qu'il ait suscité dans la postérité autant d'images différentes que de son vivant. Casanova, Elisa, Catherine, Jeanne, Théveneau, Seraphina et Doria connaissaient chacun un Cagliostro différent, or son mythe, sa représentation mythique ont le même caractère protéiforme et contradictoire. Même après sa mort Cagliostro ne semble pas pouvoir échapper à la question qui revient de façon obsédante : qui était-il réellement ? Un explorateur de l'univers spirituel, un mystique et un guérisseur guidé par un dessein profond ? Ou un charlatan, prompt à saisir les occasions, un escroc d'envergure qui travaillait sur les scènes les plus prestigieuses de l'Europe ?

L'une des légendes les plus persistantes à propos de Cagliostro est l'idée qu'il était à la tête d'une conspiration maçonnique contre l'Ancien Régime en Europe. Cagliostro n'a jamais été un révolutionnaire mais c'est ce que beaucoup de gens ne voulurent jamais admettre. Le point de départ de cette thèse doit être cherché dans le *Rapport* publié par Elisa von der

Recke en 1786. Une fois désenchantée de son gourou, elle se persuada qu'il était un crypto-jésuite qui voulait se servir de la franc-maçonnerie de stricte observance pour miner la religion protestante. Devenue une célébrité et une autorité sur Cagliostro qu'on invitait un peu partout en Europe, elle profita de cette situation pour diffuser généreusement ses idées. Le déclenchement de la Révolution française parut apporter une confirmation à sa thèse. Même quand on avait de la sympathie pour Cagliostro, on pouvait être tenté de croire, comme le prince de Schleswig, qu'en effet « il était un instigateur de la Révolution française et qu'il y avait lieu de croire que les Français le remettraient en liberté ».

Catherine de Russie, grande admiratrice d'Elisa, penchait aussi pour la théorie de Cagliostro conspirateur. En 1795, elle invita Elisa à Saint-Pétersbourg pour la récompenser d'avoir déployé tant d'activité contre leur ennemi. À cette époque, Catherine avait totalement interdit la franc-maçonnerie en Russie. Dans leurs entretiens, les deux femmes revinrent sur la tournée de Cagliostro en Europe orientale vingt ans plus tôt et elles tombèrent d'accord sur les motivations de cette tournée : « Cagliostro était un émissaire des Jésuites, dont l'ordre alors banni a préparé la Révolution française en diffusant toutes sortes de sottises et de mensonges par l'intermédiaire de sociétés secrètes dans plusieurs pays. »

D'autres ennemis de Cagliostro ont enrichi cette légende ténébreuse. La source la plus importante est ici l'abrégé de Giovanni Barberi d'après lequel Cagliostro aurait confessé son appartenance au cercle dirigeant de la société révolutionnaire et athée des Illuminés allemands, lesquels opéraient aussi sous le couvert de la maçonnerie. Plusieurs victimes catholiques de la Révolution ont également témoigné dans ce sens. En 1792 un prêtre catholique français, l'abbé Augustin Barruel, réussit à s'enfuir à Londres où il consacra cinq ans à réunir un énorme dossier de demi-vérités, de mensonges et d'erreurs qu'il publia ensuite sous le titre *Mémoires de l'histoire du jacobinisme*.

La contribution originale de Barruel à la théorie de la conspiration consiste en ceci : il en assigne l'origine à la dissolution de l'ordre des Templiers en 1312. D'après lui, des survivants de l'ordre avaient formé en Écosse une branche clandestine de la maçonnerie animée par une volonté de vengeance contre l'Église. Et, selon Barruel encore, le comte Cagliostro était l'héritier de cette mission vengeresse. Ses loges de templiers étaient liées aux salons anticléricaux proches des philosophes français et aux cellules républicaines des Illuminés allemands. Combinaison toxique qui devait conduire à l'élaboration d'un plan de terreur mondiale dont le premier succès aurait été la Révolution française.

Cette version de la conspiration maçonnique est devenue un article de grande consommation. Elle s'est diffusée largement en Occident, s'est retrouvée dans la littérature et a circulé de mille manières, en même temps que le mythe du rôle joué dans cette affaire par Cagliostro. L'idée d'une conspiration tentaculaire de sociétés secrètes ayant un objectif mondial s'est enracinée dans l'imaginaire européen. Dans son roman de 1988, *Le Pendule de Foucault*, Umberto Eco suggère que des esprits paranoïaques se sont laissé intoxiquer par l'idée d'une conspiration secrète de façon abstraite, indépendamment de son contenu ou de son objectif. Le secret est qu'il n'y avait pas de secret ; ce qui comptait, c'était l'excitation que l'on ressentait à s'engager dans une vague et mystérieuse avant-garde ignorée des autres. Eco croit qu'il faut attribuer la paternité de ce thème de la conspiration au grand romancier du XIXe siècle, Alexandre Dumas, dont le volumineux *Joseph Balsamo* publié en 1846-1847 a rendu mondialement célèbre le complot hypothétique de Cagliostro.

Dans la version de Dumas, les sept chefs européens des Illuminés se rassemblent secrètement en 1788 sous la présidence de Cagliostro pour entendre un rapport sur les progrès de la conspiration. Ils viennent de Suisse, de Suède, d'Amérique, de Russie, d'Espagne et d'Italie et comptent parmi eux le futur révolutionnaire Marat. Cagliostro lui-même représente les cercles maçonniques d'Allemagne, de France et de Hollande. Chacun des chefs porte une bague à cachet qui témoigne de son initiation aux grades les plus élevés. Leur objectif immédiat est d'anéantir la monarchie française mais leur but ultime est la révolution mondiale. D'après Dumas, Balsamo leur fait prêter un effrayant serment d'inspiration terroriste.

Au nom du Fils crucifié, je jure de briser les liens charnels qui m'attachent encore à père, mère, frère, sœur, épouse, parent, ami, maîtresse, rois, bienfaiteurs – et à tout être quelconque à qui j'aurais promis foi, obéissance ou service.

J'honorerai le poison, le fer et le feu comme des moyens prompts, sûrs et nécessaires de purger le globe par la mort ou l'hébétation de ceux qui cherchent à avilir la vérité ou à l'arracher de nos mains.

Je souscris à la loi du silence. Je consens à mourir d'une mort aussi prompte que la foudre, si je révèle un seul de nos secrets. J'attendrai sans murmurer que vienne me frapper, en quelque lieu que je sois, le couteau invisible et inévitable.

Le roman de Dumas a gardé toute sa vitalité. On continue à le lire aujourd'hui. Il a trouvé un premier relais dans une version dramatique de 1878, due à Alexandre Dumas fils, qui a eu son heure de popularité ; enfin il a retrouvé une nouvelle existence au cinéma. Le cinéma semble particulièrement approprié quand on se souvient que Cagliostro et Loutherbourg envisageaient la diffusion du credo de la maçonnerie égyptienne grâce à la lanterne magique et aux spectacles de poupées mécaniques, préfiguration du septième art. Parmi les versions cinématographiques du roman, on retiendra la plus célèbre, celle de Gregory Ratoff, *Black Magic* (*Cagliostro*, 1949), qui est sauvée par l'interprétation inspirée d'Orson Welles dans le rôle de Cagliostro, et la version de François Rivière, *Joseph Balsamo* (1979), plus fidèle au roman et qui comporte une évocation très vivante de la conspiration maçonnique.

Il serait injuste de faire porter à Cagliostro la responsabilité des actes de certains fabricants de mythes, mais Umberto Eco a montré les terribles conséquences de l'idée d'une conspiration maçonnique. Au cours du XXe siècle la cible a changé, les Juifs ont remplacé les francs-maçons. Le jour où l'idée est entrée dans la tête d'un jeune Viennois profondément aigri, un certain Adolf Hitler, elle a pris une forme monstrueuse. Templiers, Illuminés, Maçons d'Égypte ont cédé la place aux Protocoles de Sion, aux Douze Tribus d'Israël et à la conspiration mondiale du judaïsme. Quoi qu'on pense de Cagliostro, il est affligeant d'imaginer qu'il ait pu être un jalon sur la route qui conduit à l'Holocauste.

La conspiration maçonnique de Cagliostro, et on ne s'en étonnera pas, a aussi séduit des gens dont les vues politiques sont à l'opposé de celles d'un abbé Barruel ou d'un Adolf Hitler. Pour certains de ses admirateurs Cagliostro devint le héros d'une sorte de mouvement de résistance des magiciens. Enfermé dans sa sinistre cellule du Tesoro, Cagliostro ne sut pas que la propagande de l'Inquisition romaine créait un élan de sympathie populaire à son égard. Il aurait apprécié l'ironie de la situation. Tandis que le cardinal Doria se dépensait en efforts frénétiques pour empêcher son incorrigible prisonnier de communiquer avec l'extérieur, le Saint-Office diffusait la nouvelle de son martyre à travers toute l'Europe. Quand les éditions à bon marché de l'abrégé de Barberi se mirent à circuler en plusieurs langues en 1791, elles provoquèrent un débat animé entre les catholiques et les maçons. C'est ainsi que le franc-maçon Wolfgang Amadeus Mozart introduisit avec jubilation Cagliostro dans son dernier opéra, *La Flûte enchantée* : il en fit Sarastro l'Égyptien.

En Grande-Bretagne aussi un autre esprit non conformiste faisait une place dans son œuvre à Cagliostro. Pour le poète et graveur William Blake, élevé dans une agressive tradition puritaine de liberté, l'incarcération de Cagliostro à San Leo était un triomphe pour celle qu'il appelait la prostituée réactionnaire de rouge vêtue, la papauté. Son grand poème prophétique de 1791, *The French Revolution*, présente Cagliostro comme une des grandes figures de la contre-culture.

… et l'antre nommé horreur encageait un homme.

Pieds et poings enchaînés, autour du cou un carcan de fer scellé à l'indestructible mur et dans son âme était le serpent enroulé dans son cœur, comme une lueur au fond d'une crevasse.

Et l'homme était emprisonné pour des écrits prophétiques.

Le pamphlet de Barberi se lisait aussi dans les cercles d'artistes à la mode que fréquentaient Philippe de Loutherbourg et ses camarades. Quelles que fussent leurs réserves à propos de Cagliostro, les maçons épris de liberté ne pouvaient s'empêcher de s'affliger de la situation déplorable d'une victime des persécutions de l'Église catholique. Les bibliothèques de Loutherbourg et de son ami, l'artiste mystique Richard Conway, foisonnent d'ouvrages favorables aux Illuminés ou dénonçant les bastilles et l'Inquisition. Rien n'illustre mieux le changement de statut de Cagliostro, de scélérat promu au rang de martyr, que l'apparition à la fin du siècle d'une des aquarelles les plus lancinantes de Loutherbourg : sur le sol de pierre dur d'une cellule un fou enchaîné nous regarde de ses yeux douloureux.

L'autre contribution de Loutherbourg à l'immortalité de Cagliostro représente un engagement plus personnel et plus profond : il reprit la mission spirituelle de celui-ci. En dépit de la querelle qui les avait opposés, le peintre, quand il revint de Suisse en Angleterre en 1788, était un homme transformé. Il fit sensation en annonçant qu'il renonçait à la peinture et qu'il ouvrait une clinique de soins pour les pauvres. Dans leur maison d'Hammersmith, Philippe et Lucy de Loutherbourg traitèrent des milliers de Londoniens en combinant le régime alimentaire de Cagliostro, des toniques variés (s'agissait-il de la fameuse eau minérale ?), des pressions de la main, et une assistance spirituelle. Devant leur porte les foules devinrent si importantes que des émeutes éclatèrent. Les Loutherbourg durent s'installer à la campagne. Mais les attaques de la presse sous forme d'articles et de caricatures et les insultes dont l'abreuvaient les clubs secouèrent profondément Loutherbourg. Déconcerté par la réputation d'esprit subversif qu'on lui faisait – la Révolution française débutait – Loutherbourg ferma la clinique et reprit ses pinceaux.

Ce ne fut pas pourtant un abandon de la mission spirituelle de Cagliostro. Loutherbourg s'inspira de celle-ci dans des œuvres d'un accent préromantique. Pendant la décennie suivante, les thèmes et les théories du maître sont sous-jacents dans le travail de l'artiste. Un écrivain contemporain prétendait que Loutherbourg et ses amis continuaient en privé à « se livrer à des excursions préméditées dans le domaine du surnaturel… où les idées sont comme le ciel d'une nuit étoilée parcouru par des nuages à l'allure rapide ». Le crayon qui avait ridiculisé Cagliostro en le dépeignant comme un charlatan de foire se proposa de représenter son apothéose selon la franc-maçonnerie égyptienne. En 1791, Loutherbourg commença à travailler sur une suite de plus de cent illustrations d'un ton prophétique. L'une des premières célébrait l'ascension de Cagliostro, son accession à l'immortalité. Il s'agit de l'*Ascension d'Élie* où l'on voit un personnage qui ressemble à Cagliostro transporté au ciel sur un char – des yeux maçonniques étincellent aux moyeux des roues – tandis qu'un esprit égyptien au visage d'aigle, de bœuf et d'homme assiste à ce spectacle. Cette ascension maçonnique constitue une étape importante de l'évolution du mythe Cagliostro, devenu un emblème de créativité magique dans un monde désenchanté.

Un autre mythe s'était associé à lui à la fin des années 1780. Cagliostro laissait entendre alors qu'il était « un homme vieux de mille quatre cents ans », qu'il était le Juif errant – à la fois témoin de l'histoire du monde et alchimiste immortel. Conscient des promesses artistiques que contenait l'histoire du Juif immortel, Cagliostro sentait également à quel point elle se prêtait à une réappropriation. En se surimposant à la légende d'Ahasvérus il insufflait la vie à un personnage littéraire. Quantité de poètes, de romanciers, de musiciens ont poursuivi sa démarche bien après que le corps dévoré de vermine de Cagliostro eut été enseveli dans la terre de San Leo. Le mythe du Juif errant a été soulevé par la vague romantique qui a déferlé sur l'Europe au XIXe siècle. Aussi agile – si l'on peut dire – et plein de ressources dans sa mort qu'il l'avait été au cours de sa vie, Cagliostro s'est laissé porter par cette vague. Une génération d'écrivains populaires, Eugène Sue en France, Edward Bulwer-Lytton en Angleterre, Johannes von Guenther en Allemagne ont fusionné le personnage de Cagliostro avec celui du Juif errant et en ont fait un rebelle mélancolique et douloureux toujours en guerre contre les oppresseurs de l'esprit.

D'autres artistes aussi se sont occupés de lui, mais il est significatif que la plupart aient eu de la peine à formuler un jugement définitif sur le personnage, à décider en somme s'il symbolisait Dieu ou le diable. La mystérieuse nouvelle inachevée de Schiller, le *Devin Fantôme* (1789), le roman maçonnique de Bulwer-Lytton, *Zanoni* (1847), le ballet de Dupaty, *Cagliostro ou le Magnétiseur* (1851), et l'opérette de Johann Strauss, *Cagliostro à Vienne* (1875), manifestent chez leurs auteurs la même incapacité de trancher la question. À savoir : Cagliostro était-il un coquin ou un génie ?

Pour quelques-uns pourtant, les contradictions entre l'escroc Giuseppe Balsamo et le guérisseur Alessandro Cagliostro ont paru insurmontables. Une solution s'est alors présentée à eux : affirmer qu'il s'agit de deux personnages différents. W. H. Trowbridge, écrivain d'inspiration maçonnique, a ainsi soutenu qu'Alessandro Cagliostro, gentilhomme de naissance espagnole, n'était pas le même homme que son double malfaisant, le voyou palermitain Giuseppe Balsamo. Sa biographie, *Cagliostro, The Splendour and Misery of a Master of Magic* (1910), se lit encore avec plaisir et a été souvent rééditée. Il n'est pas douteux que l'idée de deux Cagliostro jumeaux, l'un bienfaisant et l'autre malfaisant, garde tout son pouvoir.

Cette idée a été récemment reprise par un brillant dessinateur italien, Piero Carpi, qui est aussi biographe et cinéaste. Ses célèbres bandes dessinées – *Cagliostro* (1967) et *Il maestro sconosciuto* (Le maître inconnu, 1971) – tranchent sur une foule d'ouvrages du même genre. La biographie qu'il a intitulée *Cagliostro le thaumaturge* a inspiré un film (*Cagliostro*) produit en 1974 par la Twentieth Century Fox et dont il a écrit le scenario. « Confondu avec l'escroc Giuseppe Balsamo, Cagliostro est maintenant encore la victime de falsifications historiques et d'une conspiration du silence… Piero Carpi, expert célèbre en magie, soulève aujourd'hui le voile du mystère Cagliostro, et nous présente le visage d'un homme fascinant, humain et divin à la fois, fils et père de sa propre légende. »

Elisa von der Recke, qui fit tant pour l'immortalité de Cagliostro, mourut en avril 1833, l'année même où l'historien écossais Thomas Carlyle écrivait un brillant essai polémique *Count Cagliostro : In Two Flights*, qui donna une nouvelle orientation au mythe. Tirant parti d'idées présentées de façon confuse dans les écrits des principaux ennemis du personnage – en particulier Elisa, Casanova, Catherine II, Théveneau, Barberi et Jeanne – Carlyle a conféré à Cagliostro le statut d'un véritable symbole historique. Il a compris que son impact formidable sur l'époque ne pouvait s'expliquer que par sa valeur de symptôme de celle-ci. Sa célébrité était « un signe des temps » et l'expression de forces historiques profondes.

La notion existe en germe dans les dernières pages, si mélancoliques, du *Soliloque d'un penseur* de Casanova (1786). L'auteur y rumine sur le mystère du succès de Cagliostro et d'autres « lamentables » charlatans. Il avoue sa perplexité devant l'inversion du cours de l'histoire : désormais on célébrait le génie de Cagliostro et Casanova n'était plus rien. Bien que l'écart entre les deux hommes fût inférieur à une génération, Casanova se rendait compte qu'un changement dans les goûts jouait en faveur de son rival. Casanova était fier d'être un aventurier éclairé de l'ancien régime – urbain, poli, spirituel, et respectable. Cagliostro appartenait à une autre culture, plus sombre, plus plébéienne. Le monde avait l'air de l'apprécier précisément à cause de son côté sauvage. « C'est un homme, écrit Casanova, dont les partisans vantent la sagesse précisément parce que quand il parle, il semble être ignorant. C'est un homme qui persuade parce qu'il ne sait parler aucune langue. C'est un homme qu'on comprend parce qu'il ne s'explique pas. C'est un homme que l'on croit de très haute naissance parce qu'il est grossier dans ses discours – un homme que l'on croit sincère parce qu'il a toute l'apparence d'un menteur. » Le vieux comte devait mourir en 1797 – juste après avoir reçu un colis de nourriture d'Elisa von der Recke. Jusqu'à son dernier souffle, il demeura convaincu que quelque chose de terrible était arrivé au monde qu'il avait connu – mais il ne pouvait dire exactement quoi.

Cette tâche qui dépassait Casanova, Thomas Carlyle se sentait capable de l'exécuter. Son essai sur les « deux fugues » de Cagliostro se propose d'expliquer le mystère au centre du *Soliloque* de Casanova : celui du succès de Cagliostro. Comment, se demande Carlyle, dans un âge qui est censé être celui des Lumières, un homme sans dons intellectuels, sans beauté et sans charme, a-t-il réussi à duper ou à éblouir un pourcentage notable des nobles les plus considérables, des ecclésiastiques les plus éminents, des penseurs les plus en vue de l'Europe ? Sans doute, concède Carlyle,

Cagliostro a-t-il manifesté d'exceptionnelles qualités négatives, « la ruse au suprême degré », « une impudence effrontée », « un véritable génie de la supercherie », « une férocité dans la défensive égale à celle du porc », « une astuce de renard ». Il était aussi un virtuose dans l'art d'éblouir, quelqu'un qui savait enflammer les imaginations assoupies. En bref Cagliostro était l'expression la plus parfaite d'un type : c'était « un charlatan de génie ».

Comme tous les génies, soutient Carlyle, Cagliostro sort de l'ordinaire parce qu'il a exprimé mieux que personne les besoins et les aspirations de son époque. Balsamo apparaît en Europe en un moment de décadence extrême de la société, au moment où « le principe moral était totalement en ruine ». La malhonnêteté des nations avait conduit le continent tout entier au point où une explosion formidable était imminente : « Quelles ressources illimitées de crédulité, quelle imbécillité surexcitée n'y a-t-il pas partout en Europe en cette époque la plus propre à être trompée des temps modernes ! »

L'âge de Cagliostro n'est pas celui de la raison, insiste Carlyle, c'est celui du charlatanisme et de l'imposture – et le Sicilien en est l'archétype : « ... Charlatan des Charlatans ! Un visage qui annonce la coquinerie avec éclat. Un visage gras, sans aspérités, abominable ; ruisselant, au nez écrasé, graisseux, plein d'avidité, de sensualité, d'une obstination bovine ; un front impudent qui ne sait pas rougir ; deux yeux levés avec une langueur séraphique vers le ciel, comme en contemplation, en adoration ; et enfin une touche de badinage. Au total peut-être le plus parfait visage de charlatan que le XVIIIe siècle ait produit. » Il était naturel, même inévitable, pense Carlyle, que cet homme se soit jeté sur le même projet d'escroquerie grandiose que « Jeanne de Saint-Remy de Saint

Shifty », la reine des menteuses, l'enchanteresse sexuelle dont la qualité suprême était d'être indomptable. Qu'ils aient été rivaux ou alliés, estime Carlyle, Jeanne et Giuseppe ont orchestré l'affaire du collier pour satisfaire leur cupidité et, du même coup, ils ont provoqué une révolution qui a changé l'histoire du monde.

Quand, en 1837, Carlyle publie son grand livre, *The French Revolution*, il juge approprié de réserver la scène finale à Cagliostro, l'homme qui a prophétisé la révolution et en incarne les conséquences : « "... toutes les demeures des hommes détruites, les montagnes même pelées et fendues en deux, les vallées noires et mortes. C'est un monde vide ! Malheur à ceux qui naîtront alors ! Un roi, une reine précipités à terre... Iscariot Égalité précipité à terre, et toi, sinistre de Launay avec ta sinistre Bastille ! Des familles, des peuples entiers, cinq millions d'hommes se détruisant mutuellement ! Car c'est la fin de la domination de l'*imposture* (elle est les ténèbres, elle est le grisou, vapeur opaque). C'est la combustion dans un feu inextinguible de tout ce qui tourbillonne sur terre." Cette prophétie, disons-nous, n'a-t-elle pas été accomplie, ne s'accomplit-elle pas ? »

La description par Carlyle de Cagliostro comme l'archétype du charlatan en fait un mythe si fascinant que, comme tous les mythes, il s'est détaché de son ancrage historique et a vogué jusqu'à nous. Un critique de la société aussi brillant qu'Umberto Eco s'en est emparé et lui a trouvé un nouveau port d'attache. Pour Eco, Cagliostro a une valeur prophétique dans notre époque postmoderne. Cagliostro, c'est le signe vide, l'individu tellement ordinaire qu'il devient un aimant polarisant tous les fantasmes de gens qui ont perdu le sens des réalités. Aujourd'hui, soutient-il, les aventuriers du type de Cagliostro ne vont pas en Italie ou en France – ils partent pour la Californie où ils s'affublent des oripeaux des prophètes, des magiciens et des guérisseurs de notre temps : ils exploitent l'incertitude psychologique et l'absence de repères moraux de nos contemporains. Les Cagliostro d'aujourd'hui proclament une « crise de la raison » et substituent au monde réel une « industrie du faux absolu » : « châteaux enchantés » hyperréalistes, « monastères du salut », cathédrales kitsch, etc. Les chamans modernes qui travaillent à la télé font écho au grand Copte : ils lèvent les yeux au ciel pour évoquer une visitation divine, ils grognent douloureusement quand ils affrontent le diable corps à corps et, pour guérir les gens, ils leur caressent les mains en débitant un flot harmonieux de paroles. C'est à Los Angeles plutôt qu'à Paris ou Rome que l'on peut trouver les descendants de la maçonnerie égyptienne, les gourous de tout genre, les voyants opérant sur Internet, les exorcistes ou nécromanciens, les pseudo-Rose-croix et les Templiers attardés.

Walter Benjamin a une attitude différente. Pour le philosophe allemand, le rôle de Cagliostro en tant que porte-parole de la magie en fait un titan dans l'histoire de la culture occidentale. Benjamin le considère comme un messie clandestin et un génie du désordre prêchant l'irrationalité créatrice dans un monde répressif. Alors qu'il voit en Doria un précurseur du totalitarisme du XXe siècle, Cagliostro lui apparaît comme un précieux grain de sable dans la machine des Lumières, comme le défenseur des origines magiques refoulées de la science – ce refoulement s'accentuera après la Révolution française. Il est le dernier vrai alchimiste – c'est le fantôme de l'irrationnel qui retourne actuellement hanter les fétichistes de la raison, à l'instar des esprits qu'il évoquait dans ses séances de voyance.

Ceux qui rêvent aujourd'hui de magie se tournent eux aussi vers Cagliostro. Dans son *Encyclopedia of the Occult*, Lewis Spence le désigne comme « l'une des plus grandes figures de l'occultisme de tous les temps ». Des médiums prétendent être sa réincarnation ou vendent ses recettes pour rajeunir. Une célèbre spiritualiste suisse, qui pratiquait aussi le voyage astral, Hélène Smith (Catherine Élise Muller) se trouva dotée, dit-on, de son double menton et d'un accent sicilien quand Cagliostro prit possession de son âme. Et l'illustre mystique russe, Mme Blavatsky (1837-1891), reconnaissait en Cagliostro la véritable source de son programme de théosophie hermétique égyptienne. Ces réincarnations de Cagliostro inspirent aussi le cinéma. Balsamo aurait été ravi de se voir, dans tel film récent de science-fiction, menant, dans les profondeurs de l'enfer, le bataillon des *flingueurs* de Dieu à l'assaut de nécromanciens monstrueux.

Rien ne démontre mieux l'ascension culturelle de Cagliostro que le fait que son nom est devenu synonyme de magie – voir le *Webster's Dictionary of Synonyms and Antonyms*. Mais le dictionnaire ne précise pas si le mot Cagliostro représente la magie blanche ou la magie noire, l'œuvre de Dieu ou du diable. Quoi qu'il en soit, Cagliostro est devenu immortel ; comme il l'annonçait : il a rejoint la brigade des esprits célestes qui dirigent les destinées de l'humanité.

De toutes les vies réelles et mythiques de Giuseppe Balsamo-Alessandro Cagliostro, la plus séduisante à mes yeux est celle dont j'ai pris connaissance la première fois devant la maison de Balsamo à Palerme – et qui m'a inspiré le désir d'écrire ce livre. Elle se ramène à cette idée : Cagliostro a été un héros local manqué. Un journaliste d'aujourd'hui l'a exprimé clairement : « Tout Italien a son saint patron… Quelle figure historique pourrait être choisie pour incarner la capitale de la Sicile ? En qui pourrait-on trouver l'archétype de l'esprit palermitain qui fait la célébrité de notre ville aujourd'hui ? Le choix qui s'impose est évidemment celui du charlatan, de l'imposteur, de l'alchimiste et du maître trompeur qui s'est illustré au XVIIIe siècle sous le nom du comte Cagliostro. » Je crois que ce journaliste a raison. Mes amis de Palerme – Sebastian, Nina et le patron du restaurant – manifestaient le même réalisme et se montraient pareillement fiers de Giuseppe Balsamo, *uomo di popolo* de Palerme. Nina est celle qui a le mieux formulé cette idée : « Cagliostro a peut-être été un escroc, mais c'était une grande âme. »

Bibliographie

À l'exception des références à des articles publiés dans diverses revues savantes, on a regroupé ici la majeure partie des indications bibliographiques de l'édition originale anglaise.

Prologue : La maison de Balsamo

Monseigneur Barberi, *La vie de Joseph Balsamo, appelé communément comte de Cagliostro etc., depuis sa naissance jusqu'à son emprisonnement au Château Saint Ange, transcription des actes du procès, publiée à Rome sur ordre de la Chambre Apostolique*, Dublin, 1792.

Thomas Carlyle, « Count Cagliostro : In Two Flights » (1833*), Critical and Miscellaneous Essays*, 5 vol., Londres, 1898.

Baronne d'Oberkirch, *Mémoires sur la cour de Louis XVI*, réédition Mercure de France, Paris, 1989.

Roberto Gervaso, *Cagliostro : A Biography*, Londres, 1974.

1. Le franc-maçon

Casanova, *Histoire de ma vie* (éd. variées). Voir aussi **Lydia Flem**, *Casanova and the Art of Happiness*, Harmondsworth, 1998.

Casanova, *Soliloques d'un Penseur*, Biblioteca Casanoviana, Paris, 1998.

François Ribadeau-Dumas, *Cagliostro* (éd. anglaise, 1986).
W.R.H. Trowbridge, *Cagliostro : The Splendour and Misery of a Master of Magic*, New York, 1910.
Archives Nationales, Y/13125, pièces relatives au procès du cardinal de Rohan.
Constantin Photiadès, *Les vies du comte de Cagliostro*, Paris, 1932.
Paul Chacornac, *Le comte de Saint-Germain*, Paris, 1989.
Marc Haven, *Le maître inconnu : Étude historique et critique sur la haute magie*, Paris, 1995.
John Hamil, *The History of English Freemasonry*, Surrey, 1994.
Jasper Ridley, *The Freemasons*, Londres, 2000.
Albert Mackey, *Encyclopedia of Freemasonry and Its Kindred Sources*, Philadelphie, 1917.
Rosemary Ellen Gulley, *Harper's Encyclopedia of Mystical and Paranormal Experience*, New York, 1991.
Lewis Spence, *The Encyclopedia of the Occult*, Londres, 1988.
Henry R. Evans, *Cagliostro and His Egyptian Rite of Freemasonry*, Washington, 1919.
Giovanni Comisso, *Les Agents secrets de Venise*, 1705-1797, Paris, 1990.

2. Le nécromancien

Charlotte Elisabeth Constantia de la Recke (Elisa von der Recke), « Relation du séjour qu'a fait le fameux Cagliostro à Mitau en 1799 et des opérations magiques qu'il y a faites », Archives de la famille Huber, Bâle, Berlin et Stettin, 1787.
Voir aussi : **Johann Lorenz Blessig**, *Leben des Grafen Friedrich von Medem*..., Strasbourg, 1792.

3. Le chaman

Outre les ouvrages précédemment cités, voir :

Charles Henri Heyking, « C. parmi les Russes », *Initiation*, 1898.

Margaret C. Jacob, *Living the Enlightenment : Freemasonry and Politics in Eighteenth-Century Europe*, Oxford, 1991.

Henri Troyat, *Catherine la Grande*, Paris, 1998.

Simon Sebag Montefiore, *Prince of Princes : The Life of Potemkin*, Londres, 2000.

Isabel de Madariaga, *Russia in the Age of Catherine the Great*, New Haven et Londres, 1981.

L.-H. Labande (éd.), *Un diplomate français à la cour de Catherine II : Journal intime du Chevalier de Corberon, chargé d'affaires de France en Russie*, Paris, 1901.

Wilfrid-Renée Chettoui, *Cagliostro et Catherine II*, Paris, 1947.

Clementio Vannetti, *L'évangile de Cagliostro : Liber memorialis de Caleostro cum esset Robereti* (dans Haven, Le maître inconnu).

Jean-Benjamin de La Borde, *Lettres sur la Suisse adressées à Madame de M*** par un voyageur français en 1781*, Genève, 1781.

Richard Butterwick, *Poland's Last King and English Culture : Stanislaw August Poniatowski* (1732-1798), Oxford, 1998.

Cagliostro démasqué à Varsovie, ou relation authentique de ses opérations alchimiques et magiques faites dans cette capitale en 1780, par un témoin oculaire, Varsovie, 1786.

Una Birch, *Secret Societies of the French Revolution*, Londres, 1911.

4. Le copte

Frances Mossiker, *The Queen's Necklace*, Londres, 1961.
Jeanne de la Motte, *The Life of Jane de St-Remy de la Motte*, Dublin, 1792.
Memoirs of the Countess de Valois de la Motte, Londres, 1789.
Memorial for Count Cagliostro, Plaintiff, versus Maître Chesnon, Commissary in the Châtelet of Paris, and Le Sieur de Launay, Gouvernor of the Bastille, Londres.
Madame Campan, *Mémoires de Madame Campan, Première femme de chambre de Marie-Antoinette*, rééd. Mercure de France, 1988.
Henry Vizetelly, *The Story of the Diamond Necklace*, Londres, 1887.
Abbé Georgel, *Mémoires pour servir à l'histoire des événements de la fin du XVIIIe siècle*, Paris, 1817.
Mémoires du comte Beugnot, ancien ministre, publiés par le comte Albert Beugnot, son petit-fils, Paris, 1866.
Émile Camperdon, *Marie-Antoinette et le procès du collier d'après la procédure instruite devant le Parlement de Paris*, Paris, 1863.
Histoire du collier ou Mémoire de la comtesse de la Motte contre M. le Cardinal de Rohan et le soi-disant comte de Cagliostro, Paris, 1786.
Robert Darnton, *The Literary Underground of the Old Regime*, Cambridge Mass. et Londres, 1982.
Robert Darnton, *The Forbidden Bestsellers of Pre-Revolutionary France*, Londres, 1996.
Sarah Maza, *Private Lives and Public Affairs : The Causes Célèbres of Prerevolutionary France*, Berkeley, Los Angeles et Londres, 1993.

5. Le prophète

Voir ici, outre les nombreux articles dans la presse anglaise contemporaine (*The Times*) et dans le *Courrier de l'Europe*, notamment pour l'année 1786 :

Simon Burrows, *French Exile Journalism and European Politics, 1792-1814*, Suffolk and Rochester, 2000.

Margery Weiner, *The French Exiles*, 1789-1815, Londres, 1960.

Paul Robiquet, *Théveneau de Morande, Étude sur le XVIIIe siècle*, Paris, 1882.

Gary Kates, *Monsieur d'Eon Is a Woman : A Tale of Political Intrigue and Sexual Masquerade*, New York, 1995.

Sophie von La Roche, *Sophie in London, 1786 : Being a diary...*, éd. Clare Williams, Londres, 1933.

Lettre du comte Cagliostro au peuple Anglais, pour servir de suite à ses Mémoires, Londres, 1786.

6. Le rajeunisseur

Outre les ouvrages précédemment cités :

Lionel Gossman, *Basel in the Age of Burckhardt : A Study in Unseasonable Ideas*, Chicago et Londres, 2000.

Raymond Silva, *Joseph Balsamo, alias Cagliostro*, Genève, 1975.

Archives de la famille Sarasin (Sarasin Familien Archiv), Bâle, 212 F.

Denyse Dalbian, *Le comte de Cagliostro*, Paris, 1983.

7. L'hérétique

Essentiellement Archives de Pesaro, « Collection de lettres se rapportant à Giuseppe Balsamo, connu comme le comte Cagliostro, condamné à la prison à vie dans la forteresse de San Leo par décret de Sa Sainteté le pape

Pie VI » (Lettres échangées entre le cardinal Doria, le cardinal de Zelada et le Castellan Semproni.)

Épilogue : L'immortel

Augustin Barruel, *Mémoires pour servir à l'histoire du jacobinisme*, 4 vol., Londres, 1797.
Elisa von der Recke, *Mein Journal : 1791, 1793-1795*, Leipzig, 1927.
Umberto Eco, *Serendipities : Language and Lunacy*, New York, 1998.
Umberto Eco, *Faith in Fakes. Travels in Hyperrealities*, Londres, 1986.
Alexandre Dumas, *Les grands romans d'Alexandre Dumas. Vol. 1 : Joseph Balsamo*, Paris, R. Laffont, 2001.
Thomas Carlyle, *The French Revolution*, Oxford, 1989.

Remerciements

Je n'aurais jamais pu mener à bien ce livre sans l'assistance d'amis à l'égard desquels j'ai une dette particulière : sans leur bienveillance et leur information sûre je n'aurais pas eu accès à certaines sources indispensables qui sont à l'étranger. Je dois mentionner en premier lieu Natalie Adamson et Serge Kakou, à qui je suis aussi parfois redevable de la traduction de documents. D'autres amis m'ont également assisté dans la traduction de textes italiens ou allemands, voire dans l'amélioration de mes propres traductions de textes français : Glenn St. John Barclay, Caroline Turner, Bruce Koepke, Susanna von Cæmmerer, Mary Caliri, Mike Ovington et Gino Moliterno, dont le soutien enthousiaste m'a été précieux d'un bout à l'autre de l'ouvrage et qui m'a admirablement renseigné sur la carrière posthume de Cagliostro au cinéma. Christa Knellwolf m'a non seulement fait profiter de sa connaissance approfondie de l'œuvre et de la vie de Goethe mais elle a traduit pour moi d'importants documents en langue allemande. À Simon Burrows et à sa femme je dois la communication de documents qui m'auraient été autrement inaccessibles, et, de surcroît, Simon a généreusement mis à ma disposition son vaste savoir sur Théveneau de Morande et son milieu : j'attends avec impatience la biographie qu'il doit bientôt publier sur le journaliste français. Je remercie également John Docker sans lequel je n'aurais pas connu les belles réflexions de Walter Benjamin sur Cagliostro.

Je remercie du fond du cœur Georgina Fitzpatrick qui m'a aidé pour certaines traductions, a négocié les droits de publication des documents iconographiques et a collaboré au travail éditorial dans sa phase finale. Quand on en est à ce stade, les talents et la patience d'une collaboratrice sont d'un grand réconfort. Le Conseil australien pour la Recherche, dont la subvention a permis ce précieux concours, a droit à toute ma reconnaissance. Je veux aussi mentionner Lindy Shultz, qui n'a pas cessé de prodiguer les conseils les plus avisés pour la mise en page et l'illustration, Owen Larkin qui a collaboré activement à la recherche de l'image illustrant la jaquette, et Heather McColeman qui m'a encouragé quand le livre était encore dans les limbes.

Archivistes et bibliothécaires se sont partout montrés coopératifs ; je dois mentionner en particulier l'université nationale d'Australie, la Bibliothèque nationale d'Australie, la Bibliothèque nationale de France, la Bibliothèque de l'Arsenal, les Archives nationales, la British Library, le British Museum, la Bodleian Library et l'Ashmoleian Library à Oxford, la Huntington Library en Californie, les Archives de Pesaro, les Staat Archivs à Bâle et la Bibliothèque de Strasbourg.

À l'égard de mon amie et agent, Mary Cunnane, ma dette est énorme. Elle m'a donné le courage de me lancer dans cet ouvrage et m'a appris patiemment à me débarrasser de certaines de mes mauvaises habitudes d'universitaire. Merci aussi à Peter McGuigan dont l'enthousiasme, la fougue et les conseils se sont révélés indispensables aux États-Unis où il est mon agent. Dan Conway de HarperCollins s'est montré un merveilleux éditeur. Son ardeur, son travail patient et son talent ont apporté de considérables améliorations au livre.

Je remercie également mes amis et connaissances de Palerme. Leur intérêt chaleureux et passionné pour Cagliostro m'a inspiré le désir d'écrire ce livre. Je pense à Ninetta Cangelosi, Nelida Mendoza, Sebastian, et au patron du Ristorante Le Comte de Cagliostro.

Enfin je dois à Kate Fullagar plus qu'à quiconque : elle a lu chacune des versions successives du livre, et m'a prodigué sans compter son appui, ses encouragements, ses conseils et ses suggestions si pénétrantes. Mon espoir, chère Kate, est que ce livre réponde à la foi que vous avez eue en moi.

Table

8379

Composition IGS
Achevé d'imprimer en France (Manchecourt)
par Maury-Eurolivres le 4 juin 2007.
Dépôt légal juin 2007. EAN 9782290353349

Éditions J'ai lu
87, quai Panhard-et-Levassor, 75013 Paris
Diffusion France et étranger : Flammarion